JANET E. MORRIS

l'ère des Fornicatrices

traduit de l'américain par J.-P. Pugi

Éditions J'ai Lu

A Sydny Weinberg

Ce roman a paru sous le titre original :

THE GOLDEN SWORD

DUPLICATION

Sur le plateau des Catalyseurs, seul le sablier occupe la case noire de la Volonté dominante.

Les événements, décidés par la Volonté dominante, sont reproduits dans le temps par les Altérateurs et acquièrent une réalité par Duplication.

La Duplication façonne le monde à son image.

Elle n'a pas d'ennemis et un millier d'armées ne pourraient la mettre en péril. Nul ne peut s'opposer à la Duplication, lorsque souffle le vent du chaos et que chaque chose retrouve sa véritable nature.

Le vent du Premier Altérateur se déchaîne sur les mers et modifie le rythme des marées. Il hurle sur les terres et abat d'immenses forêts.

Adjuration : le sablier est retourné et son contenu entreprend le voyage qui prophétise le temps dans l'espace. Chaque grain doit attendre son tour pour franchir le goulot d'étranglement. Il ne peut s'y soustraire et l'ordre de passage est impossible à modifier.

Avec la femme pour émissaire.

Rien ne ceint sa taille. Sa tâche est d'une telle importance qu'un chald de dix-huit brins n'aurait, par comparaison, pas la moindre signification.

La Duplication suspend les lois de la nature. Ce qui est folie pour la raison est nécessaire, dans les périodes de Duplication.

La femme tient l'étoile du nord dans sa main droite et n'est pas aveuglée par son éclat. Un signe matériel est toujours donné en période de Duplication, lorsque seul le prédéterminé peut être accompli.

Adjuration : celle qui reçoit la lumière n'est pas exaltée, mais appelée à accomplir des tâches astreignantes.

– Extrait de l'*Ors Yris-tera*
(Livre des Altérateurs de la Vie)
Par le dharen Khys
année souterraine soixante-trois

1

ORS YRIS-TERA

Sous la clarté vermeille du soleil levant, le désert était une mer de sang coagulé, et le sol craquelé et nu évoquait un cadavre vitrifié. Le jour venait de vaincre la nuit et tous les animaux se mettaient à couvert, de crainte que le vampire céleste ne bût jusqu'à leur dernière goutte de vie.

Le vent sec du sud-ouest soufflait sur le désert, charriant d'immenses nuages de sable. Deracou, le souffle qui dévore, tel est le nom que lui donnent les Parsets. Le sable gémissant qu'il poussait devant lui récurait le fond asséché de cette ancienne mer. Il comblait chaque fissure et faisait apparaître un océan, de sable cette fois. Je demeurais aussi silencieuse que le désert qui repoussait les avances de Deracou. Le vent faisait valoir ses droits sur cette contrée et ne tarderait pas à revendiquer mon corps.

Par simple caprice, il tendait ses bras vers moi chaque fois que je m'imaginais lui avoir échappé. La tentation était forte de céder au sommeil, de laisser le sable recouvrir à jamais mon corps et de m'abandonner à cette paix que m'offrait la nature. J'avais accompli le chaldra de la mère et je devais encore me libérer de celui de la terre, en rendant l'enveloppe charnelle que j'avais empruntée et en me laissant mourir ici, sur Silistra.

L'emblème des Formeurs, cette grande spirale constituée de milliers de points de lumière au dos de mon manteau, miroitait devant mes yeux emplis de sable. Il me rappelait que mon père avait besoin de moi et qu'il ne m'avait pas renvoyée sur ma planète d'origine pour y mourir. Estrazi exigeait bien plus de sa fille.

Je demeurai couchée sur le sol, la tête protégée par mes bras et mon corps abrité sous ce manteau. Lorsque le vent du sud mourut, on ne pouvait plus voir de moi qu'une spirale scintillante émergeant du sable.

Deracou emporta avec lui les ténèbres et le soleil se leva à nouveau sur le désert.

Mes yeux, mon nez et ma bouche étaient emplis de sable et de poussière. Ma langue enflée ne pouvait apporter le moindre soulagement à mes lèvres brûlées et fendillées.

Mon père devait avoir d'excellentes raisons pour m'avoir envoyée en ce lieu inhospitalier, songeai-je afin de trouver un certain réconfort. Je gisais, sous mon manteau, et mes poumons souffraient à chaque inspiration. Ils éprouvaient bien des difficultés à se réaccoutumer à l'atmosphère ténue de Silistra, cet air que j'avais respiré pendant trois siècles, avant que le besoin d'accomplir le chaldra de la mère ne me poussât vers les chutes de Santha, dans la caverne, puis jusqu'à Mi'ysten.

Je songeai à ce monde situé hors du temps, ainsi qu'à Estrazi et à Raet, alors que j'accordais un peu de repos à mon corps épuisé. Je ne pouvais exiger de lui d'autres efforts, pas sous la chaleur accablante règnant dans ce désert.

C'était à Estrazi, mon père, cet être pour lequel j'avais renoncé à ma position de Tenante du Puits Astria, que je devais de me trouver dans cet enfer. Il m'avait créée pour le servir et, entre ses mains, je n'étais qu'un simple pion. Sur Mi'ysten, je lui avais rendu sa bague, cet objet dont je ne m'étais pas séparée dans la plaine d'Arlet et les Monts Sabembe, sous les chutes de Santha, au cours de ma réclusion solitaire à l'intérieur du cube de cristal et même lorsque je m'étais trouvée à la merci de Raet. Je devais lui remettre cet objet afin d'accomplir mon chaldra, ma responsabilité et mon devoir envers ma défunte mère, Hadrath.

Et dès que j'eus ôté cette bague de mon chald pour la déposer dans la main de bronze de mon père, je me retrouvai dans le désert de Parset, nue à l'exception de ce manteau et de mon chald, voyant à nouveau les constellations du ciel nocturne de Silistra. Mon père m'avait renvoyée sur mon monde d'origine, alors que tant de questions demeuraient sans réponse. Je restai longtemps à observer le ciel, afin de découvrir grâce à la position des étoiles en quel lieu je me trouvais. Au nord, Groistu, le lanceur de pierres, apparaissait à mi-chemin du zénith et l'extrémité de l'oreille gauche de Wirur, le hulion ailé, marquée par le scintillement de Clous, l'étoile du nord, était à peine visible sur l'horizon. En nul autre point de Silistra je n'aurais pu voir le ciel sous une telle configuration.

De me retrouver sur mon monde et de respirer l'air raréfié de ma planète natale me fit pleurer de joie. Je ne pensais pas à ce que me réserverait le lever du jour, dans ce désert. J'étais trop longtemps restée loin de la nature et du cycle des jours et des nuits. J'avais oublié. Mais le soleil levant se chargea de me rappeler ma vulnérabilité. Ce que j'avais appris sur Mi'ysten ne m'était guère utile. J'utilisai mes faibles pouvoirs pour former un mince filet d'eau que le désert s'empressa d'évaporer. Comme il tenta d'absorber ma vie durant les trois jours qui suivirent. Guidée par Clous et les falaises des Monts Sabembe, je me dirigeais vers le nord-est et Puits Arlet.

Dans ma bouche, ma respiration haletante tentait de chasser les grains de sable de ma gorge. En plein jour, je n'avais rien à redouter des dorkats, ces féroces prédateurs; du slitsa, ce reptile à la langue fourchue; des friysous, ces charognards aux ailes de cuir, et de tout ce qui rampait et courait sur le sable du désert. La chaleur diurne plongeait cette contrée dans la léthargie. J'aurais voulu en faire autant et, d'ailleurs, je n'avais pas le choix. Mes membres refusaient de m'obéir et je ne parvenais plus à avoir des pensées cohérentes. Je sombrai dans une douce inconscience où la douleur ne pourrait me retrouver, pas plus que la chaleur, la faim ou la soif.

Je rêvai de Raet, fils de Formeurs, qui imposait à nouveau sa volonté aux mondes du temps et de l'espace. Il vint vers moi et me lia les mains dans mon dos, faisant tomber mon chald. Lorsque je m'agenouillai pour le ramasser, il n'y avait plus que du sable et mon père se dressait au côté de Raet, hochant la tête. Le reflet de son épiderme de bronze devint de plus en plus luisant et je dus enfouir ma tête dans le sable afin de soustraire mes yeux à son éclat aveuglant. Je sentis les bras de Raet me relever, et ils étaient si chauds qu'ils brûlèrent mon épiderme. Je me souvins alors que la chair des Mi'ysten était toujours fraîche. Je me débattis et hurlai.

– C'est plus qu'un manteau orné de joyaux que t'offre Deracou, Cahndor.

Cette voix appartenait au visage indistinct d'un Parset, hâlé et sévère. Le blanc de ses yeux était atténué par une membrane nictitante. L'homme avait parlé en parset et mon esprit mit un certain temps à saisir la signification de ses paroles. Le crépuscule me dissimulait leurs silhouettes.

Je voulus porter mes mains à mes yeux, pour en

chasser le sable, mais ne pus les bouger. Je savais cependant que ce n'était plus un rêve, car mon corps me faisait à nouveau souffrir.

J'ouvris la bouche pour parler, m'expliquer, mais aucun son ne parvint à franchir ma gorge sèche.

Je n'oublierai jamais cette odeur, la fraîcheur et la vie qui revinrent alors dans mon nez et ma gorge. De l'eau. Elle était sur mes lèvres et dans ma bouche, et se répandait à l'intérieur de mon corps, emportant la poussière. Le précieux liquide coula sur mon menton, ma gorge et ma langue avaient oublié comment avaler.

Les visages retrouvèrent une certaine netteté. Je tentai de les remercier du regard et parvins à émettre un borborygme de reconnaissance. L'outre pénétra à nouveau entre mes lèvres et le liquide emplit ma bouche. Un bras soutenait ma tête et mon manteau glissa.

– Ne bouge pas, petite crell, ne gaspille pas tes forces.

La voix venait d'un point situé derrière moi, audessus de ma tête, et mon corps reposait sur des poils humides et chauds. Je me souvins qu'un de ces hommes était un Cahndor et qu'on m'avait appelée crell. Je voulus protester. J'étais Estri Hadrath diet Estrazi, ex-Tenante du Puits Astria, pas une crell. Crell est un mot parset, car un tel statut n'existe nulle part ailleurs sur Silistra. Le crell n'est ni un sans-chald ni un être humain : une simple bête de somme à deux pattes au lieu de quatre. Mais je ne pus que gémir et m'effondrai, épuisée, laissant ma tête reposer sur la poitrine sombre et velue de l'homme qui me soutenait.

– Vivra-t-elle, Hael? s'enquit la voix.

Un visage apparut près du mien et son haleine chatouilla mes joues. Sa barbe était bouclée et constellée de grains de sable.

– Comptes-tu dresser l'aprei et rester auprès d'elle une nuit et un jour?

– Je n'en ai pas le temps, fit la voix de l'homme qui me soutenait.

– En ce cas, Cahndor, ses chances de survie sont minces.

Le visage barbu recula hors de mon champ de vision. Une main caressa mon visage et releva mes paupières. Peu m'importait ce qu'ils disaient, ce qu'ils feraient. Je n'avais qu'un seul désir : pouvoir dormir.

Je compris qu'ils me soulevaient et me portaient, et je tentai d'ouvrir les yeux. Mais mes paupières étaient bien trop pesantes.

Je sentis le threx avant de le voir, cette odeur humide et chaude, caractéristique de la monture favorite des Silistriens.

Je passai des bras d'un homme à ceux d'un autre, et je parvins à convaincre mes paupières de s'entrouvrir à nouveau. Je vis devant moi une selle parset de cuir repoussé à laquelle étaient fixés des rouleaux de toile arachnéenne. L'animal, louvet doré, avait des taches plus claires vers le tronc. Son large poitrail, parallèle à mon visage, me semblait démesuré. Puis mon champ de vision fut traversé par un dos musclé, sur lequel avait été jeté le manteau portant le sceau des Formeurs. L'homme enfourcha sa monture et tendit ses bras vers moi. Je fus hissée sur le dos du threx puis couchée en travers de la selle, devant le cavalier. Le pommeau pénétrait dans ma hanche droite et mes cheveux défaits traînaient presque jusqu'à terre, à côté des sabots triples de l'animal.

Le sang me vint à la tête et des pulsations sanglantes engloutirent mon esprit.

Une main brutale, large et calleuse, se colla au bas de mon dos. Le threx bondit en avant, chassant l'air de mes poumons, et je fus heureuse que cette main me retînt. Les sabots du threx soulevaient du sable et de la poussière qui cinglaient mon épiderme et obstruaient mon nez, ma bouche et mes yeux. Le sol se mit à défiler rapidement sous moi pour devenir une bande brune et indistincte.

Le threx galopa inlassablement jusqu'à la tombée de la nuit. Le Parset fit alors stopper si brusquement sa monture qu'elle se cabra et qu'un de ses sabots érafla ma tempe.

L'homme portant le manteau des Formeurs sauta de selle, cessa de me retenir, et je me sentis glisser. Il me rattrapa en pleine chute et m'allongea sur le sol. J'entendis souffler le threx, les tintements des harnais, le bruissement des corps dans l'obscurité, puis l'outre fut à nouveau portée à mes lèvres. Une main écarta mes cheveux de mon visage et l'eau me rendit quelques forces. Un linge humide caressa ma bouche, mes yeux, mes tempes. Je tressaillis lorsqu'il passa sur l'entaille provoquée par le sabot du threx, puis je me retrouvai à nouveau seule. La brise nocturne m'apportait le froid des abîmes et je relevai les yeux vers la nuit étoilée. Lorsque ces cieux eurent cessé de danser et que mes yeux m'obéirent à nouveau, je reportai mon attention sur mon corps.

Je tentai de déplacer mes bras afin de m'asseoir, mais je n'y parvins pas. Ma chair me transmettait son message. Mes mains avaient été liées par une longueur de corde qui effectuait ensuite le tour de mon ventre. Je ne me souvenais pas avoir été ligotée. En prenant conscience que j'étais captive, mon esprit retrouva brusquement toute sa lucidité et mes pensées redevinrent cohérentes. Je me remémorai tout ce que je savais sur le compte des Parsets.

J'avais appris la langue de ce peuple farouche au Collège des Gardiens de l'Histoire, et je me souvenais de ce que racontaient sur le compte des nomades tatoués du désert les filles de Puits, les Tueurs, et les Gardiens de l'Histoire eux-mêmes.

Ces hommes avaient la réputation d'être bornés, fiers et arrogants, et leurs femmes indolentes et autoritaires. Longtemps auparavant, lorsque les rescapés de la civilisation silistrienne sortirent des abris pour relever la planète de ses ruines, les Parsets choisirent de suivre une voie différente. Leurs Gardiens de l'Histoire et leurs devins se séparèrent de leurs pairs. L'on raconte que ceux de l'abri *aniet* effectuèrent des expériences de manipulation génétique, et que les Gardiens de l'Histoire du reste de Silistra en eurent vent. Mais, quelle qu'en soit la raison, les contacts étaient extrêmement rares et seule une tolérance précaire permettait des rapports entre les Gardiens de l'Histoire Parsets et leurs frères. Les devins avaient prédit, longtemps auparavant, que de grands maux s'abattraient un jour sur nous depuis le désert.

Ce peuple parlait une autre langue, avait des chalds différents des nôtres, auxquels il n'accordait aucune valeur. Les Parsets n'avaient créé aucun Puits où les femmes pouvaient venir se faire féconder. Je savais également que les jiasks, les hommes guerriers, et les tiasks, les femmes guerrières, n'étaient pas soumis à la Loi des Sept, comme les Tueurs du nord, de l'est ou de l'ouest. De plus, les tribus de ce peuple guerroyaient entre elles.

J'entendis des ailes battre dans le ciel et vis une ombre masquer la lune. Le désert était clair comme en plein jour, mais privé de couleurs et de nuances. On racontait que nombreux étaient ceux qui avaient pénétré dans les terres des Parsets pour n'en jamais revenir, et que s'aventurer dans cette contrée était le meilleur moyen d'accomplir le chaldra de la terre.

Il m'était arrivé de voir quelques Parsets, lors des jeux et des fêtes. Avant de revêtir la robe de Tenante du Puits Astria et accompagnée de mon maître, Rin diet Tron, Premier des Sept Tueurs d'Astria, je m'étais rendue à l'Appel des Gardiens de l'Histoire, la plus importante des festivités qui se déroule quatre fois par an dans les plaines de Yardum-Or. J'avais vu des jiasks Parsets aux casques empanachés se pavaner dans la foule avec des tiasks à leurs côtés. Ils profitaient de telles occasions pour venir échanger leurs tapis, leurs métaux précieux, leurs stupéfiants tant prisés. Je me tenais sous la tente des Tueurs lorsqu'un pelletier Galesh bouscula par mégarde une tiask, dans la foule. Le jiask qui l'accompagnait pivota, dégaina son épée et trancha la tête du malheureux dont le corps décapité fit encore plusieurs pas, avant de s'effondrer sur le sol où il se vida de son sang. La fureur métamorphosa le visage de Rin, mais ce crime resterait impuni en raison de l'immunité accordée aux Parsets par un édit des Gardiens de l'Histoire. Ce peuple n'accorde aucune valeur à nos chalds et, pour ce jiask, ce pelletier n'était rien. Il l'avait tué comme un Tueur eût exécuté un sans-chald rencontré au fond d'un bois.

Il m'était parfois arrivé de voir dans l'enceinte de mon Puits un Parset venu jouir de la féminité des fornicatrices. Mais Astria n'avait jamais reçu la moindre demande d'admission de la part d'une femme de ce peuple, et aucun jiask ne s'était jamais présenté aux épreuves d'un Puits. Tous s'interrogeaient sur la façon dont les Parsets maintenaient un taux de natalité acceptable. Un certain nombre de femmes que je connaissais, comme Celendra, la Tenante d'Arlet, étaient nées d'une fornicatrice et d'un visiteur Parset. On racontait dans les Puits que les Parsets étaient les hommes les plus virils de tout Silistra et qu'une femme qui couchait avec l'un d'eux était presque certaine d'attendre un enfant. Certains soutenaient que cela était dû à un important apport de sang Gristasha à l'époque souterraine. Lorsque Gardiens de l'Histoire et devins s'étaient réfugiés sous terre pour éviter l'annihilation, l'abri *aniet* était loin d'être comble et ses occupants y avaient alors accueilli tous les Gristashas pouvant y prendre place, ces êtres primitifs et anachroniques dont la race était restée absolument pure depuis la préhistoire silistrienne. Les Parsets gardaient l'empreinte des Gristashas, et allaient même jusqu'à se tatouer comme leurs ancêtres.

Le vent du chaos souffla à nouveau sur mon être, bien que la soirée fût douce. Je n'aimais guère ce vent qui m'avait poussée loin des tours d'Astria; qui m'avait cinglée lorsque je me trouvais avec Dellin dans le camp des Tueurs; qui avait hurlé dans les salles d'Arlet. Ce froid glaçait l'intérieur de mon être, comme lorsqu'il m'avait emportée dans les monts Sabembe. Il gémissait à mes oreilles, ainsi qu'il l'avait fait pour annoncer la mort de Tyith bast Sereth. Il rugissait, comme sous les chutes de Santha. A Mi'ysten, j'avais été protégée de son haleine fétide et de ses mauvais présages, mais il soufflait à nouveau sur moi et mon ventre se noua si douloureusement que je dus remonter mes cuisses contre ma poitrine. Le Parset venait dans ma direction, le manteau de mon père négligemment jeté sur ses épaules.

Il l'accroupit et tendit sa main vers moi. Je notai alors sur sa poitrine une lourde chaîne d'or à laquelle pendait un médaillon large comme sa paume. Un urithéria y était représenté, cet animal mythique du désert, ailé et couvert d'écailles, armé de cornes et de serres, dont la bouche crachait vers les cieux un feu qui embrasait le soleil. Ses yeux de gemme scintillaient sous le clair de lune, cruels et profonds. L'autre Parset avait donné à cet homme le titre de Cahndor. Il était le chef de guerre d'une tribu Parset, à qui chaque homme, femme et enfant, placé sous sa protection, devait faire serment d'allégeance.

Je vacillai, étourdie, et laissai mon poids reposer sur le bras qui me soutenait. Il resserra sa main sur mon épaule et j'eus l'impression qu'elle était démesurée. Ses yeux noirs m'examinaient pensivement sous des sourcils broussailleux. Il porta son autre main vers mon ventre puis mon dos, et mes liens se défirent.

Je me frottai les poignets et croisai les jambes. Son regard captura le mien. J'étais un insecte pris dans la toile d'une tisseuse. Je baissai les yeux vers mes poignets et la marque laissée par la corde.

– Comment te sens-tu, petite crell? me demanda-t-il lentement et distinctement, toujours en parset.

Il s'accroupit sur ses talons et la clarté argentée de la lune dansa sur ses cuisses musclées, son cou massif et ses bras athlétiques. C'était un homme à la forte ossature, aux cheveux abondants et à la poitrine velue, dans la force de l'âge, corpulent sans être gros. Il portait une culotte ornée de clous de métal et une ceinture d'où pendait le fourreau de la courte épée ondulée des Parsets, la gaine d'un petit coutelas, et un rouleau de lanières de cuir tressées.

Sans répondre, je me contentai de le fixer.

– Viens, Hael! cria-t-il.

L'homme vint le rejoindre et s'assit en tailleur à son côté. Le second Parset semblait presque sortir du même moule, hormis que sa peau était plus sombre, ses lèvres plus charnues et son nez camus.

Hael tira de sa ceinture une petite outre, pas plus grande que ma paume, et en ôta le bouchon.

– Voilà qui va te rendre des forces. Ouvre la bouche.

Je regrettai de lui avoir obéi dès que le liquide amer et brûlant atteignit ma langue. C'était du feu qui se déversait dans mon corps, m'indiquant l'emplacement de chacune de mes artères et de mes veines.

– Qu'était-ce? parvins-je à murmurer, entre deux spasmes.

Ma vision s'obscurcit puis retrouva son acuité, mes oreilles bourdonnaient. Ce breuvage était puissant.

– Tu sais donc parler. Tiens, mais ne bois pas plus

de trois gorgées, dit l'homme barbu qui me tendait une outre plus grande.

Cette fois, je sentis le liquide avant d'y goûter. C'était de l'eau fraîche. J'aurais voulu boire encore, après la troisième gorgée, mais les Parsets me surveillaient et je rendis à contrecœur cette outre, que Hael reboucha aussitôt. Puis il se pencha vers moi et posa ses pouces sur mes paupières, mes tempes et mes poignets, avant de se tourner vers son Cahndor et de hocher la tête. Ce dernier sourit de toutes ses dents.

– Chayin, fit Hael en posant la main sur l'épaule de son Cahndor. Il faut soit repartir, soit dresser l'aprei. La fille est forte et résistante. Une fois reposée et propre, peut-être sera-t-elle même agréable à regarder.

Il pivota sur lui-même et s'éloigna, sans attendre de réponse. Je trouvai étrange qu'un jiask prit aussi cavalièrement congé de son Cahndor.

Ce dernier suivit Hael du regard, cracha sur le sol, puis se tourna à nouveau vers moi. Il releva avec douceur mon menton pour me fixer droit dans les yeux.

– Comment vais-je t'appeler, petite crell? Hael pense que tu vivras. Le souhaites-tu?

– Mon nom est Estri d'Astria, Hadrath diet Estrazi, répondis-je, estimant la seconde question purement rhétorique.

J'observai attentivement son visage, mais mon nom ne signifiait rien pour lui.

– Non, tu es une crell sans nom, destinée à l'apreida des Nemarsis. Ici, ajouta-t-il en glissant ses doigts sous la ceinture à dix-huit brins ceignant ma taille, ton chald n'a aucune signification. Tu as le choix entre mourir ou vivre, crell de Chayin rendi Inekte, Cahndor des Nemarsis. Décide-toi maintenant, car ensuite il sera trop tard.

Je lus dans son regard qu'il ne plaisantait pas. Le

vent du chaos me cingla. Je devais échanger ma vie contre mon chald, mon héritage, mon Puits, ma liberté... pouvait-on appeler cela un choix?

– Et si je refuse de choisir? fis-je, d'une voix tremblante.

– Alors, je le ferai pour toi, mais tu seras liée par ma volonté.

– Nous sommes tous liés, Chayin rendi Inekte.

Ma voix avait été insolente, pleine de défi, mais telle n'avait pas été mon intention. Et je lus sa colère dans ses yeux. S'il décidait de me tuer, qu'il en soit ainsi. S'il choisissait de faire de moi sa crell, au moins ne serait-ce pas par ma volonté et ne me sentirais-je pas liée par mon choix. Ma réaction impulsive avait été heureuse.

Chayin rendi Inekte, Cahndor des Nemarsis, prit la corde et en entoura son poing. Un pandiver au long bec étroit et aux grandes pattes filiformes se posa près de mon genou. Il inclina la tête pour m'examiner, puis il replia ses ailes, plongea son bec effilé dans le sol et releva la tête pour avaler, avant de répéter ce processus et de s'éloigner d'une démarche maladroite.

– Tu ignores tout de nos coutumes, crell. Ton sort serait très dur, peut-être trop. Je vais te faire une faveur et t'abandonner ici, après t'avoir ligotée, fit-il en joignant le geste à la parole.

Il se releva et je le suivis du regard, agenouillée dans le sable, paralysée par la prise de conscience de l'horrible situation dans laquelle je me trouvais. J'avais pensé qu'il m'emmènerait de force ou qu'il me tuerait, mais il m'abandonnait, ligotée et sans défense en plein désert. Il me tourna le dos et la clarté de la lune se refléta sur l'emblème des Formeurs du manteau qu'il portait toujours. Mon père avait donc décidé que je meure, dans d'horribles souffrances, afin que je ne puisse gêner ses projets. De tout ce que m'avait imposé le destin, c'était le coup le plus cruel. Je me rebellai. Non, on ne se débarrasserait pas de moi aussi facilement!

– Cahndor, appelai-je doucement, bien que ce nom fût amer sur ma langue.

Je ne me trouvais pas devant un Mi'ysten mais un nomade primitif. Les années passées à Puits Astria porteraient leurs fruits. Je feindrais la soumission, pour le vaincre en fin de compte. S'il m'avait liée à l'aide d'une corde, je le lierais à mon tour à l'aide du désir. Les connaissances récemment acquises à Mi'ysten m'aideraient à nous libérer du joug des Formeurs, mais pour cela il fallait que je vive.

– Cahndor, appelai-je à nouveau.

Il pivota sur lui-même et revint vers moi.

– Parle, petite crell, fit-il d'une voix amusée.

– Je choisis de vivre. Vous pouvez faire de moi ce que bon vous semble.

– Alors, dis que tu acceptes de devenir la crell de Chayin rendi Inekte, Cahndor des Nemarsis.

Je le fis, d'une voix faible et tremblante, rendue indistincte par la poussière emplissant ma bouche.

– Tu t'appelleras Miheja, répondit-il après un instant de silence au cours duquel je fus assourdie par les battements de mon cœur. C'est un beau nom parset. Sois-en digne.

Il se releva. J'étais honteuse, car le but que je m'étais fixé ne suffisait pas à me justifier à mes yeux. Le sourire qui s'esquissait à la commissure de ses lèvres et dansait dans ses yeux embrasa mon épiderme.

– Une crell ne soutient jamais le regard d'un Nemarsi, qu'il soit homme ou femme, hormis lorsqu'on le lui ordonne, m'avertit-il.

Je baissai la tête. Sa voix me paraissait lointaine, ses paroles brouillées. Le sol semblait m'appeler. Puis tout devint obscur et je sentis ses bras me soutenir. L'effet du stimulant s'estompait et je retrouvais mes pieds douloureux, ma soif, ma faim, ma faiblesse. Il me prit dans ses bras et sa peau était chaude et humide contre la mienne.

Il me porta vers un petit groupe d'hommes. J'en dénombrai dix, accroupis sur le sol rocailleux. Outres et paquets de viande jonchaient le sol. Il me déposa à côté de Hael et s'assit à son tour. Les yeux de Hael restaient rivés sur son Cahndor, les miens sur un morceau de viande. Son odeur me faisait saliver et mon estomac gronda une supplication sonore. Chayin rendi Inekte prit la viande et y mordit.

– Quel nom lui as-tu donné? s'enquit Hael.

– Miheja, répondit Chayin, la bouche pleine.

J'étais allongée entre eux, mains liées dans le dos. Le Cahndor n'avait pas jugé opportun de me détacher. Hael me fixa et je détournai le regard.

Il souleva ma tête et porta à mes lèvres une outre contenant un breuvage inconnu, qui me rendit des forces. Il découpa alors la viande et en fit lentement pénétrer des morceaux dans ma bouche, avec ses doigts. Après trois bouchées, mon estomac protesta et je détournai la tête. Sa main se posa sur mon front et me contraignit à regarder son visage. Il me sourit, avec douceur.

– Peut-être seras-tu en fin de compte victorieuse, petite Miheja, fit-il à voix basse, afin que les autres ne puissent l'entendre.

Il se pencha vers moi et plaça à nouveau sa main sur mon front. Je sentis des forces me parvenir de sa paume. Hael était un guérisseur et je me demandai ce que signifiait son commentaire obscur.

– Prends-la avec toi, je ne tiens pas à épuiser Saer, fit Chayin. En partant immédiatement, nous atteindrons Wiyuta jer avant le lever du soleil. Nous y dresserons l'aprei.

Il se leva et se rendit vers les threx assoupis, serrés les uns contre les autres, la tête basse. Les hommes étaient à présent debout et récupéraient leurs outres et leur viande, en silence, et je trouvai cela étrange. Les choses ne se passent pas ainsi, chez les Tueurs.

Hael me souleva et me porta vers son threx, puis il m'installa à califourchon sur la monture et se mit en selle. Il passa ses bras autour de moi et prit les rênes. Le threx de Chayin était déjà loin et Hael éperonna le sien. L'allure du coursier de Hael était régulière, mais avec les mains liées dans mon dos je ne pouvais conserver seule mon équilibre et j'étais heureuse d'être retenue par ses bras.

Lorsque le threx noir eut rattrapé celui de Chayin et que je pus distinguer les crins de sa queue, Hael le fit ralentir, se contentant de le suivre. Le sceau des Formeurs luisait sous le clair de lune, comme un soleil pyrotechnique lors d'une de nos fêtes.

– Comment es-tu entrée en possession de ce manteau? me demanda Hael à l'oreille.

– C'est un présent que m'a fait mon père, lorsqu'il m'a envoyée dans ce désert, répondis-je en me tournant vers lui.

– Et qu'es-tu venue y chercher?

– Le chemin qui me conduirait à Astria, ainsi qu'un homme d'Arlet et un Gardien de l'Histoire.

– Quel père pourrait laisser sa fille entreprendre une quête là où elle est condamnée à échouer? Tu ne verras pas Arlet, et seules quelques crells en sont originaires. Mais en ce qui concerne le Gardien de l'Histoire, eh bien, tu l'as déjà trouvé.

Le threx fit un écart pour éviter un obstacle et le bras de l'homme se raidit autour de ma taille. En fait, j'avais presque deviné son statut, à la façon dont il s'adressait à son Cahndor, à son don de guérison et à ses propos sybillins.

– J'ai un message destiné à un Gardien de l'Histoire d'Arlet.

– Peu de contacts subsistent entre nous et nos frères

du passé, mais les temps nous ont rapprochés et je pourrais le transmettre.

– Vous feriez cela pour une crell? fis-je avec amertume.

– Ce manteau m'indique que tu n'es pas une crell ordinaire. Chayin veut l'ignorer, mais il sera contraint de l'admettre. Cependant, je ne puis pas grand-chose pour toi et tu devrais accepter mon offre.

– Voici le message destiné à Vedrev d'Arlet : Estri a accompli le chaldra de la mère et est de retour. Les actes de Sereth crill Tyris ont toujours été irréprochables.

Je sentis ses bras se raidir et l'entendis reprendre sa respiration. Il hocha imperceptiblement la tête.

– Combien de temps as-tu consacré à l'accomplissement de ce chaldra? Et où étais-tu pour ne pas avoir eu vent de ce qui s'est passé? me demanda-t-il, ce qui déchaîna à nouveau le souffle du chaos.

– Je suis restée captive très longtemps, et j'ignore même quel jour nous sommes.

– Le deuxième premier de Finara, 25695.

Plus de deux années silistriennes s'étaient donc écoulées depuis que j'avais gagné les chutes de Santha en compagnie de Sereth.

– Et que s'est-il passé, que j'ignore?

– Vedrev a pris le chaldra de la terre, des mains de Sereth crill Tyris. Mais nous approchons de Wiyuta jer, petite crell. A quel autre Gardien de l'Histoire souhaites-tu que je délivre ton message?

Je l'entendis à peine. Vedrev était mort, tué par Sereth. Que s'était-il passé? Qu'un Tueur assassinât un Gardien de l'Histoire représentait un crime monstrueux, impensable.

– Ristran, peut-être, répondis-je après qu'il eut répété ses paroles. Ristran d'Astria.

Il fallait que je sache, et je lui posai la question qui me brûlait les lèvres.

– Sereth est-il toujours en vie?

Hael émit un rire sans joie que je n'aimai guère.

– Oui, mais assez parlé de ces choses. Pour toi, il n'existe plus que les Nemarsis et leur Cahndor. Oublie Sereth d'Arlet. Je transmettrai ton message, mais il serait préférable pour toi que je ne le fasse pas. Les choses ont bien changé, tant à Arlet que sur tout Silistra, et Sereth crill Tyris est bien différent, lui aussi. Ton sort sera meilleur en tant que crell que si l'ex-Septième d'Arlet apprend que tu vis. A ta place, je m'abstiendrais de révéler à nouveau mon nom. Oublie ton identité et laisse dans l'oubli Estri, la Tenante de Puits. J'ai su qui tu étais en voyant ce signe, sur ton manteau.

Il tira sur les rênes du threx noir, afin de l'empêcher de se porter au niveau de celui de Chayin, dans sa hâte d'atteindre le jer hospitalier.

– Pourquoi me dites-vous cela?

Il secoua la tête et ne s'adressa plus à moi, laissant la bride sur le cou à son destrier. Le Cahndor frappa sa monture du plat de la main et l'animal bondit et tendit sa tête vers nous. Chayin tirait tant sur les doubles mors que l'écume jaillissant de la gueule du threx se teinta de rouge.

Notre monture en fut affectée. Elle s'agitait et frissonnait. Hael la fit arrêter, puis se pencha pour essuyer la sueur sur son épaule luisante.

– M'aurait-il vraiment abandonnée dans le désert? demandai-je.

– As-tu déjà fait ton choix?

Je hochai la tête et lui expliquai ce qui s'était passé.

– Il est malin, fit Hael lorsque j'eus terminé mon récit. Il est trop tard désormais pour changer quoi que ce soit. Tu lui appartiens. J'aurais pu te réclamer, car nous t'avons découverte ensemble. Et j'avoue que cela aurait pu me tenter. Mais il a pris les devants et t'a fait prononcer les paroles qui te lient à lui.

– Il ignore qui je suis, il n'a pas réagi en entendant mon nom, protestai-je.

J'aurais de beaucoup préféré être la crell de ce Gardien de l'Histoire, puisqu'il me fallait appartenir à l'un d'eux.

– Il n'existe personne sur tout Silistra qui ne te connaisse. A cause de toi, le sang a coulé dans les salles d'Arlet. Chayin savait qui tu étais avant même que tu ne le lui dises, et c'est pourquoi il n'a pas été surpris. La hâte avec laquelle il a voulu que tu t'engages suffit amplement à le prouver.

Devant nous, Chayin avait mis pied à terre et ôtait la selle du dos fumant du threx pommelé. Puis il enleva le double mors, entrava les pattes antérieures de l'animal, et alla s'asseoir sous un tyla (1).

Hael me fit glisser vers le sol verdoyant du jer alors que Chayin nous observait. La nuit tirait à sa fin et à l'est le ciel commençait à verdir. Les sons de la nuit furent remplacés par les bruits des autres jiasks Nemarsis qui atteignaient le jer à leur tour. Hael étrilla son threx puis le laissa en liberté.

Lorsque les premiers rayons du soleil embrasèrent les Sabembe, neuf autres threx se déplaçaient librement dans le jer et les jiasks dressaient leurs apreis. Ils prenaient sur leurs selles des rouleaux de toile arachnéenne, de leurs fontes des tubes de métal vert qu'ils plantaient en terre après les avoir emboîtés pour former de longs mâts. Puis ils tendaient les panneaux de toile sur cette armature pyramidale et, lorsque le disque solaire fut visible dans son intégralité, trois apreis aux dessins psychotropiques resplendissants se dressaient entre les tylas.

Chayin pénétra dans le plus vaste, sa selle sur

(1) Tyla : palmier très commun dans les jers (oasis) de Silistra.

l'épaule, les fontes de cuir traînant sur le sol. Je demeurai au point où Hael m'avait laissée, les mains liées derrière le dos.

J'entendis un bruissement et vis Hael glisser le long du tronc d'un tyla, avec des fruits dans son ceinturon. Deux jiasks allumaient un feu et deux autres préparaient un cuissot de viande. Le jer gronda de leurs murmures lorsqu'ils débouchèrent leurs outres et se les passèrent.

Le Gardien de l'Histoire me fit un signe et je le suivis docilement sous le plus grand des apreis.

A l'intérieur régnait un grand désordre. Un Parset garde tous ses biens avec lui, où qu'il puisse se rendre. Chayin, accroupi dans un angle de l'abri de toile, sortait encore d'autres objets des fontes de sa monture. Je vis un jeu complet de fers et le nécessaire pour ferrer un threx; un petit brasero; des piles de vêtements; des boîtes; des paquets de viande et des outres pleines. Sur l'herbe, le Cahndor avait étalé des nattes et suspendu au pilier central ses harnais, son ceinturon, des rouleaux de cuir tressé et une lampe à huile à présent allumée.

– Assieds-toi, petite crell, me dit Hael qui s'agenouillait à son tour pour sortir ses biens.

Je m'accroupis sur mes talons, consciente de mes liens et de la corde qui ceignait mon ventre. Une certaine fraîcheur régnait à l'intérieur de l'aprei et la natte rouge et or était moelleuse et chaude. J'utilisai mes dons de lectrice mentale.

Chayin était une bête fauve, rongée par la rage : un dorkat blessé. Je pénétrai son esprit et ce que j'y découvris me fit frissonner. En lui se trouvait une colère redoutable, ne pouvant être apaisée que par le meurtre. Il était ce qu'eussent été les Tueurs, s'ils n'avaient été soumis aux lois des Gardiens de l'Histoire.

Je lus également en Hael et n'aimai guère plus ce

que j'y trouvai. Je recevais de lui l'image d'un kepher, cet être arboricole des marais de Galesh, à la peau pustuleuse et aux pieds palmés, qui guette les wirragaets imprudents. Je vis sa longue langue gluante jaillir de sa bouche et ne pus que m'interroger sur la signification de cette vision.

Ils étaient agenouillés côte à côte pour assembler des pièces de bois, comme des enfants jouant avec un puzzle. Puis l'échiquier à trois niveaux apparut sous la lumière de la lampe centrale. C'était l'Yris-tera, à la fois jeu et oracle, utilisé par les devins et les Gardiens de l'Histoire pour leurs augures, par les Tueurs et les conseillers pour leurs choix stratégiques, et par les enfants pour leur simple amusement.

Ils s'assirent autour de lui avec le cornet de cuir contenant les soixante pièces d'os sculpté et commencèrent la partie, oubliant aussitôt ma présence.

Sur le premier plateau de l'échiquier s'arrêtèrent la lance et l'écu, ainsi que le sablier. Par ses fentes tombèrent deux threx, et les symboles de l'homme et de la femme qui s'immobilisèrent au niveau central, alors que le feu, la lance et le Puits atteignaient le troisième.

Chayin cracha de dégoût. Il portait toujours le manteau des Formeurs et je pouvais voir sur ses bras ses tatouages s'agiter comme animés par une vie leur étant propre, alors qu'il secouait le cornet de cuir pour jouer à nouveau. Sur son bras droit se trouvait le slitsa, lové autour de l'épée parset. Sur le gauche je voyais l'urithéria, symbole de son rang, qui couvrait le biceps et dont la queue pendait sur son avant-bras. Sa gueule était ouverte et sa langue fourchue semblait jaillir et se tortiller sous la clarté vacillante de la lampe.

Un jiask entra. Chayin hocha distraitement la tête et l'homme posa deux outres à son côté, avant de fixer l'échiquier et de froncer les sourcils.

– Est-ce pour Frullo jer? fit-il.

– Et pour quoi d'autre? rétorqua le Cahndor, avec irritation.

Le jiask s'accroupit et Hael se pencha comme Chayin lançait à nouveau les figurines. La clarté de la lampe me révéla les symboles des Gardiens de l'Histoire tatoués sur ses épaules : le compas, le sablier qui contient le monde, l'étoile à huit branches dans un cercle. Dans cette étoile, je vis des caractères qui m'étaient inconnus, mais je reconnus une inscription que j'avais vue sur la bague d'Estrazi et sous les chutes de Santha. Elle signifiait « messager », en mi'ysten, et je me demandai si c'était dû à un pur effet du hasard.

J'étais irritée par le manque de résultats obtenus lors de ma lecture mentale. Sans doute était-ce dû à la drogue qu'ils m'avaient administrée et qui inhibait mes talents.

Au second lancer, une autre femme s'arrêta sur le plateau supérieur; un ebvrasea face à un threx, et une épée sur l'autre, au centre; deux hommes et une femme au niveau le plus bas. La position de ces derniers éléments était surprenante : une femme et un homme à côté du Puits, et l'autre s'opposant à eux par la lance et le feu. Ce n'était certainement pas dû au hasard. L'on obtient parfois beaucoup de l'Yris-tera, parfois peu. Cette fois, il révélait au Cahndor et au Gardien de l'Histoire plus de choses qu'ils ne l'auraient souhaité. C'était une configuration de crise, de combat et de mort.

Hael désigna le niveau supérieur.

– Sur le plateau des Catalyseurs, la lance et l'écu, sur le rouge, indiquent les éléments nécessaires. Le sablier, sur le noir, représente la volonté dominante. Nous avons donc ce qui est prédéterminé par les exigences des temps. La femme, qui se trouve sur l'or, est l'émissaire par lequel agit le sablier. Qu'en penses-tu, Chayin?

– Besha, fit le Cahndor.

– J'en doute, rétorqua Hael. Sur le plateau central des mouvements et de la manipulation, nous avons un threx sur le gris de la mort, et un autre sur le pourpre du triomphe et le jaune des pertes. Une femme est proche du threx mourant, à l'intérieur du tourbillon des changements. Et l'homme se trouve presque au-dessus du threx placé sous le signe du triomphe et de la perte. S'opposant à cet homme, il y a l'ebvrasea de la case du but prépondérant. L'ebvrasea va utiliser le threx et l'homme pour servir ses desseins. Et il reste l'épée, au-dessus du threx du carré de la mort, la lame dirigée vers la femme du tourbillon des changements. Pense de qui l'ebvrasea est devenu le symbole et quelles rumeurs circulent actuellement. J'estime que Besha doit se trouver ici.

Il désigna la femme du tourbillon.

Chayin hocha la tête et se pencha vers l'Yris-tera, paupières mi-closes et le menton reposant sur son poing.

– Et, finalement, le plateau de l'aboutissement, ajouta Hael. Le Puits dans le blanc des gains possibles, et la lance sur la case du cœur vers laquelle arrivent deux hommes et une femme. Un homme prend la lance par la puissance du feu qu'il domine et s'oppose à l'homme et à la femme qui se tiennent à côté du Puits. La femme, sous l'influence de la haine, et l'homme sous celle de l'amour. Nous avons joué pour Frullo jer et entrevu un avenir plus vaste, dans lequel les courses de Frullo jer ne sont qu'un élément. Seul le plateau central s'y rapporte.

Il releva les yeux en direction de Chayin.

– Si l'ebvrasea recherche ton aide, la lui accorderas-tu?

Je me demandai ce que représentait pour eux l'ebvrasea; je ne connaissais aucun Puits ou cité, village ou tribu, ayant pris ce grand prédateur des montagnes comme emblème.

– Le ferais-tu, frère, si tu étais à ma place? s'enquit Chayin.

– Je le pense. L'Yris-tera l'exige, ainsi que le temps. Et cependant, si cela se fait, du sang coulera encore, alors que nous ne sommes pas concernés. Ou plutôt, que nous n'étions pas concernés avant ce jour. Il suffirait que quelqu'un effectue ce mouvement... (il plaça la femme du premier niveau à côté de l'ebvrasea)...pour que tout rentre peut-être dans l'ordre. Avec l'élément principal remis au carré du but prépondérant. Il faudrait effectuer ce mouvement avant qu'il ne soit trop tard.

Il désigna le threx de la case de la mort. Chayin étudia la nouvelle configuration du jeu puis ramassa toutes les pièces, à l'exception de l'ebvrasea et de la femme qu'Hael avait placée à son côté, sur la case verte.

– Tu peux te tromper. Cette femme est peut-être Besha et l'ebvrasea la rapidité du threx.

Hael sourit et secoua la tête.

– Quand as-tu lancé le Puits pour la dernière fois? Il n'y en a qu'un, parmi toutes ces pièces.

– Il est sorti voici six passages, juste avant que nous nous rendions à Yardum-Or, lui rappela Chayin.

– Et après avoir atteint Yardum-Or, n'as-tu pas fait deux cents néras supplémentaires pour te rendre à Puits Oppiri?

– Ce fut sur une impulsion idiote, due à l'alcool.

– Mais tu l'as fait, presque contre ta volonté. Tu t'es rendu dans un Puits peu après que la pièce correspondante fut sortie. Avais-tu déjà tiré un Puits, auparavant?

– Tu sais bien que non. Mais pour l'instant, notre seul problème est Besha. Si les Menetphers participent à la course et qu'Aknet aniet Boshat monte Fils de

Tycel, cet étalon qui a remporté trois années de suite l'Epée d'Or, Guanden, la monture de Besha, représente notre unique espoir. Deux neras sont trop longs pour Saer et ton Quiris n'est pas assez rapide.

Je compris alors que les Nemarsis s'étaient rendus dans le désert pour préparer leurs threx. Je m'étais demandé pourquoi ils ne portaient ni casque, ni lance, ni écu. Et aucun d'eux n'avait le fouet mortel des Parsets, le huija. Afin d'entraîner leurs threx pour la course, ils s'étaient allégés.

– Je n'aimerais guère voir l'Epée aller une fois de plus aux Menetphers, reconnut Hael. Mais je persiste à croire que tu te méprends sur le sens de cet oracle.

– Ce que je sais, c'est que Besha est insupportable et que je serais aussi irrité par son triomphe que par celui des Menetphers.

Chayin fit un signe au jiask qui déboucha l'outre et la présenta au Cahndor. Il but, puis la tendit à Hael.

– Cependant, Guanden doit courir, fit Hael en essuyant sa bouche du revers de la main. Besha sera encore plus insupportable, si tu l'en empêches. A Frullo, quelque chose la remettra peut-être à sa place. Son insolence irritera peut-être un jiask d'une autre tribu. Lance les pièces à nouveau.

– Marshon! ordonna le Cahndor à l'attention du jiask qui se leva d'un bond. Prends cette crell et veille à ce qu'elle se lave et se restaure, avant de la ramener. Et fais-nous apporter un repas.

Chayin jeta les pièces mais le jiask se penchait vers moi, me masquant le jeu.

– Tu ne pourrais aller nulle part, me dit-il. Je vais te délier et nous nous rendrons à la mare. Je ne tiens pas à devoir te laver comme un bébé.

Je hochai la tête et il ôta mes liens. Puis il me guida vers la grande mare d'eau fraîche, entre les tylas. Le jeune jiask tendit la main au sein de la végétation luxuriante et ramena un gros fruit.

– Voilà qui ôtera ta crasse, regarde.

Il plongea le fruit dans l'eau, le coupa en deux, puis frotta sa pulpe blanche contre son épiderme. J'essayai l'étrange plante sur mon bras. Derrière elle, mon teint était plus clair. Je me lavai, jusqu'au moment où l'eau fut boueuse de limon, puis je me penchai et passai l'étrange fruit gélatineux dans mes cheveux, avant de m'allonger sur le dos et de me laisser flotter.

Je regrettais de n'avoir pu assister à la fin de la partie. Le lancer de Chayin avait dû désigner les éléments utilisés, ainsi que le résultat du mouvement consistant à remettre la femme à l'ebvrasea. Une fois les pièces en place, les deux joueurs lançaient les dés pour faire apparaître les probabilités inhérentes aux temps à venir. Puis l'un d'eux remportait finalement la victoire en capturant les pièces de l'autre. La façon dont cette victoire était acquise et les cases sur lesquelles se déroulait la partie dépendaient des joueurs. Le pouvoir de l'Yris-tera est très grand, et je me demande parfois s'il ne l'est pas trop, s'il ne provoque pas les événements plutôt que de les prédire.

– Hâte-toi, crell ! Sinon il ne nous restera que les os à ronger.

J'ouvris les yeux et fixai le jiask, avant de regagner la rive. Ma peau cuivrée luisait sous le soleil. La plante abrasive avait rendu sa douceur à mon épiderme et je fis courir mes mains sur mon ventre plat, pour en chasser les gouttes d'eau. Puis je divisai ma longue chevelure que je laissai retomber sur mes seins. Je me souvins alors de ce que j'avais appris à Mi'ysten et levai les mains pour démêler mes cheveux ainsi qu'on m'avait enseigné à le faire : en abaissant lentement mes doigts écartés depuis le sommet de mon crâne. Je constatai que je n'avais pas perdu tous mes talents et je compris que s'il m'était possible de faire cela, je retrouverais peut-être d'autres pouvoirs. Dans le désert, je n'avais pu former et créer ce que je désirais à partir des molécules de l'air, mais je pris la décision de retenter l'expérience à la première occasion.

– Il est stupéfiant de constater ce que peuvent faire un petit puiia et de l'eau, dit le jiask qui me fixait.

Je lui retournai son regard avec impudence.

– Ton Cahndor t'attend, crell, grommela-t-il, les yeux sur mon chald.

– Est-ce que son frère m'attend également? Sont-ils de véritables frères?

– Le dharener Hael? Comme Chayin, il est le fils d'Inekte et de Tasphersi, l'ex-Nemarque.

Il enjamba le tronc d'un tyla qui barrait le chemin et je le suivis.

– Qui est la Nemarque, à présent? m'enquis-je alors que nous traversions la clairière, en direction du feu de camp à présent abandonné.

Les autres jiasks s'étaient retirés sous l'abri de leurs apreis, nous laissant une outre, de la viande, et une demi-cruche de binnirin.

– Liuma Sataeje aniet Erastur règne sur les tiasks, ainsi que sur le temps et la vie, aux côtés de Chayin rendi Inekte, fils choisi de Tar-Kesa.

Tar-Kesa, l'ancien dieu des Gristashas, avait conservé sa puissance dans le désert. Si Liuma régnait sur le temps et la vie, il s'agissait d'une devineresse. Chayin disposait d'une cour importante, avec pour frère le dharener, premier Gardien de l'Histoire des Nemarsis, et pour compagne une Nemarque devineresse. Ces trois éléments réunis devaient permettre au Cahndor de manier son peuple comme une seule épée à la lame tranchante. Je connaissais le rituel de Tar-Kesa et, pour devenir son fils choisi, Chayin avait dû subir de dures épreuves. Mais il était devenu un homme-dieu, une légende vivante, au-dessus des reproches et des questions.

Je pris de la viande calcinée et du binnirin trop cuit, imitant le jiask. Le soleil brûlait mon dos, lorsqu'il me tendit l'outre. Il s'agissait de brin éventé, mais agréable. L'alcool apaisa mon esprit et allégea mon cœur. Je bus encore. Je n'avais pas faim, mais soif.

Le jiask se dressa et essuya ses mains graisseuses sur ses cuisses, et je me levai à contrecœur. Il délaça le rabat de l'aprei et le souleva. L'intérieur était vert et indistinct, et j'éprouvais le désir de me tourner et de fuir, mais je n'avais nulle part où aller. Je pénétrai sous l'abri de toile et le rabat retomba derrière moi.

– Comme c'est souvent le cas, Hael avait raison, fit Chayin. Sans ton chald, tu seras très belle. Relace le rabat.

J'obéis, puis me tournai vers lui, serrant les poings.

– Vous ne m'ôterez pas mon chald!

– Les crells n'en portent pas. Cela amoindrit leur beauté, leur utilité, leur humilité. A quoi servirait un chald ayant perdu toute signification? Approche.

J'allai vers l'homme adossé au mat central de l'aprei. En m'agenouillant à son côté, je me souvins que je ne devais pas soutenir son regard.

– Les crells ne portent pas de chald, répéta-t-il en écartant avec douceur les cheveux qui masquaient ma poitrine.

– En ce cas, je vais l'enlever, dis-je, ne voulant pas qu'il me l'ôtât de force.

– Fais, ordonna-t-il.

Je fis courir mon chald entre mes doigts et en trouvai la fermeture. Je pris la petite clé et ouvris le cadenas, avant de tenir les dix-huit brins dans mes mains et de les examiner. Je voyais la chaînette argentée tressée de blanc de Puits Astria, celle rouge du chaldra de la mère qui devrait à présent être remplacée, celle de bronze de la maternité non accomplie. Il y avait les chaînes des Gardiens de l'Histoire, des Tueurs et des maîtres-gols. Je serrai mes poings sur celle de platine des lecteurs de pensée et de la cité vassale de Port Astria. Mes yeux s'emplirent de larmes et, à travers elles, je vis les six cuivres différents de mon éducation, le titrium et le fer des chanteuses, le cuivre et le bronze des musiciennes, l'or blanc et les gemmes des Tenantes de Puits. Qu'est une Silistrienne, sans son chald? Je le portai à mes lèvres et l'embrassai, avant de le tendre au Cahndor des Nemarsis. Me sentant vulnérable, je secouai la tête afin que ma chevelure dissimulât ma nudité et croisai les bras sur ma poitrine.

– Tu oublies la clé, petite crell.

Je la lui remis. Le Cahndor la plaça dans son logement puis posa le chald de côté, avant de m'examiner longuement. Je sentais la chaleur de mon sang monter vers mon épiderme.

– Cette position te convient à merveille, tu aurais dû naître crell, fit-il.

Je ne répondis rien et gardai les yeux baissés : une crell ne doit pas regarder son Cahndor.

Adossé au mât central, il prit tout d'abord la petite outre dont le contenu m'avait rendu des forces dans le désert, et fit glisser son autre main dans sa culotte de cuir.

– Je vais t'enseigner une coutume parset, dit-il en me tendant l'outre. Prends un peu de son contenu dans ta main.

Le temps que je verse un peu de liquide brunâtre dans ma paume et que je referme l'outre avec mes dents, l'homme était nu et exhibait son membre viril.

Il m'ordonna de le masser avec le liquide ambre. J'obéis, alors que sa jambe se frayait un chemin entre mes cuisses.

– Embrasse-moi, ordonna-t-il, alors que sa main saisissait mes cheveux et abaissait ma tête, jusqu'au moment où sa toison pubienne chatouilla mes narines.

Le goût de l'homme et de la drogue se fondaient dans ma bouche et sa brusquerie me laissait peu de possibilités d'exercer mes talents de fille de Puits. Ma décision de le subjuguer par la passion me parut brusquement naïve, puérile, alors que ses doigts me pénétraient brusquement et que ma bouche était emplie de lui, engourdie par les effets de la drogue. Mon pouls s'accéléra et je connus la peur. Le Cahndor devait lui aussi ressentir les effets de la drogue dont avait été enduit son sexe. Je plaçai mes paumes sur ses cuisses en écartant les doigts pour exprimer ma soumission, pendant que j'essayais de lui indiquer mon désir ainsi que peut le faire une femme : en frottant et en serrant sa cuisse entre les miennes.

Mais ce n'était pas ce que voulait cet être ivre de puissance et d'aphrodisiaques. La peur grandit en moi et je commençai à me débattre, impuissante et prise de panique. Puis le Cahndor des Nemarsis éclata de rire.

2

FILS CHOISI DE TAR-KESA

A mon éveil, le soleil couchant baignait l'aprei d'une clarté rougeâtre. Chayin dormait d'un sommeil profond, toujours drapé dans le manteau des Formeurs, en dépit de la chaleur.

Il avait honteusement abusé de moi et si c'était ainsi que forniquaient les crells, je ne souhaitais pas renouveler cette expérience. Il m'avait contrainte à boire à nouveau du breuvage stimulant et le rythme de mon cœur était encore plus rapide que de coutume. Mon désir inassouvi me torturait. Couchée de côté, mes reins collés contre sa cuisse, je le haïssais. Il dormait, alors que je ne le pouvais pas. Il personnifiait tous les hommes qui avaient abusé de moi et il devint à mes yeux Raet, Estrazi, Dellin. Dellin que j'avais tant aimé et que j'aurais à présent volontiers égorgé. Je pris une profonde inspiration et recouvrai partiellement mon calme. En observant la poitrine de Chayin qui se souvelait et s'affaissait sous mes yeux, je décidai de le tuer. Cet être qui abusait des gens sans défense, ce Cahndor des sans-chald ne méritait pas de vivre. Avant d'abuser de moi, il avait négligemment jeté le ceinturon de son épée sur une natte, à portée de ma main. Je plongerais sa lame dans son cœur puis me glisserais jusqu'aux threx, entre les jiasks endormis. Mais, avant de pouvoir regagner Astria, il me faudrait récupérer mon chald qui se trouvait dans la sacoche lui servant d'oreiller.

Chayin grogna dans son sommeil et se tourna sur le ventre. Le manteau des Formeurs était serré autour de son corps et la spirale scintillait. Je décidai de le frapper là où les pierres étaient moins denses : la lame d'acier pénétrerait entre ses côtes, pour transpercer son cœur.

Furtivement, en retenant ma respiration, je m'écartai de lui et rampai vers le ceinturon qu'il avait jeté avec tant d'imprudence. Croyait-il qu'en m'ayant privée de chald il m'avait également privée de volonté? La lame glissa silencieusement hors du fourreau. Ma main épousait parfaitement la poignée de cette arme lourde mais bien équilibrée.

Je revins vers le Cahndor, tenant l'épée entre mes seins, puis je m'accroupis au-dessus de l'homme endormi, n'osant pas respirer. Mes bras tremblaient. Je n'avais encore jamais tué un homme, mais celui-ci méritait son sort. Les deux mains serrées sur la poignée, je levai l'arme et, en utilisant toutes mes forces, j'abattis sa pointe acérée vers un point situé entre deux joyaux de la spirale.

Lorsque la lame atteignit le manteau des Formeurs, elle se rompit comme de la glace. Et Chayin fut sur moi, emprisonnant mes poignets d'une main et arrachant l'arme brisée de l'autre. Ses genoux immobilisaient ma tête et il se pencha vers moi. Ses pupilles étaient des points minuscules dans ses yeux sombres, ses lèvres gluantes de bave, son visage couvert de sueur. Son haleine sentait la peur.

– Les crells ne lèvent pas la main sur leur Cahndor, et tu mérites un châtiment exemplaire. Dois-je te tuer ici même?

Il fit courir le tranchant de ce qui restait de lame sur ma joue. Je ne pouvais détourner mon visage coincé entre ses genoux. Je luttai vainement pour libérer mes poignets, mais il les serra avec encore plus de force et je crus qu'ils allaient se briser. Je soutins son regard, et le défiai. S'il était vainqueur, ce n'était pas grâce à son habileté.

– Tuez-moi, Chayin, avant qu'une autre occasion ne se présente à moi, lui dis-je. Vous devez d'être en vie au manteau des Formeurs, mais la prochaine fois je n'échouerai pas.

Il rit et passa la lame sur ma gorge et mes seins. Je ne souhaitais qu'une chose : qu'il me tue rapidement.

– Chayin, fit une voix grave et posée.

Le Cahndor tourna la tête, puis jeta l'épée. Il me releva, en me tordant cruellement le bras, et je pus voir le personnage qui se dressait devant l'entrée de l'aprei. Il s'agissait de Raet, je ne pouvais me méprendre en raison de son épiderme couleur de bronze et du miroitement qui nimbe les Mi'ysten. Je frissonnai. Chayin me fit agenouiller et de son autre main il tira violemment ma tête en arrière. Je revis l'être qui se trouvait près de la porte, et c'était Hael, bras croisés sur la poitrine, lèvres tordues en un vague sourire.

– Depuis combien de temps es-tu là? fit Chayin.

– Un certain temps.

– Cette crell a voulu me tuer, alors que je dormais.

– J'ai vu, répondit Hael qui vint se placer devant nous.

– Tu as vu, et tu n'as rien fait? Tu m'aurais laissé mourir?

– J'ai assisté à ce qu'avait annoncé l'Yris-tera. L'épée d'acier s'est brisée, comme l'épée d'os lorsqu'elle est tombée sur le plateau. Croyais-tu qu'elle allait se soumettre à toi? Une Tenante de Puits, l'élément principal, ayant bu suffisamment d'uris pour permettre à un jiask de pourfendre ses ennemis pendant tout un passage. Croyais-tu qu'elle allait te chanter des berceuses?

Le Cahndor lâcha un grognement et me tira jusqu'au mât central, devant lequel il me contraignit à m'agenouiller. Pour m'y lier les poignets, son bras frôla mon visage, et je le mordis. Chayin jura et me frappa. Ma tête heurta le pilier puis les coups de fouet qui s'abattirent sur mon dos me parurent venir de très loin, comme si ce n'était pas ma chair qu'ils lacéraient. La douleur se mêla à la passion pour engendrer autre chose. Mais cela ne tarda guère à disparaître et je ne fus plus qu'une femme battue par son maître, et la douleur ne fut plus que la douleur.

Chayin vint s'accroupir devant moi, tenant toujours son fouet.

– Es-tu contente, crell? fit-il en relevant ma tête. T'ai-je donné ce qu'attendait ton esprit, ce que réclamait ton corps?

Je secouai silencieusement la tête, mais ma chair savait ce que niait mon cœur. Je sentis une main se poser sur mon épaule et je sus que c'était celle du dharener.

– Elle est à toi, Hael, fit le Cahndor. Je te la donne, en espérant que cela modifiera le destin. Jouons à nouveau pour le savoir.

Il reporta sur moi son regard et abaissa le fouet sur lequel je vis des lambeaux de ma chair.

– Dommage que je n'aie pas le temps de m'occuper de toi. Tu me plais, mais je ne suis pas de taille. Je dois m'écarter de ton cercle, sous peine de perdre tout ce que je possède.

Je perçus dans sa voix de la tristesse, du désir, et une détermination farouche.

– Vous ne pouvez craindre une crell, c'est vous-même que vous redoutez, Cahndor.

Je crus qu'il allait me frapper mais, contre toute attente, il me sourit.

– Tu es perspicace. A Hael de tenter sa chance. Ses talents de Gardien de l'Histoire en font un adversaire bien plus digne de toi.

Il se pencha et m'embrassa. Son baiser n'était pas celui qu'un Cahndor donne à une crell, et j'y répondis. Lorsqu'il détacha à contrecœur ses lèvres des miennes, mon esprit était empli de confusion.

L'uris! L'uris est un stimulant dont il ne faut user qu'avec précaution. Il supprime les inhibitions, efface la fatigue et la douleur. Les lettres rouges de ce nom clignotaient devant mes yeux et je ne pouvais voir Chayin et Hael qui s'étaient agenouillés devant l'Yristera.

Puis la brume rouge fut remplacée par l'obscurité. Les paroles de Chayin résonnaient à nouveau dans mon esprit. « T'ai-je donné ce qu'attendait ton esprit, ce que réclamait ton corps? » Et je hurlai « non » jusqu'à l'instant où l'épuisement me contraignit à m'interrompre. Je me trouvais entre nulle part et le néant, et l'obscurité devint moins profonde. J'entrai à nouveau en possession d'un corps pour parcourir les salles de Mi'ysten.

Estrazi m'attendait derrière la première porte que je poussai. Je n'en fus pas surprise. Il était assis à même le sol et je l'imitai, heureuse de pouvoir admirer à nouveau son épiderme luminescent.

Et il s'adressa à moi, brise soufflant dans mon esprit car mes oreilles ne pouvaient entendre. Il m'ordonnait de lui obéir.

Je répliquai que c'était impossible, que la tâche était trop lourde pour une simple mortelle, et il rétorqua que si je refusais d'employer mes pouvoirs, d'autres les utiliseraient pour se servir de moi.

Je protestai que c'était lui qui l'avait voulu ainsi, et

que lui seul était à même de défaire ce qu'il avait créé.

Estrazi émit un rire cristallin, pendant que Raet, Formeur fils de Kystrai, apparaissait à sa droite, également assis et complétant le triangle.

Il créa et lança vers moi un cristal sphérique bleu et blanc, aux arêtes vives, et je levai les mains pour me protéger. Mais ce fut mon esprit qui immobilisa la chose entre nous.

– Prends, fit Raet qui la poussa avec force vers moi.

La sphère se trouvait brusquement très près de mon visage et je la repoussai.

– Non, dis-je à l'intention d'Estrazi, tentant de projeter la sphère dans sa direction.

– Tu le feras, rétorqua-t-il avec douceur, pendant que le cristal revenait se placer entre nous. Vois ce que tu peux faire. N'oublie pas. Lorsque tu seras prête, il sera à toi.

– Afin que je devienne un jouet plus amusant pour Raet, un outil plus efficace pour vous servir? dis-je en secouant négativement la tête.

– Certes, fit-il.

J'avais quitté la sphère des yeux pour fixer mon père, et le cristal à présent libéré se rua vers moi et explosa dans mon cerveau. Je tentai de me soustraire à son aveuglante clarté mais ne trouvai pas le moindre recoin d'ombre où me dissimuler. Je m'entendis hurler.

Et j'ouvris les yeux pour voir Hael qui m'observait alors que le mât de l'aprei tourbillonnait follement. Puis le monde ralentit progressivement son mouvement giratoire.

Le visage de Hael ne se trouvait qu'à quelques centimètres du mien et je discernais les grains de sable dans la barbe broussailleuse.

– J'ai cru que tu accomplissais le chaldra de la terre,

me dit-il en essuyant mon front à l'aide d'un linge frais.

– J'étais auprès de mon père, répondis-je sans réfléchir.

– Tu te trouvais effectivement très loin d'ici. Tu es restée inconsciente pendant trois jours, respirant à peine. Je n'ai pas quitté ton chevet, et voici ce qui est apparu près de toi.

Il me montra ce qu'il tenait dans sa paume : un cristal luminescent, bleu et blanc, aux arêtes vives. S'il m'était impossible de discerner les filaments noirs internes en raison de la distance, je pouvais me les imaginer et je me mis à trembler.

– Vous ignorez de quoi il s'agit! Ne le tenez pas dans votre main. Il faut l'envelopper dans un morceau de cuir, puis le placer dans une fonte profonde, en prenant garde à ce qu'il ne se trouve pas à proximité du corps d'un homme ou d'un animal!

Hael lâcha le cristal qui rebondit sur la natte et roula vers moi. Je l'immobilisai du regard.

– Allez chercher du cuir! répétai-je, sans détacher les yeux de l'helsar.

Ce dernier commençait à scintiller, si près de moi que je savais qu'il m'appartenait. Que je l'eusse rapporté contre mon gré était impossible. Il m'avait accompagnée parce que je souhaitais inconsciemment sa présence.

Le dharener des Nemarsis couvrit l'helsar d'une épaisse bourse de cuir qu'il referma aussitôt, avant de la soulever par ses cordons et de la placer précautionneusement dans ses fontes, choisissant soigneusement son emplacement.

Hael vint alors s'asseoir près de moi et m'offrit de l'eau, soulevant ma tête pour me permettre de boire.

– Qu'est-ce? me demanda-t-il finalement.

– On pourrait appeler cela un jouet. Le jouet d'une race proche de celle de votre dieu, Tar-Kesa. Présentez-le en offrande sur son autel, si vous le souhaitez. Je suis certaine qu'il en sera ravi.

– Tu ne crois pas en Tar-Kesa?

– Au contraire. Je sais qu'il existe. Je le respecte et je le révère, et je m'efforce de ne pas transgresser ses lois.

Je testai la force de mes bras et la jugeai satisfaisante. Je m'assis.

– Quel mal pourrait provoquer ce jouet des dieux?

– Il peut contraindre celui qui le possède à accepter son enseignement. Il peut le rendre fou, absorber sa vie sans qu'il s'en rende compte, de façon désagréable, l'incitant à s'en servir de plus en plus, jusqu'à sa mort. Est-ce suffisant?

Si je ne mentais pas, je ne révélais qu'une partie de la vérité. L'helsar est aussi le catalyseur primordial, la semence d'un univers qui n'existe pas encore. Je me frottai les mains et les bras, heureuse de sentir ce corps dont j'étais restée séparée pendant trois jours.

Hael secoua la tête, alors que ses doigts jouaient avec sa barbe.

– Comment peux-tu savoir tout cela? Connais-tu l'utilité de cette chose, sais-tu ce qu'elle permet d'obtenir?

– Il faut poser cette question à Tar-Kesa, car je vous ai révélé tout ce que je sais, mentis-je. Mais cette chose peut faire beaucoup de mal.

Je m'abstins d'ajouter qu'une autre tentative faite pour utiliser cet helsar me mettrait en grand danger. Le lien était déjà établi entre lui et moi, je le sentais. Je n'avais plus le choix et je devrais utiliser au mieux les talents acquis sur Mi'ysten. Peut-être m'étais-je leurrée en pensant que je pourrais m'en passer. Dans un groupe d'enfants, le premier qui apprend à marcher ne continue pas de ramper pour ne pas humilier ses camarades.

Le dharener se leva brusquement et je pouvais entendre les jiasks démonter l'aprei autour de nous. Nous nous fîmes face, au sein d'un silence embarrassé. Je le sentis sonder doucement mon esprit et dressai aussitôt le bouclier mental mi'ysten. Si sur ce monde il n'avait guère été efficace, sur Silistra il suffisait amplement. Hael fit la moue alors que je le sondais à mon tour. Je lus en lui une grande confusion, me concernant en partie. Je devais pénétrer plus profondément dans son esprit.

– Dharener, si vous décidez de tester l'helsar, veillez à ce que votre tri soit libre de toute peur, lui conseillai-je.

Et je trouvai alors ce que je cherchais. Hael avait sondé mon esprit pendant mon inconscience, et il y avait découvert plus de choses qu'il ne l'eût souhaité.

– La clé est dans le tri?

– Il est indispensable de savoir l'effectuer.

« Tri » est le terme qu'emploient les devins pour définir le processus stochastique permettant de séparer les probabilités inhérentes à un instant donné.

Les jiasks avaient retiré une autre cloison de toile et je pouvais voir la nuit claire et étoilée, ainsi que la lune pleine au-dessus des Sabembe. Hael plaça sa selle sur son épaule.

– Passe devant moi, m'ordonna-t-il.

J'obéis et sortis de l'aprei pour me diriger vers les silhouettes obscures des threx. Des monts se dressaient sur ma gauche et sur ma droite, et j'en déduisis que nous nous trouvions au nord de la mer morte, là où la chaîne d'Yaica longe celle des Sabembe.

J'entendis piaffer et renâcler. Chayin venait vers nous, spectre monté sur son threx pommelé, et le clair de lune faisait miroiter l'emblème des Formeurs sur le manteau de mon père. L'animal secoua la tête et l'écume macula mes bras et mon visage, pendant que ses sabots projetaient des cailloux sur mes jambes nues.

– Hâte-toi, mon frère, sinon nous arriverons trop tard pour pouvoir répandre le sang de nos ennemis!

Il rit alors que sa monture reculait d'une douzaine de pas sur ses pattes postérieures, pivotait sur elle-même en direction de Clous, et disparaissait au sein d'un nuage de poussière.

– Que veux-tu dire, Chayin? cria Hael.

Mais son frère était déjà loin et il marmonna « Imbécile », avant de me guider vers son threx. Pendant qu'il sellait Quiris, je lui posai une question qui me brûlait la langue.

– L'épée d'os s'est-elle vraiment brisée, sur l'échiquier?

Il lâcha un grognement et s'aida de son genou pour tendre la sous-ventrière.

– Oui, fit-il en se tournant vers moi. Elle s'est brisée. Mais autrement les pièces et leur emplacement étaient les mêmes. Une femme a remplacé celle que nous avions déplacée vers la case de l'ebvrasea.

– Et votre certitude que mon épée allait elle aussi se rompre était telle que vous vous êtes abstenu d'intervenir?

– Suis-je certain de tes réactions? J'ai pourtant laissé tes mains libres.

C'était exact, il ne m'avait pas liée. Le visage du dharener apparut de l'autre côté de Quiris.

– Je devais m'assurer de l'exactitude des présages, et quel autre moyen avais-je à ma disposition?

– Et si l'Yris-tera avait menti? Aimez-vous plus la vérité que votre propre frère?

– Peut-être serait-il préférable que l'Yris-tera ait menti, répliqua-t-il d'une voix étrange. Tu as vu Chayin à l'œuvre, et comment réagissent les jiasks en sa présence. Et il est actuellement dans ses meilleurs jours. Un homme ne peut vivre ainsi torturé. Cela nous influence tous, et il tient nos destinées entre ses mains. Or, il s'agrippe au-dessus des abysses et un jour sa prise faiblira. Il tombera et c'est à moi qu'il incombe de veiller à ce qu'il n'entraîne pas tous les Nemarsis dans sa chute.

– Je ne comprends pas, fis-je comme il terminait de vérifier les sangles, me hissait vers la selle et sautait derrière moi.

– Chayin est un voyant, répondit-il en faisant partir Quiris. Il souffre de leur maladie. Lorsqu'il a passé l'épreuve de Tar-Kesa et pris l'épée de Cahndor, il n'avait pas encore connu de femme, ses dons n'étaient pas encore apparus. Ensuite, il était trop tard et il ne pouvait trouver le moindre égal pouvant le conseiller.

Je réfléchis à ses paroles. Je ne savais que trop quel était l'enfer d'un devin n'ayant nulle personne pour le guider, car mes propres dons s'étaient révélés assez tard. Mais, même bien encadré, tout voyant doit affronter le spectre redoutable de la maladie des devins. Un sur soixante y succombe et perd irrémédiablement la raison. Je comprenais à présent pourquoi j'avais obtenu de lui une image mentale aussi chaotique, tant de confusion, de peur et de haine. Je n'avais vu en lui que de la violence.

Quiris dévorait les néras et nous fûmes bientôt assez proches de Chayin pour pouvoir l'appeler. Hael lui cria de s'arrêter et d'attendre les jiasks. Le Cahndor accepta et, sous le clair de lune, Saer était blanc d'écume et de poussière.

– Connais-tu le livre de Khys? me demanda à voix basse Hael qui faisait ralentir Quiris.

Je secouai négativement la tête. Je n'avais jamais étudié de façon approfondie l'*Ors Yris-tera*, qui enseigne la véritable connaissance du jeu.

– Le sablier se trouvait sur l'échiquier des Catalyseurs et imposait par la femme la volonté du Premier

Altérateur. Khys cite une telle disposition des pièces et déclare qu'en de tels temps un signe matériel est toujours donné. Et il rattache ce signe à la lumière d'une étoile. Il me semble que ce qui se trouve actuellement dans la bourse de cuir est précisément ce signe.

La clarté de la lune soulignait les traits de Chayin et je ressentis de la compassion envers cet homme. Lui et moi devions affronter les mêmes conflits intérieurs, avec des pouvoirs que nous ne souhaitions pas avoir et des connaissances que nous ne pouvions utiliser. Ce devin était certainement aussi seul que la fille d'un Formeur, et il semblait que les Gardiens de l'Histoire n'avaient aucune réponse à apporter à nos questions. Cependant, la présence du Cahndor estompait cette impression de solitude et je me redressai. J'envoyai vers Chayin une onde de force et de réconfort.

Les threx se saluèrent. Je m'étais souvent demandé comment de si gros animaux pouvaicnt émettre des sons aussi stridents.

– Etait-ce toi, sur le plateau des Catalyseurs? me demanda doucement Hael.

– Peut-être, mais nul ne peut en être certain, répondis-je.

Il fit avancer sa monture vers Saer et mon genou effleura bientôt celui de Chayin. L'expression du Cahndor changea brusquement lorsque mon regard croisa le sien. J'abaissai les yeux, m'interrogeant sur la place que je tenais dans les tortures incessantes que lui imposait son esprit.

Sa main prit mon menton et releva mon visage vers le sien, mais ce fut à Hael qu'il s'adressa alors que ses yeux scrutaient le terrain que nous venions de parcourir.

– Ils arrivent. Tant mieux, nous aurons besoin de chaque homme. Si tu as une arme dans ton paquetage, prends-la sans attendre. Nous récupérerons quelques threx, au lever du soleil.

Hael resta silencieux.

Le Cahndor sortit d'une de ses fontes deux coutelas de gol. Il en glissa un dans sa ceinture et tendit le second, presque distraitement. Hael alla pour le prendre, mais Chayin l'écarta.

– Il n'est pas pour toi, mais pour elle. Elle ne le lèvera pas contre nous, mais elle l'utilisera. Je l'ai vue!

– Non, Chayin, lui reprocha Hael. Une crell ne peut être armée.

Le premier des jiasks nous vit et fit ralentir sa monture. Je pouvais distinguer les silhouettes de trois autres guerriers.

L'arme se trouvait toujours dans la main du Cahndor. Il me la tendit à nouveau et sa voix était forte et énergique.

– Peu importe ce que tu penses, Hael. Ce qui va se passer m'a été révélé, et tu le découvriras bientôt. Tu ne me démentiras pas, et c'est ta vie que je protège.

Je pris le coutelas de gol et Hael resta silencieux, mais je pouvais sentir les muscles de ses bras se tendre. Les jiasks nous avaient presque rejoints et il était préférable qu'ils voient une crell armée plutôt que leurs chefs se quereller. Hael ne tenait pas à s'exposer à la colère de Chayin devant les Nemarsis et préférait courir le risque que j'utilise cette arme contre lui.

– Armez-vous sans perdre de temps. Et soyez vigilants, les voleurs tirent profit de l'obscurité. Récupérez ce qui vous appartient!

Il fit pivoter Saer et partit au galop vers le nord. Quiris, anticipant les ordres de son maître, bondit pour le suivre. Hael se tourna pour scruter l'obscurité et mon regard suivit le sien. Je vis les jiasks se regrouper puis former une colonne par deux, qui s'engagea sur nos traces. Hael ralentit Quiris, afin de permettre aux deux premiers jiasks de se porter à notre hauteur.

– Son esprit est-il à nouveau couvert par le voile? cria le jiask se trouvant à notre droite.

– Je l'ignore, répondit Hael.

Quiris franchit d'un bond une dépression qui ne lui inspirait pas confiance, et je fus violemment projetée en avant lorsqu'il toucha le sol, de l'autre côté. Je m'agrippai au cou du threx et la main de Hael posée sur mon épaule m'aida à me redresser. En cas de chute, les montures des jiasks qui nous suivaient m'auraient piétinée.

– Ne vous éloignez pas, mais écartez-vous. Et soyez prêts, ordonna le dharener.

Du plat de la main, il donna une tape sur la croupe de Quiris. Je n'aurais jamais cru ce threx capable d'un tel galop, alors qu'il tentait de rattraper Saer. Nous gagnions lentement du terrain et je pouvais voir le bras de Chayin se lever et s'abattre sur la croupe de sa monture. La distance se réduisait presque imperceptiblement. Un threx du nord fût mort d'épuisement bien avant que Chayin fît stopper Saer au sommet d'une éminence.

– Avec un néra supplémentaire, je t'aurais rattrapé! lui cria Hael, amenant Quiris à son côté.

– Je sais, reconnut Chayin dont les yeux parcouraient la plaine. Descendons au bas de la pente, afin qu'ils ne puissent pas discerner nos silhouettes!

Hael obtempéra, suivi par Chayin.

– Le soleil ne va pas tarder à se lever et l'apreida se trouve à moins de trente néras. Où sont nos ennemis, Chayin?

– Ils se glissent furtivement entre les apreis des tisserands avec leur butin. C'est dans cette plaine que nous les arrêterons, lorsque le ciel verdira, avant le lever du soleil. Voici ce que j'ai vu, et il nous reste juste le temps de laisser souffler nos threx.

J'entendis Hael soupirer. Son corps parut s'affaisser quelque peu sur la selle et nous fîmes avancer les threx au pas.

Lorsque tous les jiasks nous eurent rejoints, ils mirent eux aussi leurs montures au pas afin de ne pas laisser leurs muscles se refroidir. Puis Chayin mit pied à terre et rampa vers le haut de l'éminence, où il s'installa pour observer les environs.

Au bout d'un moment, nous allâmes le rejoindre, menant Saer et Quiris le plus près possible du sommet, avant d'attacher les threx à des buissons rabougris qui étaient ici relativement nombreux. Devant nous, le sol était dépourvu de végétation, et rien ne se déplaçait. Je demeurai allongée entre Chayin et Hael, pour scruter la plaine. Je me sentais embarrassée pour le Cahndor, redoutant qu'aucun ennemi n'apparût. Un enth s'était écoulé et rien ne troublait le silence. Le ciel s'éclaircissait et les sommets se nimbaient d'un halo verdâtre. Les jiasks murmuraient et grommelaient, nerveux. Un autre enth s'écoula et je me demandai pourquoi Hael restait silencieux, pourquoi il ne mettait pas un terme à cette farce grotesque.

– Là! murmura Chayin.

Je scrutai le désert dans la direction qu'il indiquait de son doigt et ne distinguai qu'un lointain nuage de poussière. Je crus tout d'abord que mes yeux me jouaient des tours, car ce n'était qu'un vague frissonnement dans la lueur précédant l'aube. Puis le nuage grandit sur l'horizon. Le visage de Hael était pathétique en raison de son soulagement. Il passa son bras par-dessus mon corps pour serrer l'épaule de son frère, et ses doigts creusèrent des sillons dans le manteau que portait toujours le Cahndor.

– Descendons nous battre, frère! dit-il en joignant le geste à la parole.

La main de Chayin se posa sur mon bras.

– Va avec lui. Puisse ton coutelas de gol assouvir sa soif de sang!

Puis il me poussa doucement devant lui, vers les autres.

Comme je montais Quiris et que Hael sautait derrière moi, je pensai à la mort. Peut-être pourrais-je tuer le dharener et profiter de la confusion de la bataille pour m'enfuir sur son threx. L'helsar se trouvait dans ses fontes. Mais je savais déjà que je ne le ferais pas.

Silencieusement, en colonne, les jiasks s'avancèrent sur l'éminence puis sur la pente, pour se regrouper dans les ombres de sa base. Ils dégainèrent silencieusement leurs épées incurvées, puis les tinrent très bas de façon qu'aucun reflet ne pût alerter l'ennemi. Le nuage de poussière grandissait toujours, alors que le ciel verdissait, et finalement apparurent des formes sombres qui devinrent des silhouettes de cavaliers, une douzaine ou plus. Cinq paires de jiasks se placèrent en fer de lance, avec le dharener et le Cahndor à son extrémité. Les ennemis étaient à présent si proches que je pouvais voir qu'ils n'avaient ni lances ni boucliers, et cependant le Cahndor ne donnait toujours pas l'ordre d'attaquer, bien que son bras fût dressé vers le ciel. Je levai mes yeux vers sa main, afin de le voir donner le signal, et j'aperçus autre chose. Un objet ovoïde glissait silencieusement dans les cieux, sans doute un vaisseau de Liaison des M'ksakkiens, car eux seuls pilotaient des engins à propulsion gravifique. Et cependant, il n'existait dans le désert de Parset aucun port pour un tel appareil, et aucun au nord, d'où il venait. Il s'immobilisa un instant pour danser au-dessus de la plaine, puis il vira vers le nord-est et disparut. La main de Chayin s'abaissa. Comme un seul homme, les jiasks Nemarsis fondirent sur leurs proies.

J'eus à peine le temps de retrouver mon assiette après le bond de Quiris et d'assurer ma prise sur le coutelas de gol, que nous fûmes dans la mêlée. Presque couchée sur l'encolure de Quiris, afin de ne pas gêner Hael, j'utilisai mon arme contre la gueule béante d'un threx qui tentait de happer mon bras. J'entaillai ses naseaux et la douleur fit reculer l'animal, ce qui permit au Cahndor de planter son épée dans la poitrine de son cavalier. Les premiers rayons de soleil embrasèrent la plaine, se reflétant sur les lames des armes, et tout fut baigné de sang. Je vis le cadavre du jiask avant de choir sur lui, comme la monture de Hael donnait une ruade à un nouvel assaillant et pivotait pour lui faire face. Je me dégageai et me relevai, pour m'écarter en courant et ne pas être piétinée par les sabots. Je vis alors un threx dont le cavalier privé de vie était coincé, tête en bas, entre les montures de deux combattants. Le sommet de son crâne avait disparu et une pulpe grisâtre s'écoulait sur les pieds des deux Parsets. Je parvins à m'éloigner et à m'agripper à la selle de Saer, derrière Chayin. J'entendis un sifflement au-dessus de moi comme le Cahndor tranchait la tête d'un homme qui plongeait son épée en direction de mon dos. Je saisis l'arme qui tombait, par la lame, près de la poignée, puis relevai le regard et pris la main que me tendait Chayin. Il me lança sur la croupe du threx sans cavalier et nos regards se soutinrent un bref instant. Il exprima sa joie par un rire, puis se détourna en quête d'un nouvel adversaire. Je me maintins sur ma monture par la force de mes cuisses et de mes genoux, les étriers se trouvant bien trop bas, et je saisis les rênes de l'animal. Il pivota sur lui-même pour abattre ses sabots sur le cou d'un threx qui tentait de happer sa gorge et je vis alors Hael. Le dharener reculait devant deux ennemis et Quiris était couvert de sang. J'abattis le plat de mon épée sur la croupe de ma monture qui sauta sur le dos du threx de mon adversaire le plus proche. L'homme tourna la tête et je vis son expression sidérée lorsque je plongeai mon coutelas de gol dans sa gorge, pendant qu'il levait son épée pour parer le coup de Hael. Mon arme resta plantée dans le cou de cet homme et disparut dans la poussière.

Hael, qui n'avait plus qu'un seul adversaire, l'embrocha rapidement puis amena Quiris au côté de mon threx. Je regardai autour de moi, pour ne voir que des Nemarsis. Je cherchai Chayin, notant que Saer n'avait plus de cavalier, et j'éprouvai un profond soulagement en constatant qu'il se tenait sur le sol, au-dessus d'un corps privé de vie. Il semblait s'adresser à un threx bleu acier, mais je ne pouvais entendre ses paroles. De tous côtés, les jiasks rattrapaient les animaux sans cavalier. Je ne voyais pas Marshon, l'homme qui m'avait accompagnée jusqu'à la mare, et les yeux de Hael restaient rivés sur le threx que je montais.

– Un Menetpher! cria Chayin, levant une épée ensanglantée.

Un sourire ironique s'esquissa sur les lèvres de Hael. Je détournai le regard vers les cadavres et en dénombrai quinze. Les jiasks étaient couverts de sang, mais je ne pouvais savoir s'il s'agissait du leur ou de celui de leurs victimes. L'un d'eux boitait lentement parmi les morts et un autre, blessé au bras, fixait le cadavre de Marshon. Le soleil levant étendait une brume rubis sur la contrée. Chayin saisit les rênes pendantes du threx à la robe bleu acier et le ramena vers nous. Les hommes rassemblaient les threx, les armes et les chalds des morts. Lorsqu'un Parset meurt au combat, son chald est remis aux Gardiens de l'Histoire par son adversaire, afin que son décès soit porté dans leur Registre. Les biens qu'il possédait au moment de sa mort sont conservés par son vainqueur. La remise de ces chalds aux Gardiens de l'Histoire Menetphers serait accompagnée de protestations officielles, car la trêve traditionnelle régnant lors des courses de threx avait été rompue. Quant aux biens des Nemarsis morts à la bataille, ils seraient partagés entre les membres de la tribu aux côtés desquels ils s'étaient battus. Cependant, si les Menetphers avaient été victorieux et que l'identité des tueurs était restée dans l'ombre, les biens des morts auraient été dispersés sur le sable. Nul ne peut bénéficier d'une mort qui n'est imputable à personne. Ce n'est que lorsqu'un homme accepte le chaldra, les responsabilités et la famille d'un autre, qu'il peut lever la main contre lui autrement qu'à la guerre. Telles sont les lois des Gardiens de l'Histoire, dans le désert de Parset.

Hael souriait toujours, comme un père fier du premier chald de son fils.

– La mort vous amuse-t-elle à ce point? lui demandai-je.

Chayin, à nouveau en croupe de Saer, venait nous rejoindre.

Mes bras étaient pris de tremblements incontrôlables.

– Elle chevauche Guanden, le destrier dont Besha est la plus fière, notre threx le plus rapide, et elle se demande pourquoi nous trouvons la situation amusante. Je n'aurais pas ri, si nous étions rentrés pour découvrir que treize de nos meilleures bêtes avaient été volées juste sous notre nez, gloussa Hael.

– Et Besha vient par ici, fit Chayin d'une voix impersonnelle, tout en passant un linge enduit d'un baume sur les blessures de son threx.

Ses yeux fixaient une chose qu'il était le seul à voir, et je notai qu'il avait dû auparavant utiliser ce baume sur lui-même. A travers le gel couvrant son bras, son épaule, et une partie de son front, j'apercevais du sang à présent séché.

– Il est impossible de défaire ce qui existe entre nous, dit-il en me tendant le linge.

Je le pris et le passai sur mon bras droit entaillé, me

demandant ce que le Cahndor pouvait voir « entre nous ».

Puis j'étalai le baume sur la longue entaille traversant mon flanc droit. Je ne me souvenais pas comment j'avais été blessée.

– C'est la deuxième fois que ton manteau me sauve la vie, murmura Chayin.

Je ne répondis rien et tendis le linge à Hael, qui en avait plus grand besoin que moi. Sur sa poitrine, une profonde entaille saignait abondamment, bien qu'il y eût appliqué un autre linge. J'allai auprès de lui pour le soigner.

– Comment sais-tu que ce sont des Menetphers? fit Hael, en tressaillant comme j'arrachais la toile collée à sa blessure.

– Grâce à ceci, répondit Chayin en lui remettant l'épée qu'il avait prise sur le champ de bataille. Ils n'ont pas gardé grand-chose pouvant révéler leur perfidie.

Hael sourit à son frère, partageant son triomphe. Puis il examina l'arme et la plaça dans le fourreau de sa selle. Je glissai la mienne dans celui de la selle de Guanden. L'animal dénuda ses dents et voulut mordre Saer. C'était un destrier nerveux et hargneux, tirant toujours sur le mors.

Les jiasks s'étaient remis en selle et guidaient les threx qu'ils venaient de récupérer. Sur l'un d'eux était placé le corps de Marshon. Une autre bête, celle que j'avais blessée, portait un fardeau similaire. Si les Nemarsis n'avaient à déplorer que deux pertes, tous les vainqueurs étaient blessés, mais seuls trois gravement.

– Tous ces threx sont à nous! s'exclama un homme grièvement blessé au bras. Comment les Menetphers sont-ils venus à Nemar? Pensez-vous qu'ils nous ont laissé leurs montures épuisées en échange?

Nul ne pouvait le croire, et leur colère se teinta de malaise.

– Ils ont su choisir, fit un autre. Il ne doit plus rester à Nemar un seul threx méritant d'être sellé.

Je m'abstins de parler de ce que j'avais vu dans le ciel.

– Ramenons-les à l'apreida, afin que les Nemarsis aient à nouveau des montures dignes de ce nom, suggéra Hael. Là où se trouvent des Menetphers, il peut y en avoir d'autres.

Chayin releva lentement la tête pour étudier les jiasks réunis autour de lui, comme s'ils étaient des étrangers. Puis il hocha la tête et fit avancer Saer au sein de ses hommes, qui s'écartèrent de son passage. Les jiasks auraient fort à faire pour guider tant d'animaux ombrageux.

Sans effort, Guanden rattrapait Saer. Je le retenais tellement que ses mâchoires étaient collées à son poitrail et mes bras douloureux. A la droite de Chayin, Hael me fit un signe de la main dont je ne compris pas la signification, mais il parut satisfait lorsque je parvins à maintenir Guanden en retrait.

J'aurais pu alors m'élancer vers le nord-est. Je montais le plus rapide des threx des Nemarsis et j'avais des chances de les distancer et d'être libre, bien que privée de mon chald. Et Hael aurait conservé l'helsar. Je soupirai. Mes genoux et mes cuisses étaient irrités par le frottement constant avec les étrivières. Je réglai les sangles afin de pouvoir prendre appui sur leurs boucles, ce qui me donnait une meilleure assise mais offrait à ma peau une autre surface sur laquelle frotter. Je regardai autour de moi pour voir l'été s'étendre sur le nord du pays des Parsets. Ici, le paysage était moins désolé que dans le désert, mais la verdure était encore rare. Même le ciel avait une nuance jaunâtre. A l'ouest, le Mont Opir était noyé dans la brume.

Je n'entendais que les renâclements et les bruits des

threx. Ni Chayin ni Hael ne parlaient. Le Cahndor était plongé dans de profondes méditations. Sa monture le connaissait depuis longtemps et il me semblait presque que plus Chayin accordait d'attention à ses pensées, plus Saer était attentif à choisir la route la plus facile et la plus sûre. Ses rênes pendaient librement et le threx cherchait seul son chemin, les naseaux dans la poussière.

Je tremblais. Ma bouche était sèche et mon cœur battait follement. J'avais vécu la bataille comme si elle s'était déroulée au ralenti, comme si je n'avais été qu'une simple spectatrice. Mais à présent je revoyais les cadavres sur le sable. Les Nemarsis ne font pas de prisonniers de guerre. Leurs seuls captifs sont les « crells ». Ce peuple ne fait aucun cas de la vie. Et je songeai à Chayin et à ses tourments, ainsi qu'à la déclaration sidérante de Hael selon laquelle il était de son « devoir » de protéger les Nemarsis de leur Cahndor. Et j'avais tué un homme, pour la première fois de ma vie. Une partie de mon être bouillait de rage et l'autre pleurait, alors qu'au plus profond de moi-même une chose était devenue plus forte.

A présent, les threx galopaient sur un terrain où poussait une herbe éparse. Les monts s'élevaient à l'ouest et à l'est. Nous progressions en silence.

Je laissai libre cours à mes pensées qui se portèrent sur Sereth crill Tyris. J'effectuai un « tri » des probabilités pour choisir un chemin qui me conduirait vers lui, et les avenirs possibles s'étalèrent devant moi : scènes d'un temps non encore arrivé, dont seules quelques-unes pourraient m'être utiles. J'en choisis certaines et fis usage de ma volonté, afin que seul mon choix se manifestât dans le temps réel. C'est ainsi que l'on influe sur l'avenir. Je perçus la présence de l'helsar qui s'intéressait à mon choix. La mort jalonnait ce futur modifié mais elle occupait une position harmonieuse que je ne jugeai pas discordante. Elle avait été présente dans tous les avenirs, ce n'était qu'une question de proximité. Je pensais alors qu'il était très aisé de manipuler ce qui existait pour en modifier l'équilibre. Estrazi m'avait autrefois dit que la faiblesse réside toujours dans la conception, jamais dans la puissance. Mais on ne peut entendre, lorsqu'on est sourd.

Désormais certaine que la situation tournerait à mon avantage, j'étudiai les rapports compliqués existant entre Tar-Kesa et l'Yris-tera. Lorsque je relevai la tête, les apreis des Nemarsis se découpaient sur l'horizon et un nuage de poussière venait vers nous.

Il fut bientôt possible de distinguer les silhouettes des cavaliers et Chayin fit stopper son destrier. Hael lui en demanda la raison.

– Je ne tiens pas à rencontrer Besha trop près des apreis des tisserands, fit-il en se frottant la nuque de sa main couverte de poussière.

C'était la première fois que je le voyais à la lumière du jour et sa peau avait la nuance du rana. Il se pencha vers moi en souriant.

– Au centre, sur le threx roux. La vois-tu? La propriétaire de ta monture semble impatiente de la récupérer. Elle débordera sans doute de gratitude en la retrouvant.

Il se redressa pour cracher à terre, mains croisées sur le pommeau de sa selle.

Vue de loin, Besha était une silhouette imposante et empanachée. Aussi large d'épaules qu'un homme, elle se tenait en selle avec une raideur telle que le panache de son casque était contraint de pendre. Alors que les tiasks approchaient et ralentissaient leurs montures, leur consternation devint visible. Epée au poing, Besha se rendit auprès de Chayin, n'arrêtant son threx que lorsqu'il fut naseau contre naseau avec Saer. Vue de près, son aspect imposant paraissait plus dû à ses formes généreuses qu'à son casque empanaché et à sa cape. Derrière elle, je distinguai les formes sombres des apreis des tisserands. Ces derniers occupent toujours les faubourgs des communautés. Les esprits étrangers troublent autant les hommes que leurs tisseuses.

Chayin salua Besha en utilisant la formule rituelle de demande de soumission :

– *Gaes d'ar, tiask*, tu te tiens devant moi.

Seule la partie inférieure du visage de la guerrière apparaissait sous son casque.

– *Irat s'es d'or harekte*, je m'agenouille devant ta grandeur, répliqua-t-elle.

Les mots étaient secs, entre ses dents serrées. Un friysou cria au-dessus de nos têtes. Derrière Besha, les tiasks formaient une ligne de statues.

– Que cherchent les tiasks dans le désert, si tôt le matin? demanda Chayin d'une voix grave et profonde.

L'épée de Besha s'abaissa.

– Tu le sais parfaitement, Cahndor.

– Comment une telle chose a-t-elle pu se produire? Ne puis-je m'éloigner de l'apreida sans craindre pour la sécurité de ce que je laisse derrière moi? Et où sont vos frères? ajouta-t-il comme Besha ne répondait pas. Vous auriez eu le temps d'éveiller un ou deux jiasks, à en juger par la lenteur de vos préparatifs. Nous avons rencontré les Menetphers à l'aube et vous ne quittez qu'à présent l'apreida. Je suppose que vous avez donné l'alarme avant de partir, au cas où d'autres Menetphers rôderaient alentour?

Besha secoua silencieusement la tête.

– Comptiez-vous sur nous pour intercepter les voleurs? Vous ne pouviez espérer les rattraper avec ces montures poussives, alors qu'ils avaient une telle avance?

Le visage de Besha était aussi empourpré que ses plumes.

– Parle, tiask. Ton Cahndor attend une explication.

Lorsque Besha répondit finalement, sa voix tremblait de colère.

– A notre éveil, peu avant le lever du soleil, les threx avaient disparu. Les voleurs avaient été si habiles que nulle sentinelle ne les avait entendus.

– Qui étaient les sentinelles?

Cinq tiasks emplumées firent avancer leurs montures.

– Est-ce ainsi que tu étais vêtue pour monter la garde? fit sèchement Chayin, s'adressant à la plus proche.

– Non, Cahndor.

Elle baissait la tête et sa voix n'était qu'un murmure. Chayin désigna les quatre autres tiasks.

– Et vous, portiez-vous vos tenues d'apparat à vos postes?

D'une voix hésitante, elles durent répondre négativement.

– Et combien de temps vous a-t-il fallu pour vous « préparer » à donner la chasse à vos ennemis? demanda-t-il à la première.

La réponse fut inintelligible.

– Parle plus fort, afin que tes frères et sœurs puissent t'entendre! ordonna le Cahndor.

– Un enth, peut-être...

– Vous cinq, vous effectuerez vos tâches aussi nues que les crells, pendant un cycle de temps.

Il leur fit signe de regagner le groupe des tiasks, avec un dégoût évident. Sur ma gauche, Hael se frotta le menton afin que les femmes ne pussent voir sa joie.

Puis Chayin reporta son attention sur Besha.

– J'ignore toujours pourquoi aucun jiask n'est avec vous. La rivalité entre tiasks et jiasks serait-elle forte au point de nuire à votre intérêt commun? fit-il comme un dorkat jouant avec une yit.

– Je cherchais mon bien, dit Besha qui me fixait.

Guanden piétina le sol et happa l'air, comme la brise lui apportait l'odeur de sa maîtresse.

– Pouvez-vous ramener rapidement ces animaux dans leurs enclos? Je minimiserai cette ignominie aux yeux du peuple de Nemar.

– Rends-moi ce qui m'appartient, et je regagnerai avec joie ma demeure. Que tu aies placé une crell sur Guanden est la seule chose qui retarde mon départ.

Elle leva son épée, pour la pointer vers ma poitrine. Nue, sans chald et sale, mon statut était évident. Sans réfléchir, je dégainai l'épée glissée dans le fourreau de la selle. Hael me mit en garde du regard et Besha inclina la tête.

– Cette crell n'est pas comme les autres, fit le dharener qui prenait la parole pour la première fois. C'est une devineresse du nord. Je la garde pour l'interroger, afin de prendre éventuellement des dispositions avec les contrées d'où elle provient. Elle est placée sous ma protection et nul ne la touchera sans mon accord.

Quels étaient les projets de Hael, pour qu'il répondît ainsi à ma place?

– Enfant d'apths! cracha coléreusement Besha. Mais peut-être que cette crell qui a égaré son chald, qui est armée comme une tiask et nue comme une crell, pourrait être priée de descendre de mon threx?

Chayin inclina la tête pour indiquer que je pouvais monter la femelle bleu acier qu'il ramenait.

Je me laissai glisser sur le sol, l'épée toujours à la main. Puis je donnai calmement les rênes de Guanden à Besha, consciente de l'immobilité des tiasks et de leurs regards rivés sur moi. Je dus faire un effort pour lui tourner le dos et prendre les rênes que me tendait Chayin. Une fois en selle, je fus heureuse d'avoir sous moi une monture moins rétive.

– Viens me voir à midi, tiask, ordonna Chayin en congédiant Besha d'un geste.

La tiask nous fixa un instant, puis fit pivoter sa monture et s'éloigna au galop vers l'apreida, tenant les rênes de Guanden.

Alors que les tiasks récupéraient leurs montures, ce fut le chaos. Puis Chayin congédia les hommes et il ne resta plus que le dharener, le Cahndor et moi-même, sur cette plaine couverte d'une herbe rare.

Des rires amenèrent des larmes dans les yeux de Hael alors que son corps était secoué par des rugissements de joie. Chayin se contentait de fixer les threx qui s'éloignaient. La tournure qu'avaient prise les événements ne suscitait pas la moindre joie en lui. Ses yeux étaient mi-clos et il frottait son épaule droite.

– Si elles traversent ainsi le quartier des tisseuses, j'aurai droit aux reproches du Premier Tisserand, fit-il sèchement remarquer.

– Que n'aurais-je donné pour voir son visage? gloussa Hael.

– Nous le verrons à midi. Et pour moi, ce sera bien assez tôt. Pourquoi as-tu déformé la vérité au sujet de la crell que je t'ai donnée? demanda-t-il au dharener, tout en faisant repartir Saer en direction de l'apreida.

Hael soupira, essuya les larmes de ses yeux, et éperonna Quiris. Ma monture les suivit d'elle-même, calme, tête basse, la démarche tranquille.

– Je n'ai fait que nous préparer une porte de sortie, au cas où nous choisirions de l'emprunter. Elle a abattu le Menetpher qui m'aurait tué sur le champ de bataille, rappela-t-il. Je ne pouvais l'abandonner à la fureur de Besha. D'avoir ainsi exprimé l'intérêt que je lui porte retiendra la main de cette tiask, bien que si c'était toi qui l'avais fait, l'effet eût été plus efficace. As-tu déjà vu quelqu'un d'autre que Besha, sur le dos de Guanden?

– Non, reconnut Chayin. Jamais, avant ce jour.

J'avais espéré pouvoir continuer de le voir, mais elle s'est admirablement contenue.

– J'ai également envisagé cette possibilité, avoua Hael. Mais ce qui est écrit se produira en temps voulu. Les choses destinées à se rencontrer ne peuvent rester éloignées très longtemps.

– Comme une certaine épée et une certaine chair, fit Chayin qui finit par sourire.

Nous traversions lentement les terres désolées de Nemar. En approchant des apreis des tisserands, un homme âgé apparut devant nous au centre du chemin tracé entre les tentes, agitant le poing. Sur son épaule dansait sa tisseuse, elle-même si âgée que certains de ses poils sensoriels étaient blancs.

Chayin tressaillit en les voyant mais il ne fit rien pour éviter l'affrontement. Il nous dirigea droit vers la silhouette efflanquée et s'arrêta si près du vieil homme que je pus voir les membranes nictitantes couvrant ses yeux. Sur son épaule, la tisseuse grisonnante me fixait de ses yeux émeraude et faisait cliqueter ses mandibules. Elle était aussi large que mon corps à sa taille, et deux de ses huit pattes se serraient autour du cou du tisserand.

– Je ne le tolèrerai pas! crissa le vieil homme. Je ne peux le permettre! Chayin! Est-ce toi?

Il s'approcha pour scruter le visage du Cahndor.

– Ne peux-tu contrôler les tiens? Veux-tu venir voir? Voir ce qu'ils ont fait avec leurs cris, leur fracas, et l'horrible martèlement de leurs sabots sur le sol?

Chayin se pencha pour poser la main sur le bras du vieillard.

– Calme-toi, sous peine d'embrouiller toi-même les fils. Tnis est gravement perturbée.

C'était exact. Un fluide incolore s'égouttait de la tisseuse, et sur ses pattes les poils étaient hérissés.

– Mon garçon, tu dois contrôler ton armée! S'il y a un lieu où doivent régner la paix et le calme, c'est bien ici! Fais-les courir ailleurs. Qui va réparer les dégâts, je te le demande? Deux fois le même jour, c'est vraiment trop!

Sur son épaule, la tisseuse fit cliqueter ses mandibules pour approuver ses paroles.

Les cris du vieil homme attirèrent d'autres tisserands sur le seuil des apreis. Ils se tenaient là, cillant face à la lueur du jour. Chacun d'eux avait été tiré hors de son monde de beauté et nous observait en silence. On raconte qu'il leur arrive de ne pas prononcer une seule parole pendant des années d'affilée.

Chayin murmura à l'oreille du vieillard des paroles qui parurent l'apaiser, et l'homme regagna l'ombre d'un aprei.

Le Cahndor se redressa et repartit. Lorsque je me tournai, je ne vis plus personne.

Après avoir laissé derrière nous la centaine d'apreis des tisserands, les formes confuses qui apparaissaient à l'horizon se divisèrent en un millier d'apreis de tailles différentes et je fus surprise par leur grand nombre. Ici et là, des tours de pierre s'élevaient vers le ciel, et des allées de galets séparaient les apreis avec une perfection géométrique. Loin sur ma droite se dressait une structure imposante, taillée dans une falaise céruléenne, haute d'un néra dans le ciel de Nemar. L'apreida couvrait tout le sol de la vallée entre ces falaises et la base des monts où apparaissaient des champs cultivés, verts, jaunes et brun pourpre, ainsi que des fossés d'irrigation. Au centre de la vallée se trouvait un vaste lac, apparemment d'origine artificielle.

Je me remémorai alors que cette vallée avait été creusée par l'épouvantable explosion qui avait fait s'évaporer la mer de Parset et transformé en désert toutes les terres environnantes. Cela s'était produit plus de vingt-cinq millénaires plus tôt, mais les falaises gardaient toujours les traces de cet événement, tout comme la mer asséchée du sud.

– Les quartiers d'été des Nemarsis, Miheja, annonça Chayin, utilisant le nom crell qu'il m'avait donné. Tu suis la Voie des Ailes. Seule la Voie de Tar-Kesa l'éclipse par sa beauté!

Et alors que j'observais les grandes bêtes ailées dessinées sur l'avenue en une mosaïque de pierres multicolores, je pris conscience que ce thème était également répété sur les panneaux de toile des apreis. Les créatures qui dansaient sous les sabots des threx n'appartenaient pas seulement à ce monde. Il y avait l'uritheria; Cathe; le slitsa ailé; et l'ei-jos, l'esprit humain à cinq noms. Je relevai la tête pour célébrer la beauté de cette avenue et je restai sans voix en voyant les pyramides, de plus en plus hautes et de plus en plus magnifiques, mener vers un château à trois tours taillé dans la falaise d'ornithalum.

– Est-ce aussi beau que les donjons d'Astria? me demanda Chayin.

Je dus admettre que c'était effectivement le cas.

– Comment pouvez-vous quitter cette ville magnifique pour aller errer dans le désert?

– Nous passons l'été ici, l'automne à l'est, l'hiver au sud et le printemps sur les terres de l'ouest. Pour apprécier une chose, il faut en avoir l'utilité. La plupart des Nemarsis effectuent ce pélerinage annuel.

En regardant les apreis imposants de toile arachnéenne sans prix, je tentai d'imaginer leurs fondations nues, les mâts (dont certains étaient aussi larges que ma taille) effondrés, et la vallée occupée seulement par quelques bâtiments de pierre.

– Tous les Parsets font-ils de même?

– Les Menetphers, les Itophes, les Coseves et même les Dordassas décadents ont conservé cette saine tradition.

Les bruits de la vie communautaire et les cris des enfants qui jouaient dans les rues me parvenaient. Des femmes nous suivaient du regard, masquées et le corps dissimulé par d'amples vêtements. Des hommes en manteaux de toile fine ornée de gemmes se penchaient les uns vers les autres et murmuraient sur notre passage. Pour la première fois depuis que j'avais effectué le « tri » pour façonner mon avenir, je me sentais à nouveau captive.

J'avais peur... peur d'avoir mal interprété mes visions et qu'en conséquence les événements que j'attendais ne se produisent pas. Telle est la peur du devin. Je lus en Chayin. Son esprit avait sondé celui du dharener, pendant que ce dernier tentait de découvrir la nature de l'helsar.

Nous nous tenions dans le présent subjectif de l'autre, à la fois envahisseur et envahi. Je rompis le contact.

Hael se pencha et retira l'épée du fourreau de ma selle.

– Tu n'en auras pas besoin, parmi les crells, dit-il.

Le vent du chaos m'apporta ses paroles et je frissonnai en dépit de la chaleur.

Les threx s'engagèrent sur un large pont d'ornithalum conduisant au palais céruléen taillé dans la falaise.

3

CRELL

Chayin fit stopper son threx devant la première des cent larges marches menant au Palais de Nemar Nord. Des hommes armés, portant une courte cape bleue, vinrent se regrouper autour du Cahndor. Ils étaient accompagnés par une petite femme dont les amples vêtements dissimulaient le visage et le corps, ne dévoilant qu'un ventre rebondi paré de joyaux. Sur la gauche des marches se dressait une paroi verticale dans laquelle s'ouvraient deux portes, suffisamment hautes et larges pour permettre le passage de trois cavaliers de front.

Hael vint m'aider à descendre de ma monture. J'étais sans chald et l'indignité de mon statut rendait mes mouvements maladroits et empourprait mes joues.

Le dharener donna des ordres et deux jiasks me conduisirent vers la plus lointaine des portes, qu'on ouvrit de l'intérieur. Je tournai la tête pour voir la croupe de Saer disparaître dans l'autre passage. Hael conversait avec la femme enceinte et Chayin me suivait du regard. Les hommes me poussèrent avec brutalité dans un tunnel creusé dans la falaise.

Hael leur avait donné des instructions précises. J'avais le statut « dix » et l'affectation « sept ». Je m'accoutumai rapidement à la faible clarté des torches et notai que le tunnel était barré par de nombreuses grilles, où un ou plusieurs jiasks montaient la garde. La fraîcheur régnait dans ce couloir où résonnaient les pas des jiasks et le cliquetis de leurs armes.

Ils s'arrêtèrent finalement devant une grille identique à toutes les autres. Le garde s'éveilla, fit glisser la porte de métal et me prit en charge.

Il examina mes poignets avant de faire signe aux deux jiasks d'attendre. En grommelant, il se rendit dans une pièce creusée dans la paroi du tunnel puis revint avec des bracelets métalliques reliés par quelques maillons d'une lourde chaîne.

– Une « dix », vous dites? fit-il aux jiasks avant de se tourner vers moi. Tends les bras, ce n'est pas le moment de faire la délicate!

J'obéis et il emprisonna mes mains. Ses doigts trapus étaient doux et agiles et ses yeux sombres ne cillèrent pas lorsqu'il croisa mon regard. Puis il me conduisit dans ce que je considérai bientôt comme le cachot des crells. La salle, pour l'instant déserte, avait un plafond bas et, en certains points du sol, je voyais des grilles horizontales donnant sur un niveau inférieur.

Je me demandai ce que pouvait signifier être une « dix », pendant que le geôlier refermait sur ma cheville un des nombreux bracelets d'une chaîne aux extrémités fixées à des anneaux scellés dans le sol de pierre.

– Je t'ai placée à côté d'Aje, tu pourras dormir tranquille, me dit-il, comme si je devais lui en être reconnaissante.

Constatant que je ne risquerais plus de m'enfuir, les deux jiasks nous laissèrent.

– Comment t'appelles-tu? me demanda le gardien.

Je faillis le lui dire, mais me repris à temps.

– Miheja.

– Mi-he-ja, corrigea-t-il avec douceur. Fille de l'Etoile d'Orient. Tu as donc séduit le dharener? Une « dix »... vraiment! La vie d'une crell n'est pas désagréable, avec un statut aussi élevé. Bon, je dois aller chercher Aje. Tu verras, il te plaira. Toutes les crells en raffolent.

Un instant plus tard, je me trouvai seule dans la pénombre du cachot. Une seule torche brûlait dans l'entrée, apportant de la vie aux parois de roche.

Je rampai jusqu'au bout de ma longe et, en me couchant et en m'étirant, mes doigts atteignirent l'anneau central dont je testai la résistance, comme avaient dû le faire des centaines de crells avant moi. Constatant sa solidité, j'examinai ensuite les maillons de la chaîne, cherchant un point faible, puis je m'allongeai de côté et ramenai mes genoux contre ma poitrine, demeurant immobile, incapable de penser.

J'entendis des pas feutrés et fus heureuse de constater qu'il restait de la vie en ce monde. Le garde entra et je m'assis pour voir à son côté un homme blond et nu portant les chaînes des crells. Plus grand que le geôlier, il avait un corps anguleux, voûté par un dur labeur.

Le garde se baissa et referma autour de sa cheville le bracelet le plus proche du mien.

– Je te présente Aje, Miheja. Accouplez-vous. Je vous apporterai de quoi manger dès que vous aurez terminé, fit-il avant de se détourner.

– Non, criai-je.

Le geôlier s'arrêta et le crell parut surpris.

– Tu dois copuler, fit le gardien en se penchant vers moi. Il ne faudrait pas que tu prétendes ensuite attendre un enfant du dharener.

– Hael ne m'a même pas touchée!

– Oh, les femmes crells doivent s'accoupler après chaque rencontre avec leurs maîtres! Tu ne recevras de nourriture qu'ensuite.

Il gagna le couloir, pour nous laisser une certaine intimité, et Aje posa sa main sur mon bras. Ses yeux pâles étaient amicaux.

– Allons, débarrassons-nous-en, fit-il à voix basse. Ce ne sera pas désagréable, je possède certains talents.

En dépit de la faible clarté, je pouvais constater que mon corps n'éveillait guère son intérêt. Je repoussai sa main, sans rien répondre.

– Je suis Lalen gaesh Satemit, musicien de Stra.

Je m'enfermai dans mon mutisme et le gardien toussa dans le couloir. Aje soupira et s'assit, faisant cliqueter ses chaînes. Je faillis hurler.

– C'est tout ce qu'il nous reste, ajouta-t-il finalement. Nos personnalités, ce que nous nient les Nemarsis. Qui es-tu, Miheja?

Si je lui avais révélé mon nom, il aurait compris. Aje me dévisagea longuement et je crus qu'il me connaissait. Puis il soupira.

– Avant qu'il vienne se tenir au-dessus de nous, couche-toi, me pressa-t-il.

Il me poussa en arrière et je restai passive jusqu'au moment où ses caresses parvinrent à m'exciter suffisamment pour lui permettre de me pénétrer... jusqu'au moment où j'eus officiellement copulé. J'entendis le geôlier grommeler sa satisfaction et s'éloigner.

Lorsqu'il revint avec deux bols de gruau de binnirin, Aje caressait mes cheveux et tenait ma tête contre sa poitrine. Lentement, ma tension se dissipa.

Le garde posa les bols sur le sol puis repartit. Bientôt, le crell blond déposa un baiser sur mes cheveux et me dit de m'asseoir. Il me fit alors les compliments d'usage dans la société des êtres libres, et je trouvai cela étrange. Plaçant mes mains autour du bol, je me demandai s'il faisait véritablement frais en ce lieu, ou s'il s'agissait d'un froid intérieur. Je recherchai un peu de chaleur contre son corps.

– Les autres ne tarderont pas à arriver. Comment se fait-il que tu sois une « dix » du dharener sans avoir couché avec lui?

– J'ignore ce qu'est une « dix ». J'appartenais à Chayin avant qu'il ne me donne à son frère. C'est une longue histoire.

– Qu'importe, nous avons hélas tout notre temps. Besha ne me fera pas chercher, ce soir. Elle a des ennuis avec le Cahndor. Je suis également un « dix ». En tant que tel, je passe presque toutes les nuits auprès de ma maîtresse et je travaille très peu dans les carrières.

Je fus surprise qu'il fût déjà au courant de ce qui s'était passé entre Chayin et Besha.

– Je t'expliquerai les détails de ma capture, si tu m'apprends ce que je désire savoir.

– Tout ce que je sais.

– Parle-moi des « dix » et de ce qui s'est passé à Arlet, voici deux ans. Plus exactement, ce qui s'est produit entre un Gardien de l'Histoire et un Tueur. Je suis peut-être la seule à ne pas être au courant.

A cet instant, je fus aveuglée par une lueur intense. C'était Hael, avec l'helsar.

– Tu n'es pas bien? s'enquit Aje.

Je lui répondis que je n'en mourrais pas, en espérant que ce fût vrai.

– Ce ne sont que des rumeurs, mais Khemi, qui occupe cette chaîne sur ma gauche, se trouvait alors à Arlet. J'étais déjà crell, à l'époque.

– Et au sujet des « dix »?

– Ils reçoivent une meilleure nourriture et font moins de travail que les autres. Les jiasks, les tiasks et les geôliers les traitent moins durement. Sois heureuse de ton statut, il n'en existe pas de plus élevé. Quel est ton numéro d'affectation?

– Le sept.

– Tu t'occuperas des threx, il y a pire.

La salle explosa à nouveau et je vis un millier de lumières.

– Crois-tu que le dharener te fera chercher, cette nuit?

Je faillis rire. L'image d'une chambre se superposait à celle du cachot. Hael était assis devant l'helsar qu'il avait sorti de la bourse de cuir.

– Je t'ai demandé si le dharener te fera chercher, ce soir?

– Non, je ne le pense pas.

– Alors, raconte-moi ce qui s'est passé, dans le désert.

Au cours de mon récit, le geôlier ramena des groupes de crells qu'il attacha aux chaînes. Je les dénombrai : cinquante-trois. Puis deux autres crells apportèrent de la nourriture sur un chariot. On prit nos deux bols et nous reçûmes une nouvelle ration.

Je n'avais plus faim et allais rendre mon bol.

– Garde-le, murmura Aje. Certains d'entre nous seront heureux de l'avoir.

J'obéis et repris mon récit, en passant sous silence la façon dont j'étais arrivée dans ce désert.

Du côté opposé à Aje, une place était inoccupée. Khemi venait ensuite. Les crells bavardaient, plaisantaient, partageaient leur nourriture, et certains riaient. Je ne trouvais rien de drôle à notre situation. Sous mon corps, la pierre devenait humide car la présence des prisonniers réchauffait l'atmosphère. Aje prit mon bol et le fit circuler.

Hael n'obtenait rien de l'helsar et je percevais sa nervosité. Finalement, il recouvrit l'objet et l'obscurité revint. Je lâchai un soupir de soulagement.

– C'est tout. Puis le dharener a ordonné à deux hommes de me conduire ici.

– As-tu vu une femme, devant le palais? me demanda Khemi.

Je répondis affirmativement et la décrivis.

– La Nemarque a-t-elle extériorisé l'affection qu'elle porte au Cahndor, le père de son enfant? s'enquit-elle avec ironie.

– Parle plutôt de l'affection qu'elle porte au dharener, intervint Aje.

– Je l'ai effectivement vue parler à Hael.

Les crells semblaient décidément éprouver beaucoup d'intérêt pour les affaires de leurs maîtres.

– A toi de me fournir des explications, rappelai-je à Aje, de peur qu'il oubliât notre pacte.

Il se tourna vers Khemi, qui s'était couchée de côté.

– Raconte à Miheja ce qui s'est passé à Arlet, lorsque Sereth a perdu son chald et que Vedrev a accompli le chaldra de la terre, lui dit-il.

Khemi m'adressa un regard surpris et commença son récit.

– Le premier cinquième de Macara de cette année-là, alors que j'étais fille de Puits depuis un an, je gagnai les souterrains de l'abri sis sous Arlet afin d'y étudier les méthodes des devins. Si je parais amère, c'est que j'ai moi aussi perdu beaucoup, le premier sixième de Jicar, lorsque le sol de la salle commune d'Arlet fut rendu poisseux par le sang arlétien, soupira-t-elle.

» Je vécus donc sous terre pendant la période où Estri, la Tenante du Puits Astria, se trouvait à Arlet. Mais si je ne la vis jamais, j'entendis parler d'elle par mon maître qui était un proche de Vedrev bast Iradea. Il disait que le vent du chaos soufflait sur cette femme et qu'il était suffisamment fort pour emporter le dharener lui-même.

» Estri était arrivée à Arlet avec le nouvel officier de Liaison, un certain Khaf-Re Dellin, et on racontait que ce M'ksakkien s'intéressait plus à sa compagne de voyage qu'à Celendra, alors Tenante d'Arlet. Ce Dellin était un homme étrange. On le disait proche de

Sereth, le Septième d'Arlet, et encore plus proche de Ganrom, qui devait le parrainer pour la chaîne des Tueurs.

» Toujours selon les rumeurs, la Tenante du Puits Astria avait battu Celendra au coutelas de gol et de tendres sentiments avaient vu le jour entre Estri et Sereth crill Tyris, ancien compagnon de couche de Celendra et père de son fils unique : Tyith. On précisait que tout cela, et l'indifférence relative de Dellin pour Celendra, irritait fortement cette dernière.

La plupart des crells s'étaient tus pour écouter.

– Mais que ce soit pour cette raison ou une autre, l'officier de Liaison et Vedrev chargèrent Sereth de conduire Estri aux chutes de Santha, afin qu'elle pût accomplir un chaldra dont j'ignore la nature.

» Sereth, étant un homme indépendant, avait eu maints accrochages avec Vedrev. Et Dellin, qui ne pouvait s'attirer l'inimitié de personne, se retrouva bientôt pris entre deux feux.

» Mi-Macara fut donnée la Fête de la Conception en l'honneur de Genisha et de Jerin le Tueur. Au cours de cette nuit, un homme de Baniev connut une mort mystérieuse et atroce, ce qui nous fit craindre qu'une épidémie pût s'abattre sur notre contrée.

» Peut-être est-ce pour cette raison que le Septième décida de se faire accompagner par son fils sur la piste de Santha. Quand Celendra l'apprit, elle s'enferma dans ses appartements pour chanter des mélopées funèbres, et lorsqu'elle en sortit finalement, elle alla informer Vedrev que son fils était mort. Celendra avait eu une vision au cours de laquelle Sereth jetait le corps de son fils dans un précipice sans fond. Elle ajoutait que le Tueur n'avait pas protégé Estri, qui était désormais perdue à jamais, et qu'après avoir ôté la vie à quatre hommes il avait abandonné leurs cadavres sans en prélever les chalds. Oui, Celendra accusa

Sereth de tous ces actes indignes, ainsi que de bien d'autres.

» Après avoir vainement tenté d'apaiser Celendra, Vedrev prit à son tour la piste de Santha, accompagné de Ganrom, Celendra et, sur les instances de cette dernière, de Dellin, avec qui elle avait pris un lien de couche annuel, comme le veut la tradition.

» Une personne qui connaissait Dellin déclarait que s'il n'y avait eu ce lien de couche, Dellin aurait pris fait et cause pour Sereth, ce qui aurait changé le cours des événements. Mais ce ne fut pas le cas.

» Je dois préciser que si Vedrev accordait foi au dire de Celendra, c'était en raison des dons de voyance de cette dernière. En fait, ils devaient trouver la confirmation de ses visions.

» Sur le plateau de Santha, ils découvrirent des corps horriblement mutilés et, dans la poitrine d'un cadavre, un couteau portant l'emblème du Tueur. Sereth était condamné, car il n'avait pas récupéré les chalds des défunts.

» Le corps de Tyith ne se trouvait pas parmi eux et Celendra décida de continuer. Finalement, leur chemin fut barré par une crevasse démesurée. Ils durent faire demi-tour, mais le fait que cet abîme fut tel que l'avait décrit Celendra était suffisant pour Vedrev.

» Le premier premier de Jicar, jour de marché dans le Puits interne, alors que Vedrev et les siens se trouvaient toujours dans les Sabembe, Sereth crill Tyris franchit les portes du Puits, accompagné d'une gagneuse qui montait un threx magnifique. Tyith n'était pas avec eux.

» Je me tenais avec un chaldier près de la porte externe, et je vis le Septième se rendre droit à la Maison des Tueurs et y pénétrer, avec la gagneuse.

» Qu'il eût ramené une gagneuse à Arlet suscita une vive agitation. Nul n'osait le questionner mais tous s'interrogeaient devant ce grave manquement à l'étiquette.

» L'on raconte que Sereth demanda des nouvelles de Vedrev et apprit par des Tueurs loyaux ce qui s'était passé. Sur l'ordre de Vedrev, le Septième devait rester entre les murs d'Arlet jusqu'au retour du Gardien de l'Histoire. Rares étaient les Tueurs qui auraient osé le retenir par la force, s'il avait choisi de fuir. Mais Sereth était un homme fier et, bien qu'il fît un récit fantastique à ses hommes, nombreux furent ceux qui le crurent. Il demeura avec la fille dans la Maison des Tueurs pour attendre le retour de Vedrev.

» Le premier deuxième de Jicar, Vedrev, Dellin, Celendra et Ganrom revinrent des Sabembe, pour découvrir que Sereth les attendait.

» Un jugement public fut décidé pour le premier sixième, quatre jours plus tard, dans la salle commune du Puits Arlet. La pièce était à tel point bondée de Tueurs que je ne trouvai une place qu'aux derniers rangs.

» Je vis Ganrom et deux autres Tueurs amener le Septième, et ils passèrent si près de moi que j'aperçus des larmes dans les yeux de Ganrom. Et il n'était pas le seul Tueur à être ainsi ému. Sereth portait son uniforme d'apparat et son épée de Septième. Son chald miroitait autour de sa taille, afin qu'il fût plus facile à Vedrev de le lui arracher.

» Jugement public ou non, le verdict avait été décidé longtemps à l'avance, et tous le savaient. Les Tueurs d'Arlet s'étaient scindés en deux groupes, ceux loyaux au Septième et ceux qui, pour une raison ou une autre, se réjouissaient de sa déchéance.

» Le Septième fut conduit devant Vedrev, sur la droite de qui se tenaient Celendra et Dellin. Le silence se fit et Vedrev lut les accusations. Il présenta les chalds trouvés dans les Sabembe.

On fit circuler de l'eau et Khemi interrompit son récit pour boire. Ses cheveux sombres tombaient sur son épaule.

– Sereth reconnut avoir abandonné les cadavres avec leurs chalds. Vedrev cita alors les accusations de Celendra et demanda à Sereth de leur présenter Tyith, ou de fournir une explication à l'absence de son fils et d'Estri.

» Sereth crill Tyris fit le récit de son histoire, de la voix d'un homme ne pouvant espérer être cru. Il parla de la faille qui s'était ouverte devant leurs pieds, de l'esprit du mal qui les avait attaqués, de la mort de Tyith et de la disparition d'Estri sous les chutes de Santha.

» En entendant le nom de son fils, Celendra se jeta sur le Septième en hurlant, pour le griffer, et Dellin dut prêter main-forte à deux Tueurs pour l'emmener hors de la salle. Il ne revint pas.

» Vedrev rétorqua qu'il avait vu la crevasse et que nul au monde n'aurait pu la franchir, et qu'en conséquence ce récit était pure affabulation. Puis il cita les accusations de négligence, de meurtre et d'abus de pouvoir, déclara le Septième coupable, et le condamna à être privé de son rang et de son chald et à être chassé d'Arlet. Vedrev dégaina alors son cimeterre Stoth pour couper le ceinturon et le chald de Sereth. Mais voyant cela, le Septième releva la tête et son épée apparut dans sa main comme par magie. La lame trancha la ceinture qui ceignait la taille de Vedrev.

» Je ne l'entendis pas défier Vedrev car un rugissement s'éleva de la foule. Des Tueurs dégainèrent leurs épées pour désarmer le Septième, d'autres pour les en empêcher, afin que Sereth et Vedrev puissent avoir une explication depuis longtemps souhaitée par chacun d'eux. Bientôt, la mort tournoya au-dessus de ma tête. Les Tueurs se dressaient contre les Tueurs et ceux qui prenaient parti pour le Septième se frayaient vers lui un chemin sanglant. Un Tueur me prit comme bouclier. Je vis deux hommes se reconnaître et jeter leurs épées. Les dalles étaient poisseuses du sang répandu. Je vis Vedrev, privé de vie, et Sereth sautant par-dessus les cadavres en direction de la porte. Le Tueur me poussa devant lui jusqu'au Puits interne. On amena des threx et, comme un certain nombre d'autres femmes du Puits, je restai captive des renégats jusqu'au moment où ils furent loin vers le sud. Je fus alors laissée sans cérémonie sur le bord de la piste. Je vais interrompre ici ce récit, car je préfère oublier ce qui m'arriva ensuite, mais j'ai entendu dire que Sereth est toujours en vie.

Khemi nous fit un pâle sourire puis s'allongea, nous tournant le dos, sans savoir quel effet avaient eu sur moi ses paroles.

Je me couchai à mon tour et Aje caressa mes cheveux, puis passa son bras autour de mes épaules.

Il était étrange d'avoir entendu parler de moi à la troisième personne, simple personnage d'un récit vu sous une perspective différente. Comment Dellin avait-il pu faire passer les bonnes grâces de Celendra et la balance commerciale d'Arlet avant son honneur? Je pouvais comprendre Vedrev, car lui et Sereth avaient depuis longtemps un compte à régler. Quant à Celendra, elle était soit une mauvaise voyante, soit une menteuse habile.

Et Sereth... Il avait tué un Gardien de l'Histoire, un dharener. Estrazi avait dit que nous étions tous deux indispensables pour rétablir la justice, mais comment pourrions-nous demander la révision du procès? Et sur quelles bases?

Les choses auraient été différentes si mon père m'avait autorisée à envoyer ma lettre innocentant Sereth. A quoi pourrait lui servir la déchéance du Septième? Je passai de ces pensées à un sommeil peuplé de cauchemars.

Je fus éveillée par le geôlier et allais entamer ma première journée de travail en tant que crell, l'estomac vide. Khemi était affectée à la même écurie que moi. Nous devions une fois par cycle remplacer par du sable propre la litière des threx, que nous emportions dans de petites brouettes hors de l'écurie. Ce travail était exténuant et nous fûmes bientôt sales et nauséabondes de cette litière immonde qui adhérait à nos corps en sueur. Lorsque je relevai les yeux, je vis Chayin attendre que Saer fût prêt, trois stalles plus loin. On avait apporté de l'eau et je me levai pour boire, mais il ne regarda pas dans ma direction.

Khemi se releva et vint se placer près de moi.

– Baisse les yeux, m'avertit-elle. Tu vas attirer sa colère sur nous.

– Je ne le pense pas, lui répondis-je.

Mais je m'agenouillai à nouveau pour reprendre ma pelle à double poignée. En sortant, Chayin fit un détour et passa devant ma stalle. Il arrêta Saer juste derrière moi et je pouvais voir les pattes du threx en regardant entre mes jambes. Je poursuivis mon travail et Khemi, qui me faisait face, rougit et sourit au Cahndor sans relever les yeux. Chayin repartit.

Khemi et moi avions nettoyé dix stalles chacune, et nous reçûmes du gruau et le quart d'un tubercule. Puis les threx furent ramenés, maculés de poussière, et nous dûmes les laver et étriller leurs flancs. Chaque animal avait un régime alimentaire particulier et nous devions préparer des mélanges différents en dosant des grains provenant de grands sacs. Nous avions entre autres la charge de Guanden et d'un threx roux dont j'ignorais le nom. Je commis peut-être une erreur de dosage, mais il est plus probable que ce qui se passa fût dû à une négligence antérieure.

Nous vérifions les fermetures des stalles lorsque je notai que le threx roux était couché sur le sol. Il poussait des gémissements et ses naseaux étaient distendus et couverts de mucus. Avec Khemi, nous tentâmes vainement de le relever. A notre quatrième tentative, il hoqueta et s'effondra sur le sable, pour mourir.

Khemi me fixait, horrifiée. Je pleurais, car la mort d'un animal m'émeut toujours.

– Besha va être furieuse, murmura-t-elle.

– Par les ailes de l'urithéria! s'exclama un jiask alerté par les gémissements de la crell.

Notre geôlier vint chercher nos compagnes, mais je restai avec Khemi dans la stalle du threx roux, pour attendre Besha, sa propriétaire, Hael, mon maître, et le Cahndor dont Khemi était la crell.

Le geôlier et le palefrenier discutaient avec les jiasks des causes possibles de la mort de l'animal, lorsqu'ils se turent brusquement.

Le dharener se tenait à l'entrée de l'écurie. J'étais accroupie près de la tête du threx mort et Khemi, qui s'était allongée sur le sable, s'assit aussitôt.

Hael porta sa main à son front et ferma les yeux.

– Le threx sur la case de la mort, fit-il. (Il s'assit pour nous fixer, avant d'ajouter à mon intention :) J'étudie actuellement le signe matériel.

– Je sais. Cela m'a déjà imposé certaines épreuves désagréables, répondis-je.

– Rien que tu ne puisses endurer, j'espère?

Khemi nous écoutait, sans comprendre.

– Rien qui mette mes jours en danger, en tout cas. N'oubliez pas que je vois tout ce que voit l'helsar.

– Quand vas-tu me rendre ce grand service annoncé par l'Yris-tera?

Il venait de prononcer ces paroles lorsque la silhouette sombre et menaçante de Besha apparut derrière lui. Elle enjamba Hael et fut auprès de son threx.

– Je n'ai eu que trop souvent l'occasion de voir ton

visage, dit-elle en m'écartant brutalement du cadavre.

Après avoir examiné l'animal, elle se leva et vint vers nous. Sa large main s'abattit sur l'épaule fragile de Khemi et la projeta de l'autre côté de la stalle, avec tant de violence que la crell demeura sur le sol, inconsciente. Hael se pencha sur Khemi alors que Besha venait vers moi, mains levées. Je ne pouvais reculer et je plaçai mes mains enchaînées devant mon visage, pour le protéger. La tiask écarta mes poignets et me gifla avec tant de force que mon crâne craqua contre le mur de pierre. Je vis un autre univers et je ne pus plus respirer. Je me roulai en boule et mon dos explosa de douleur. Les coups de pied pleuvaient sur moi.

Dans le lointain, j'entendis des voix et je sentis qu'on me portait. On m'enchaîna à nouveau dans le cachot des crells, puis j'entendis la voix d'Aje, à laquelle je ne pus répondre. Plus tard, le geôlier vint le chercher : Besha voulait son jouet.

Lorsque la douleur s'estompa, je restai allongée pour reprendre des forces. J'avais presque récupéré lorsque Aje fut ramené par deux jiasks. Le geôlier les accompagnait et, à la lueur de sa torche, je vis pour la première fois dans quel état un huija parset pouvait mettre la chair d'un homme. Le fouet aux pointes d'acier avait déchiqueté les muscles et les tendons de la poitrine du crell et, alors qu'ils l'enchaînaient, je me demandai s'il pourrait survivre.

Les jiasks partirent, laissant le geôlier. Il regardait Aje avec une expression attristée et je l'attirai vers moi par un gémissement pathétique. Il s'agenouilla à mon côté, posant sa torche sur le sol de pierre.

Comme il se penchait pour examiner mon visage, j'ouvris mes yeux et lui souris, en lui subtilisant son couteau. Mes chaînes cliquetèrent, lorsque j'en plongeai la lame entre ses côtes. Puis je pris les clés de sa ceinture de slitsa, ôtai les bracelets de mes poignets et ouvris celui qui ceignait ma cheville.

Nombreux étaient les crells qui avaient assisté à la scène, mais tous restaient silencieux. Je fis passer les clés le long de notre file, en regrettant que Khemi n'eût pas été ramenée dans ce puits, afin qu'il me fût possible de la libérer également. Puis je me penchais vers Aje, qui réclamait des soins urgents. Je n'étais pas une grande guérisseuse, mais je pris le temps de faire pour lui tout ce qui était en mon pouvoir.

Le crell qui avait pris la clé ne se libérait pas, se contentant de me fixer.

J'abaissai le regard sur mon corps, pour découvrir que j'étais couverte du sang du geôlier.

– Ote tes chaînes, le pressai-je.

– Pourquoi ?

Je regardai autour de moi. Mes compagnons d'infortune semblaient effrayés par le choix que je leur offrais. Je fixai Aje, sans comprendre l'apathie des crells.

– Il faut que quelqu'un me serve de guide, car j'ignore le chemin. N'y a-t-il parmi vous personne qui redoute plus cette vie que les risques d'une évasion ?

Un homme brun aux cheveux bouclés se leva, et je pris les clés du crell qui refusait de les utiliser et les lui jetai. Il se libéra de ses chaînes puis vint se placer à mon côté.

– Nous en aurons besoin pour ouvrir les grilles, dit-il en montrant le trousseau de clés. Personne d'autre n'est intéressé par une mort propre et rapide ?

Comme nul ne répondait, il prit la torche et les armes du geôlier, avant de me faire signe de le suivre et de se glisser dans le couloir.

Nous arrivâmes devant la grille. Une fois là, il plaça la torche dans un support mural puis fouilla dans un gros coffre de bois.

– Dès l'instant où tu es prêt à risquer ta vie, que

dirais-tu de prendre une petite revanche? lui murmurai-je.

Il se redressa, tenant des ceinturons et des armes, dont un huija.

– Que veux-tu dire? fit-il en jetant les armes à mes pieds, après avoir pris une courte épée et le fouet.

Je choisis une rapière à la lame légère et un coutelas de gol.

– J'aimerais présenter mes salutations à la tiask Besha, avant de quitter ce beau pays, lui expliquai-je.

– Tiens la torche.

J'obéis. Il glissa la clé dans le verrou et repoussa la grille, qu'il referma ensuite derrière nous. Puis il me prit la torche des mains et s'en débarrassa. Nous progressions lentement dans ce passage obscur, dos collés contre la pierre lisse.

– Tu souhaites donc rencontrer ma maîtresse, gronda-t-il, sautant d'un recoin d'ombre à un autre.

Arrivé à un angle, il m'attendit et colla sa tête contre la paroi.

– Entends-tu quelque chose? fit-il d'une voix rauque.

– Non.

– Ça ne tardera pas. A cette allure, nous serons encore ici au lever du jour, et tu veux avoir une explication avec une tiask! Si je voulais me venger de chaque Nemarsi qui a posé sa main sur moi, nous serions encore ici en Detarsa prochain, fit-il avant de se tourner vers moi. Où espères-tu la trouver, à cette heure de la nuit et après une soirée si bien remplie?

– C'est *ta* maîtresse, lui rappelai-je.

Il rit et courut vers le bas du couloir. Nous suivîmes ce passage, puis un autre, et un troisième. Arrivé à son extrémité, il s'arrêta et me plaqua contre le mur.

– Les cuisines se trouvent au sommet de cet escalier, et il existe une pièce où l'on sert de la nourriture et des boissons à toute heure du jour ou de la nuit. Besha s'y rend souvent, lorsqu'elle est trop irritée pour pouvoir dormir. Mais n'oublie pas que d'autres Nemarsis ont pu également s'y rendre. Les hommes qui reviennent du désert éprouvent souvent des difficultés à trouver le sommeil.

Sans attendre ma réponse, il gravit les marches en quelques bonds. Lorsque je voulus parler, il me fit taire et déroula son huija.

Puis il quitta calmement l'escalier pour s'engager dans un large couloir drapé de tentures, et le fouet se tortillait dans sa main comme animé par une vie qui lui eût été propre. Je refermai mes doigts sur le couteau de gol et le suivis.

Sur notre droite, une porte était ouverte. De la pièce nous parvenaient des sons, de la lumière, et l'odeur du pain frais.

– Qu'aurions-nous pu souhaiter de mieux? murmura-t-il, en jetant un regard à l'intérieur.

La pièce était baignée d'une lumière douce et, par trois fenêtres, je pouvais voir le ciel. S'il y avait de nombreuses tables, une seule était occupée, par Besha et un jiask. Ils discutaient, par-dessus les reliefs de leur repas. L'aide de cuisine s'affairait, quelque part derrière l'angle de cette salle en forme de L.

Mon compagnon me toucha le bras et nous sortîmes en silence de l'ombre. Mon épiderme était parcouru de fourmillements, j'avais la bouche sèche, et la plante de mes pieds était glissante de sueur. Les yeux rivés sur le dos de Besha, je replaçai mon coutelas dans son étui et pris mon épée. La prudence voulait que je reste à bonne distance de cette femme.

Nous avancions sans bruit et ils ne prirent conscience de notre présence que lorsque mon compagnon parla.

– Estime-toi heureux de trouver la mort avec l'estomac plein, Diyjar, fit-il comme l'huija sifflait déjà.

Le fouet s'enroula autour de la lame de l'épée que le jiask dégainait. Mon compagnon le tira d'un coup sec et l'arme tomba sur le sol. Puis l'huija siffla à nouveau et l'homme n'avait plus ni couteau ni fourreau à sa taille.

Besha nous regardait à tour de rôle, brandissant son épée de Stra. Elle s'avança de deux pas, puis s'immobilisa.

Mon compagnon avait acculé le jiask contre le mur.

– Demande-moi grâce en m'appelant par mon nom, suggéra l'homme bouclé à sa victime terrifiée.

– J'ignore ton nom, balbutia le jiask, mais laisse-moi la vie sauve et tout ce que je possède t'appartiendra.

– Tu n'as plus ce que je désire. Elle s'appelait Mera. T'en souviens-tu, jiask?

L'homme comprit alors que l'huija s'enroulait en sifflant autour de sa gorge. Il s'effondra sur le sol, le cou brisé selon un angle étrange.

Mon compagnon s'agenouilla pour libérer le fouet de la chair dans laquelle il avait pénétré, puis il se tourna vers nous.

– Carth, fit Besha d'une voix qu'elle ne parvenait pas à rendre autoritaire. Donne-moi ton huija et nul ne saura ce qui s'est passé.

Elle tendit la main, mais l'homme secoua la tête.

– Je ne vous ferai aucun mal, maîtresse. Je veillerai simplement à ce que nul ne vous dérange.

Besha se tourna vers moi, les yeux luisant de fureur, découvrant ses dents en un rictus de haine. Elle s'avança, fendant l'air de son épée. Je ne trouvai rien à lui dire. Je ne pouvais parler et me battre à la fois.

Sans doute avais-je espéré que mon compagnon tuerait Besha à ma place, mais il se contentait de me regarder alors que je reculais devant la tiask. Elle hurlait des injures à chacun de ses bonds, et ses coups s'abattaient toujours de droite à gauche, pour remonter de la même manière. Sa carrure ralentissait ses mouvements. Je dansais et sautillais pour rester hors de portée de ses coups furieux. Chaque fois que ma lame heurtait la sienne, mon bras était ébranlé. Je voulus la toucher alors que l'inertie de son mouvement la laissait à découvert, mais elle esquiva mon coup et entailla mon flanc droit. Je me baissai et éraflai son bras.

Je contournai la table pour lui échapper. Besha haletait et ne hurlait plus d'invectives. Je commençais à pouvoir prévoir quelles seraient ses attaques, mais mon bras était lourd et la sueur qui coulait dans mes yeux brouillait ma vision. Je savais que je ne tiendrais pas longtemps. Je ne parvenais qu'avec peine à esquiver ses coups dirigés vers mes seins.

Je feignis de trébucher et roulai sur le sol. Comme je l'avais espéré, Besha plongea vers moi, pensant m'écraser sous son poids. Je fermai les yeux, afin de ne pas assister à ma mort, mais Besha s'empala sur ma lame avec tant de force que l'épée me fut arrachée des doigts. Je demeurai immobile et tremblante, trop faible pour soulever la cuisse de Besha qui était retombée sur mon visage.

J'entendis le claquement et le sifflement de l'huija et me relevai. Mon compagnon se tenait devant la porte, sur le seuil de laquelle se trouvaient plusieurs jiasks et le dharener de Nemar.

Sans réfléchir je tirai mon épée du cadavre de Besha, puis essuyai la lame sur ma cuisse nue avant d'aller me placer à côté de l'homme aux cheveux bouclés. Je fixai Hael, nonchalamment appuyé contre le chambranle de la porte, seulement vêtu d'une culotte et de son ceinturon. Il croisait les bras et paraissait satisfait. Je me demandai quel sort serait réservé à deux crells ayant tué des Nemarsis.

– Nous sommes dans le tourbillon des changements,

au delà du threx mourant, et l'épée a trouvé son fourreau, fit-il avant de demander : Allons-nous voir le Cahndor?

Hael s'avança et l'huija siffla et claqua. Le dharener s'immobilisa. Son expression était calme. Les six jiasks nous attendaient au-dehors et nous ne pouvions nous enfuir.

– Il faudra me la prendre, dharener, l'avertis-je.

– Garde ton épée, fit Hael avant de se tourner vers le crell. Et toi, garde ton huija. Mais enroule-le et suis-moi chez le Cahndor.

J'adressai un regard à mon compagnon. Il semblait commencer à comprendre et enroulait son fouet.

– Qu'est-ce que ça signifie? lui murmurai-je.

– Que nous sommes peut-être déjà libres, si je ne me trompe pas sur le sens de ses paroles. De toute façon, nous n'avons pas le choix.

Il me prit par l'épaule et je glissai mon épée dans son fourreau, le laissant me guider vers la porte.

Mon regard croisa celui de Hael, mais il ne répondit pas à ma question muette. Les jiasks nous emboîtèrent le pas.

Nous suivîmes plusieurs couloirs et gravîmes trois volées de marches. A chaque étage, le décor devenait plus opulent, les tentures plus belles. Ici, les torches étaient nombreuses et des coussins apparaissaient dans des alcôves tendues de draperies arachnéennes agitées par la brise qui précède l'aube.

Nous arrivâmes devant une double porte de thala sculpté et le dharener nous laissa avec les six jiasks qui nous surveillaient en silence, sur le qui-vive.

Puis Hael revint nous chercher.

La pièce céruléenne possédait des piliers sculptés et le sol était couvert d'épais tapis. Devant huit fenêtres dépourvues de vitres, une centaine de voiles dansaient constamment. Je voyais des coussins de toutes parts et quelques tables basses sur lesquelles s'entassaient d'innombrables objets de valeur. Deux femmes dormaient sur ces coussins, nues et la peau luisante d'huile. Des parfums que je n'avais plus sentis depuis mon départ d'Arlet embaumaient l'air, et je pensai à l'appartement de Celendra.

Chayin, vêtu d'une toge, avait allumé une lampe à huile.

– Viens, tiask, me dit-il doucement, désignant une place à sa droite.

Mon compagnon dut me pousser. J'étais sans voix et je m'effondrai devant Chayin, pensant à ma saleté repoussante. Sur mon flanc, la blessure saignait toujours. Le dharener et mon compagnon s'assirent à leur tour.

Le Cahndor se tourna vers le crell.

– Je suis certain de parler au nom de ta maîtresse, en t'offrant tout ce qui est en mon pouvoir de t'accorder.

Mon compagnon fixa un instant ses mains, puis releva la tête.

– Le message que j'étais venu apporter, il y a de cela bien longtemps, a été délivré par d'autres moyens.

Il fixait Chayin et ses façons n'étaient pas celles d'un crell.

– Ce qui a été perdu ne peut être recouvré, ajouta-t-il, avant de se tourner vers Hael. En venant ici, je portais l'arrar : le chald des messagers. Dans tout Silistra, ceux qui ont fait tatouer sur leur chair le signe des messagers m'auraient secouru et protégé. Vous ne pouvez servir deux maîtres, dharener. (Il pivota vers Chayin, ne permettant pas à Hael de lui répondre.) Je ne veux que mon chald et une monture, ainsi que des armes et des vivres. Je regagne le nord-ouest.

– C'est chose faite, accepta Chayin. Je vais même te faire raccompagner par deux jiasks jusqu'aux frontières du Skirr.

– Inutile, refusa l'homme aux cheveux bouclés.

– Hael, veille à ce que ce soit fait, ordonna Chayin.

Le dharener se leva, imité par mon compagnon qui vint vers moi et posa avec douceur sa main sur ma tête.

– Sois bénie, petite. Puisses-tu réussir tout ce que tu entreprends, fit-il en se baissant pour déposer un baiser sur mon front. Lorsque tu viendras au Lac des Cornes, demande à me voir.

– Et qui dois-je demander?

– Je suis Carth, au service du dharen. Nul, pas même Besha, n'a osé me donner un autre nom.

Il se redressa et sortit en compagnie de Hael.

Chayin s'étira et se frotta le cou, alors qu'un sourire s'esquissait aux commissures de ses lèvres. Dans un angle de la pièce, une femme gémit dans son sommeil.

– Expliquez-moi, lui demandai-je.

– Certes. Tuée par une devineresse venue du nord ou par une simple crell, Besha est morte. Admettre qu'un jiask et une tiask ont été vaincus par deux crells nous attirerait des ennuis. De plus, il ne faut pas oublier qu'en cas de meurtre mystérieux ou non revendiqué, les biens de la victime sont dispersés dans le désert. Cela inclut Guanden et nos espoirs de gagner la course de Frullo jer. Donc, soit tu acceptes le chaldra de Besha et deviens une tiask pour courir à sa place à Frullo jer, soit nous te tuons dans les règles de façon que Guanden revienne à l'un de nous.

– Je n'ai donc pas obtenu ma liberté, comme Carth, fis-je avec amertume. Les tiasks ne m'accepteront jamais parmi elles.

– Le rang de Besha était élevé. Tu n'auras que neuf femmes au-dessus de toi, si tu prends son chald. Elle avait de nombreux ennemis et le fait de l'avoir vaincue te fera accepter. Frullo jer approche.

Je réfléchis à ses paroles, avant de faire remarquer :

– Vous ne pourrez jamais avoir confiance en moi.

– Ni toi en moi, mais rien n'est certain, à Nemar. Et il est des moments où l'on ne peut même pas avoir confiance en soi-même. Je t'offre la vie et une sorte de liberté. Rapporte-moi l'Epée d'Or de Frullo jer! Fais que ma vision se réalise et je te récompenserai. Tu plies le temps à ta volonté, tout comme moi. Unissons nos forces et rien ne nous sera impossible!

– Je ne commande pas au temps, je me contente de le suivre.

Chayin se mit à rire et la femme gémit à nouveau. Je pensai à Khemi, autrefois fille de Puits, ainsi qu'à Aje, qui gisait dans les cachots. Si je prenais le chald de la tiask, tous ses biens m'appartiendraient, Aje inclus.

– Hael affirme qu'il en sera ainsi, et je le vois également. Pourquoi ne pas accepter cette vie, durant un certain temps?

– Si j'accepte, m'aiderez-vous à retrouver Sereth crill Tyris?

– C'est bien la dernière chose que je voudrais faire, déclara-t-il en s'allongeant sur les coussins.

Hael revint dans la pièce et referma les portes derrière lui. Je fixai interrogativement Chayin, attendant sa réponse.

– Remporte pour moi l'Epée d'Or et je te conduirai à lui, fit-il avant d'ajouter : Je l'aurais fait, de toute façon.

– Tentez-vous toujours de retarder l'inévitable? demanda Hael.

– Non, répondis-je, en venant de me décider. Envoyez quelqu'un chercher Aje, mon crell. Je veux qu'il soit soigné et qu'aucun travail ne lui soit imposé pour l'instant. Je serai votre tiask et je reprends le chaldra de Besha.

– Attends d'avoir officiellement reçu ton chald de tiask, temporisa le dharener.

– Immédiatement!

LIBÉRATION DE LA VOIE

La lance et l'écu sont réunis sur la case rouge des éléments nécessaires, sur le plateau des Catalyseurs.

L'homme en armes sert librement la volonté du Troisième Altérateur.

L'écu protège son secret et la lance le sert infatigablement.

En de tels temps, l'homme n'a pas à justifier ses actes, car son bras gauche tient l'écu de la droiture et le droit la lance qui libère la voie.

Tout ce qu'il fait sert ses desseins, car il est en harmonie avec les temps.

Et sous l'influence de la Libération de la Voie, l'homme sert également ses frères.

Il n'existe aucune adjuration.

La lance et l'écu sont les manifestations du Troisième Altérateur dans le monde matériel. L'homme qui les porte soutient la cause d'un chef calomnié auquel son cœur a prêté allégeance. Ce n'est pas une faute, pas même lorsqu'il dépose ses armes aux pieds de ce chef.

Le temps de la Libération de la Voie rend caduques toutes les quêtes précédentes. Lorsque la lance et l'écu sont au service de celui qui est capable de réordonner le chaos, ils triomphent toujours.

Même si l'homme devait offrir sa volonté en échange, l'engagement ne saurait être trop grand.

– Khys, Deuxième Appendice,
année souterraine soixante-trois

4

TIASKCHAN

Je demeurai allongée dans le bain chaud et parfumé, mais ni l'eau bienfaisante ni les soins habiles des deux crells que Chayin avait éveillées ne pouvaient me rendre la paix de l'esprit. J'examinai les fresques du plafond, pendant qu'une brise matinale soufflait à travers les rideaux de toile arachnéenne et qu'une des filles à la peau luisante versait dans la baignoire d'archite une autre bouilloire d'eau chaude dans laquelle avaient macéré des herbes aromatiques.

J'allai m'allonger sur une banquette capitonnée, afin que les crells pussent masser mes muscles endoloris, soigner mes blessures et oindre mon épiderme des huiles précieuses du sud. Je prendrais le chald de Besha une fois le soleil haut dans le ciel. Ainsi en avait décidé le dharener, avant de se rendre auprès d'Aje.

Lorsque je lui avais demandé de me restituer l'helsar, Hael m'avait opposé un refus catégorique. Il devait se rendre à l'abri aniet juste après que j'eus pris le chald de Besha, et il comptait l'emporter avec lui. Je protestai, mais il répondit qu'il me rendrait l'helsar après la course de Frullo jer. Puis il se tourna vers le Cahndor, pour l'informer qu'il se ferait accompagner par Liuma, la Nemarque. Chayin protesta que cela mettrait en danger la vie de son enfant, mais Hael rétorqua qu'ils emprunteraient les passages souterrains et qu'il n'y aurait pas le moindre danger. Chayin donna alors son accord.

Lorsque le dharener fut parti, le Cahndor m'ordonna d'aller me préparer pour la cérémonie et me promit de répondre ensuite à toutes mes questions. Nous en aurions le temps, car la coutume voulait qu'une tiask venant de recevoir son chald passât la nuit avec son Cahndor, afin qu'il pût juger de sa loyauté et établir des bases durables pour l'avenir.

Bien que les filles eussent des mains douces et efficaces, mes muscles étaient trop endoloris pour être soulagés par leurs massages. Je soupirai et m'assis.

Elles durent improviser pour me vêtir car, bien que considérée comme grande au sein de mon peuple, je suis plus petite que la plupart des femmes Nemarsis. Elles peignèrent et attachèrent mes longs cheveux, puis placèrent sur ma tête un des heaumes empanachés qu'affectionnent les tiasks. Je portais sur les épaules un manteau de peaux de slitsa également orné de plumes et de perles, et au-dessous une simple bande de soie blanche, car nous n'avions pas eu le temps de faire confectionner un uniforme de tiask à ma taille. J'étais ainsi vêtue, lorsque Chayin vint me chercher : cheveux et épiderme luisants, masquée et drapée de blanc et des couleurs du désert.

Nous suivions rapidement les couloirs et Chayin ne rompait pas le silence avec lequel je l'avais accueilli. Sur son bras, l'urithéria me menaçait du regard. J'étais une intruse, une usurpatrice et une incroyante parmi ses fidèles.

Après une longue marche dans les dédales du palais de Nemar Nord, nous atteignîmes finalement une salle de la tour sud, où les dirigeants Nemarsis nous attendaient. La Nemarque était présente, femme à la fragilité surprenante au sein de ces gens robustes, et au ventre distendu orné de colliers de gemmes. Derrière elle se tenaient dix devineresses et dix Gardiens de l'Histoire, chacun vêtu selon les penchants de son cœur. Dix jiasks et neuf tiasks complétaient le cercle autour du dharener. Devant Hael se trouvait un brasero de bronze sur lequel le chaldier avait disposé ses outils. Sur le mur était tendue une tapisserie représentant un urithéria. Sa queue s'enroulait autour du monde qui tournoyait dans la paume de Tar-Kesa, et ses yeux étaient deux grosses perles de gol. Cette représentation de Tar-Kesa avait quelque chose de familier qui m'emplit de panique, car je me trouvais face à Raet entouré de ses serviteurs.

J'entendis à peine Hael rendi Inekte prononcer les paroles rituelles.

– Prends-tu également le chald des tisserands, et jures-tu par ton épée de les servir et de les défendre?

– Je le jure, répétai-je pour la sixième fois.

Le chaldier souda alors une chaîne de fer bleui dans le chald qu'il me préparait.

– Prends-tu également celui des éleveurs de threx, et jures-tu par ton épée de les servir et de les défendre?

Lorsque j'eus fait serment de protéger quatorze facettes de la vie nemarsi, et après avoir baisé la main du Cahndor et également juré de le servir jusqu'à la mort, je me relevai. Le chald fut passé autour de ma taille et ses derniers maillons furent soudés.

Puis tous s'agenouillèrent, à l'exception du Cahndor et du dharener, et on nous donna la bénédiction de Tar-Kesa. Je frissonnai. J'aurais préféré recevoir un apth dans ma couche plutôt que ces paroles dans mon cœur.

A la fin de la cérémonie, de petites outres circulèrent et, lorsque ce fut mon tour de boire, je découvris qu'il s'agissait d'uris, cette drogue qu'ils m'avaient donnée dans le désert. Je bouchai la gourde avec ma langue, mais le peu que je bus produisit des effets immédiats. Les couleurs devinrent plus vives et je me retrouvai brusquement au sommet d'un précipice vertigineux, me voyant moi-même au sein des Nemarsis.

Depuis ce point d'observation, je choisis deux tiasks et lus en elles, dans l'intention de me servir de ce que j'y découvrirais.

Je donnai à la première, Nineth, les vêtements ayant appartenu à Besha, lui expliquant que je n'en avais aucune utilité, ce qui était exact, et qu'elle avait la même taille que Besha, bien qu'étant plus élancée, ce qui était par contre totalement faux.

Avec la seconde, Pijaes, je discutai de threx et louai son adresse, que j'avais perçue dans son esprit et son allure. Profitant de l'occasion, Pijaes me vanta les vertus de diverses lignées de threx jusqu'au moment où Chayin vint me chercher pour me conduire auprès de sa compagne de couche, la Nemarque.

Je me tins devant elle avec gêne, car il n'était pas utile d'être lectrice mentale pour savoir que, bien qu'elle portât l'enfant de Chayin, son corps et son cœur appartenaient à Hael. De telles situations m'embarrassent toujours. Je me demandai si Chayin l'ignorait ou s'il n'en faisait pas cas, et s'il était véritablement le père de l'enfant qui s'agitait à l'intérieur du ventre de Liuma.

Elle me tendit une main grêle et son regard possédait un calme surnaturel.

– *Presti, m'it tennit,* me dit-elle en langage du nord, avec un accent irréprochable.

– A vous également, répondis-je en parset. Qu'avez-vous dans votre ventre?

J'avais posé cette question par pure politesse, car j'en connaissais déjà la réponse.

– Un fils pour le Cahndor, fit-elle d'une voix douce mais catégorique.

J'engageai une conversation banale pendant que Chayin partait à la recherche du dharener. Je le suivis du regard et elle fit de même.

– Il est détendu, aujourd'hui, déclara-t-elle. Mais c'est hélas rarement le cas. Croyez-vous pouvoir réussir, là où nous avons échoué?

– Je... je ne..., balbutiai-je. Il me trouve semblable à lui, en dépit de nombreuses divergences. Il a peut-être raison. Le bondrex qui s'enlise dans les sables mouvants peut-il aider son frère placé dans la même situation?

– Souvent, même chez les bondrex, l'un se porte en avant pour sonder le terrain, afin que la composition de la harde ne soit pas mise en péril. Ignorez-vous le rôle que vous devez tenir? Celui-dont-on-ne-peut-prononcer-le-nom n'a donc pas préparé son émissaire?

Je tentai de trouver une réponse qui ne démentait pas le statut que m'accordait la Nemarque, tout en m'aidant à percer le voile qui dissimulait le sens exact de ses paroles.

Je cherchais toujours, les yeux rivés sur son sourire serein, lorsque le dharener apparut derrière elle. Il posa sa main sur son épaule et le visage de Liuma fut transfiguré de joie. Je me sentis à nouveau peinée pour le Cahndor.

– Chayin va entreprendre ton éducation. Il reste peu de temps, avant Frullo jer, et il faut que d'ici là tu saches te comporter en véritable tiask. A mon retour d'aniet, je m'occuperai personnellement de toi.

Liuma regardait Hael avec des yeux emplis d'adoration. A cet instant, le Cahndor vint me chercher pour me conduire auprès de ses jiasks.

– Tu dois les saluer la première, m'expliqua Chayin, à l'oreille.

Je tournai la tête pour lui répondre, et vis Hael et Liuma quitter la pièce.

– Que dois-je leur dire?

– C'est sans importance, mais une tiask a le privilège de s'adresser la première aux jiasks, quel que soit leur rang. A l'exception du Cahndor, naturellement.

– Voulez-vous dire qu'ils ne peuvent m'aborder?

– C'est à toi de le faire, si tel est ton désir.

– Voilà qui va m'être très difficile. Comment éviter de les importuner?

– Je l'ignore, me répondit-il en riant.

Nous nous tenions devant les dix jiasks Nemarsis du plus haut rang. Des hommes sombres et corpulents. La plupart ne portaient qu'une culotte et un ceinturon, certains avaient des fouets enroulés diagonalement autour de la poitrine.

Le Cahndor me présenta sous le nom d'Estri de Nemar, comme nous en étions convenus. Les hommes me fixèrent, sans rien dire.

– Jiasks, Chayin m'a appris quelles coutumes régissent les rapports entre jiasks et tiasks, et il me reste encore beaucoup à apprendre.

J'ôtai mon masque, tout en sachant que c'était pour les Nemarsis un signe de disponibilité sexuelle, et repris :

– Il existe cependant une coutume tellement contraire à ma nature que je me vois contrainte de ne pas la respecter. N'hésitez pas à m'aborder lorsque vous le souhaiterez.

Les jiasks parurent surpris, mais leurs sourires étaient chaleureux. Ils se regroupèrent autour de moi et nous nous rendîmes tous ensemble dans cette salle où j'avais acquis mon chald de tiask. Je perçus l'approbation de Chayin, et son soulagement que ses hommes m'eussent acceptée. Les Gardiens de l'Histoire et les devineresses s'étaient montrés distants à l'exception de Liuma. Ils hésitaient à accepter une étrangère parmi eux, bien qu'il y eût un précédent : la mère de Hael et de Chayin n'était pas, elle non plus, originaire de Nemar.

Nous prîmes place à une longue table.

– Chayin, vous disiez qu'il n'existait aucune solution à notre problème, mais les choses semblent s'être arrangées d'elles-mêmes.

– Non, ce n'est qu'une pause agréable. Mais jouissons-en du mieux que nous le pouvons.

Jiasks et tiasks s'assirent avec bruit autour de nous. Il s'agissait en fait de jiaskcahns et de tiaskchans, car tel est le nom que donnent les Parsets à ceux et celles qui ont sous leur commandement trois cents guerriers ou guerrières. Il y avait deux des hommes qui avaient participé à l'embuscade tendue aux Menetphers.

Personne ne se trouvait en face de moi car, à Nemar, les amis s'assoient toujours côte à côte.

Pendant que l'aide de cuisine nous apportait un grand plat, je cherchai dans la salle des traces laissées par mon duel avec Besha, mais il ne restait plus une seule goutte de sang sur le sol d'ornithalum.

– Comment se porte Khemi ? demandai-je à Chayin, rompant le silence.

– Qui ?

Il se servit puis plaça sur mon assiette un morceau de viande verdâtre en gelée, à l'odeur âcre.

– *Qui ?* répétai-je, irritée. Votre crell, cette fille que Besha a battue en raison de la mort de son threx alezan.

Chayin fit signe à un serveur d'approcher, et ce dernier nous servit des œufs noirs baignant dans une sauce gluante.

– Trois mille crells vivent à Nemar Nord, et je ne compte pas ceux qui travaillent dans les mines de gemmes, ou dans les champs d'uris, et ceux qui s'occupent de l'entretien, à l'ouest, au sud et à l'est, rétorqua-t-il avant de se pencher vers une femme placée à sa gauche. Yisri, combien de crells possédait Besha?

La tiaskchan posa sa fourchette à deux dents.

– Une soixantaine, Cahndor. Je n'en connais pas le nombre exact.

– Et combien se trouvent à Nemar Nord?

– Une vingtaine. De cela, j'en suis sûre, répondit Yisri, visiblement troublée.

Chayin se tourna vers moi et la tiask reprit son repas.

– As-tu vu tes propres crells? Cite-moi leurs noms et fais-moi un rapport sur leur santé.

– C'est déloyal, protestai-je, tout en sachant qu'il venait de marquer un point.

J'avais été si occupée que je n'avais même pas demandé des nouvelles d'Aje, alors que je le savais gravement blessé. Je décidai donc de faire tout mon possible pour adoucir le sort de mes crells.

– Et Carth? Il portait l'arrar. Qu'allez-vous invoquer pour justifier les mauvais traitements infligés à un messager du dharen?

Chayin soupira et posa sa fourchette.

– Ce ne sont pas des conversations de table, me reprocha-t-il, les yeux mi-clos. Je n'étais pas au courant, contrairement à Hael qui a agi ainsi qu'il l'estimait nécessaire. C'est le dharener qui reçoit les chalds des crells. Mais nous en reparlerons lorsque tu te seras fait des amis, parmi tes nouveaux frères et sœurs. C'est la raison d'être de cette réunion. Et mange!

– Ainsi soit-il, me moquai-je, reportant mon attention sur la nourriture.

Les jiaskcahns saluèrent bruyamment l'arrivée de serveurs qui apportaient des pichets, et un breuvage pourpre et mousseux fut versé dans nos bols.

Je désignai la viande verte blottie entre les œufs noirs et un légume jaune nappé de sauce rouge.

– Qu'est-ce? Et ceci? Et ceci?

– De la queue d'apth, un régal pour les fins gourmets. Voici encore des œufs de kelt et le fruit dont on tire l'uris.

– Je n'ai pas faim, fis-je en repoussant le plat.

Chayin sourit et replaça l'assiette devant moi.

– Mange! m'ordonna-t-il de nouveau.

Je goûtai au légume jaune. Il était épicé et rappelait un peu la narne. Prenant courage, je grignotai un peu de viande verte d'apth, que je trouvai savoureuse après avoir réussi à faire abstraction de son origine. Je ne pus goûter aux œufs de kelt, un cousin éloigné du golachit. Mais le Cahndor semblait satisfait.

La boisson pourpre, âpre et revigorante, coulait à flots et l'humeur des jiaskcahns était joyeuse. L'homme placé à ma droite racontait d'une voix forte le récit dithyrambique de mes exploits dans le désert.

J'estimais que nous devions être restés très longtemps à table, lorsque Chayin se leva et s'étira. Nous prîmes congé de l'assemblée et suivîmes un chemin différent pour gagner une porte dissimulée donnant dans une alcôve obscure de l'appartement du Cahndor.

Il poussa le verrou et réordonna la tapisserie couleur de rubis qui dissimulait l'entrée. La pièce était sombre, bien qu'il fît plein jour, car de lourdes draperies avaient été tirées devant les huit fenêtres.

– Si tu veux venir me voir sans que nul ne le sache, tu sais désormais comment procéder, fit-il remarquer en ôtant tous ses vêtements, à l'exception de sa culotte de cuir.

Mon ceinturon et mon manteau allèrent rejoindre ses effets, puis je me laissai choir sur une pile de coussins. Je m'étirai et mes cheveux propres et parfumés retombèrent sur mon corps. La soie dont j'étais vêtue me rappelait les innombrables fois où j'avais porté des voiles pour donner du plaisir aux hommes.

Cependant, les choses étaient à présent différentes. J'avais perdu une partie de ma confiance en moi et je ne voulais pas jouer avec Chayin rendi Inekte au jeu de l'amour, ou à celui de la soumission et de la manipulation.

Il vint s'allonger près de moi et posa la main sur ma hanche, mais ses yeux voyaient un univers intérieur. Il avait lui aussi conscience de la tension qui régnait entre nous, de ce qui rendait mon corps de marbre sous ses doigts, bien qu'il fût séduisant.

– Chayin, fis-je doucement. Si tu me disais ce que tu sais et que j'ignore, cela pourrait peut-être nous aider.

Son regard trahissait son angoisse et sa voix était tremblante.

– On peut trouver maintes explications à une vision. C'est vrai, mais il s'agit du produit de nos peurs, d'un rêve du cœur. Je te vois modifier ce qui aurait dû se produire, et je vois également que tu ne contrôles pas toujours ce processus, que cela se produit parfois à ton insu. Il était écrit que tu te battrais contre Besha, lorsque tu l'as rencontrée dans le désert, cependant tu ne l'as pas voulu ainsi. Lorsque je t'ai capturée, j'ai fait ce qui était pour moi naturel mais je n'ai pas agi de façon naturelle, et je crois à présent que c'est moi qui te sers. J'en déduis que j'ai moi-même matérialisé mes propres craintes, ainsi que je le redoutais depuis longtemps.

Je ne dis rien, attendant la suite.

– Dès l'instant où tu veux provoquer une chose par la force de ta volonté, il est bien imprudent de parler de ce qui pourra survenir, même lorsqu'on a lu dans l'avenir. Et comme je ne souhaite pas que mes visions se réalisent, je ferais mieux d'essayer de trouver une autre solution à cette affaire, plutôt que de préparer ce que je redoute.

– C'est peut-être exact, en partie tout au moins,

mais il faut auparavant recenser toutes les possibilités, puis faire un tri entre elles. On ne peut provoquer une chose qui ne se trouve pas déjà sur les pistes du temps. Il existe maintes façons permettant à un événement de survenir, mais nous savons tous deux que le nœud existe et, qu'à l'intérieur, tout ce qui se produit est prédéterminé. On ne peut assumer la responsabilité des actes qui ne dépendent pas de notre libre arbitre.

Je me glissai vers lui et laissai reposer ma tête sur son épaule. Il portait toujours le médaillon d'or à l'effigie de l'urithéria sur sa poitrine velue.

– Fais-moi part de tes craintes, et j'utiliserai mes faibles pouvoirs pour t'aider.

– Il y a bien des choses que je redoute. Et nul ne peut rien contre ce qui afflige mon esprit.

– Je n'en suis pas aussi certaine que toi.

– Sereth te tuera et ton amour pour lui t'incite à aller au-devant de la mort. Ce n'est pas parce que ton ignorance sert mes desseins, que je pourrai feindre de ne pas le savoir jusqu'au moment où je te livrerai à lui, ainsi que Hael m'y contraindra. Sereth n'est plus l'homme que tu as connu. C'est un hors-la-loi entouré par des bandits sanguinaires. Le peuple de Yardum-Or l'appelle l'Ebvrasea et le redoute. On dit qu'il n'y a pas une seule femme, parmi eux, et qu'ils ne font de quartier à aucun être vivant.

– Sereth ne me fera pas de mal, tout cela n'est que légende. N'aie pas peur pour moi, fis-je, riant presque.

– Il me l'a dit lui-même. Je l'ai rencontré dans les plaines de Yardum-Or, et dans des circonstances qui font de moi son débiteur. Je lui ai offert asile contre ceux qui le pourchassaient et lui ai laissé le Mont Opir. Ne me parle pas de ses intentions... je ne les connais que trop. Je dois te conduire à lui, sous peine de trahir un lien existant entre nous, alors que j'éprouve pour toi un sentiment que je n'aurais jamais cru connaître. Cependant, où que je regarde, je ne vois aucune issue. Je ne puis t'avoir près de moi sans me soucier du chagrin que j'éprouverai en te perdant. Pour une fois, je voudrais que mes dons de prémonition m'aient menti. (Il me serra contre lui.) Depuis que j'ai su ce qui se passerait entre nous, j'ai tenté de combattre mes sentiments, afin de ne pas souffrir! Mais ils n'ont fait que croître comme je l'avais prédit, et je ne peux plus leur résister.

– Alors, profitons de cette pause agréable.

Ses caresses me prouvèrent qu'il ne mentait pas et je fus emportée par le raz de marée de ses émotions intenses, car j'ouvris mon esprit au sien. A présent, il n'y avait plus cette fausse violence à laquelle un homme fait appel pour éveiller son désir lorsqu'une femme est nouvelle, étrangère, ou sans importance. Il ne me cachait rien de sa passion et était donc vulnérable aux attaques subtiles d'une femme de Puits. J'assaillis ses défenses jusqu'au moment où il gémit de plaisir, puis hurla sa défaite. Et lorsqu'il crut que tout était terminé, je rendis de la vie à son sexe, le contraignant à s'élever à nouveau pour m'accueillir. Je lui démontrai que ni les drogues ni les chaînes n'étaient nécessaires entre nous. Ce ne fut qu'alors que nous utilisâmes l'uris pour dissiper la fatigue qui menaçait de nous vaincre avant que nous eussions consommé notre union, à présent que cette drogue ne pouvait plus faire de nous des ennemis. Finalement, je me levai et allai écarter les tentures. Ma bouche et mon estomac gardèrent longtemps le goût de cet homme.

– On dit qu'un Nemarsi fait son devoir avec une tiask, prend du plaisir avec une crell, et trouve l'amour auprès de son frère, me murmura-t-il lorsque je fus à nouveau entre ses bras. Nous sommes sans doute l'exception qui confirme la règle. Voudrais-tu être Nemarque, à mon côté?

– Mais... et Liuma? Le Cahndor peut-il avoir plusieurs Nemarques?

– Une seule peut être ce que Liuma est de nom.

– Mais elle porte ton enfant.

– Mon enfant, celui de Hael, ou encore de Tar-Kesa, qu'en sais-je? Elle est les oreilles et les yeux de mon frère, et je ne peux ouvrir ma couche à cette devineresse sans l'ouvrir également au Gardien de l'Histoire qu'elle représente. Je pense qu'elle serait soulagée, si je la délivrais de ce fardeau. Et ils ne pourraient pas m'en empêcher. Mon père l'a déjà fait : il a répudié l'ancienne Nemarque pour ma mère. Et, en dépit de tes dénégations, tu es certainement une aussi bonne devineresse qu'elle.

– Chayin, fis-je doucement, après avoir réfléchi aux raisons qui m'empêchaient d'accepter. Restons ensemble quelque temps, si tu le souhaites, en attendant d'apprendre ce que nous réservent les Altérateurs. Tu ne sais rien de moi, mais je n'ai jamais tenu autant à un mortel. Concilier cette vie avec la loi qui est en moi entraînerait d'importants bouleversements à Nemar. Et j'ai certaines choses à accomplir. (Je soupirai, sachant que le moment était venu.) Je ne suis pas en très bons termes avec ton dieu Tar-Kesa. Je sers une divinité encore plus puissante, dont les exigences pèsent sur moi. Nous devons envisager ce que l'on nous permettra de faire et non ce que nous voudrions faire.

– Le fils choisi de Tar-Kesa est lui-même un dieu, me rappela-t-il.

– En ce cas, son aide me facilitera grandement la tâche et sa volonté m'apportera certainement le succès. Etablissons un lien de couche jusqu'à la nouvelle lune, et ensuite, si tu veux toujours de moi et si nous sommes tous deux encore en vie, je serai ta Nemarque.

A condition que tu acceptes certaines clauses dont la nécessité t'apparaîtra sans doute clairement d'ici là.

Chayin accepta d'attendre pour répudier Liuma, ainsi que mes conditions. Il me ferait rendre par Hael mon chald astrien ainsi que l'helsar. Lorsque je lui appris que je souffrais chaque fois que son frère utilisait l'helsar, il me demanda pourquoi je ne lui en avais pas parlé plus tôt, et j'appris au cours de la conversation que Hael devait rencontrer les quatre autres dhareners Parsets pour tenter d'établir une politique commune, avant de négocier avec les M'ksakkiens de la Fédération bipédique qui avaient fait des propositions séparées aux cinq tribus. Je lui fis part à haute voix de mes suppositions sur la nature de ces propositions : Ils voulaient des bases dans le sud et un accès direct aux plantes qui y poussaient, ces catalyseurs pour les sérums de longévité que les M'ksakkiens n'étaient pas parvenus à synthétiser.

Et, comme Chayin le fit justement remarquer, si les Menetphers disposaient des appareils aériens et des armes de M'ksakka, les Nemarsis seraient à leur tour contraints d'en obtenir, quel qu'en fût le prix.

J'avançai qu'un pacte avec des êtres aux préoccupations uniquement matérielles ne pourrait qu'engendrer des désordres, et il me promit que je participerais aux négociations qui se dérouleraient à Frullo jer, lieu de réunion de tous les seigneurs Parsets. Il ajouta qu'il n'accepterait jamais de traiter avec les M'ksakkiens et qu'il ferait tout son possible pour en dissuader Aknet des Menetphers. Si les deux nations les plus puissantes de Parset adoptaient cette attitude, il était certain que les autres les imiteraient.

– Je devrai tôt ou tard regagner Arlet et y reprendre ma place, lui dis-je. J'aimerais adresser un message à mon oncle, le conseiller Rathad, pour l'informer que je suis saine et sauve et que je rentrerai après avoir réglé ce différend avec Sereth.

– Je te croyais au courant, fit-il sur un ton de surprise.

– Au courant de quoi? m'enquis-je, les lèvres brusquement sèches et glacées.

Mais je savais déjà, car de toutes les probabilités qui s'étaient présentées à moi aucune ne concernait Astria.

– Je pensais que tu avais appris la mort de Rathad et la disparition de ta remplaçante, Jana, lorsque Celendra bast Aknet a pris le pouvoir à Astria.

Je n'avais jamais été aussi heureuse de trouver refuge entre les bras d'un homme, car je comprenais à présent bien des choses et découvrais ce qui m'attendait dans les plaines d'Astria.

J'étais également heureuse qu'il m'eût offert Nemar, car je me trouvais brusquement sans foyer et sans famille, hormis Estrazi. Si Chayin m'avait à nouveau demandé de devenir Nemarque, alors que je pleurais et qu'il me berçait entre ses bras, j'aurais sans doute accepté. Mais Chayin était un homme intègre et il ne tira pas profit de la situation.

Lorsque je m'éveillai, au matin, je m'en souvins et je fis l'amour avec lui de ma propre initiative, pour chasser à nouveau cette horrible sensation de solitude.

Je pensai à Rathad au cours de la journée, alors que nous gagnions à dos de threx la périphérie de Nemar Nord. Le frère de ma mère avait été mon unique parent.

Nous allâmes voir le fils de Besha, dont j'étais désormais responsable car je portais à présent le chald de la maternité accomplie. Cet adolescent presque adulte avait suivi la même voie que son père, le Premier Tisserand. Il ne parut guère bouleversé par l'annonce de la mort de sa mère et sembla, en fait, à peine noter notre présence. Sous son aprei, sa tisseuse s'affairait sur le cadre, et les yeux du jeune homme regardaient ailleurs.

Lorsque nous quittâmes les apreis des tisserands, je commençai à raconter à Chayin un rêve que j'avais fait : je me tenais dans une pièce heptagonale. Il m'interrompit aussitôt pour me dire ce que j'allais lui décrire, l'aspect de chacun des sept occupants de la pièce. Il était aussi excité que moi de constater que nous avions fait le même rêve, et nous fîmes maintes hypothèses sur l'identité des sept personnages et sur la signification de ce songe, sans parvenir à une conclusion satisfaisante.

Nous passâmes la nuit dans ses appartements et, le lendemain, j'allai voir ce qui avait appartenu à Besha. Chaque crell, chaque threx, les apreis et ses appartements du palais. Son bien le plus impressionnant était un grand aprei de la Voie de Tar-Kesa, aux panneaux de toile arachnéenne dus au père de son fils, le Premier Tisserand. La possession de telles richesses me créerait avant tout des soucis, et je chargeai Chayin de les distribuer, à l'exception d'un aprei, des threx et des crells. Je conservai l'aprei par besoin, les threx par caprice, et des crells parce que je me sentais responsable de leur sort. Lorsque nous regagnâmes les appartements du Cahndor ce soir-là, un Gardien de l'Histoire nous attendait pour nous apprendre que Hael avait été retardé et que nous devions attendre son retour avant de partir pour Frullo jer. Chayin renvoya l'homme sans dire un mot puis il libéra sa fureur en défaisant son ceinturon et en le projetant contre un mur. Il s'assit finalement, pour fixer le sol.

– Qu'est-ce que ça signifie? murmura-t-il, lorsque j'allai masser ses épaules.

Je ne pus rien lui répondre.

– Qu'ils soient maudits! reprit-il en tremblant de rage. Tous! Devins, Gardiens de l'Histoire, Tar-Kesa, Altérateurs! J'en ai assez de me plier à leur volonté!

Un jour, je les ferai tous jeter dans une fosse d'apths affamés! Je ne puis plus supporter leurs secrets!

– Je pense que nous aurions effectivement tout à gagner en nous débarrassant d'eux, approuvai-je en ajoutant mentalement le nom d'une devineresse d'Arlet à sa liste de candidats pour la fosse d'apths. En as-tu une?

– Une quoi?

– Une fosse d'apths?

– Oui, mais ils sont vieux et paresseux, répondit-il. Il leur faut des journées entières pour dévorer leurs victimes. Souhaites-tu les voir?

– Non, merci, fis-je en frissonnant.

Il se tourna vers moi, et me fit agenouiller en me tirant par les cheveux.

– Nous partirons pour Frullo jer avant l'aube. Je veux que tu portes ceci. Il te protègera des jiasks, même si tu n'as pas de masque, et les autres tiasks te laisseront également tranquille.

Il sourit et prit le médaillon d'or à l'effigie de l'urithéria pour le passer autour de mon cou. Il était froid et lourd, entre mes seins. Je fus saisie d'une terreur superstitieuse.

– Non, c'est un honneur trop grand.

Je ne pouvais dire que je ne voulais pas du symbole de Tar-Kesa.

– Tu le dois. Je te l'ordonne, fit-il avec douceur.

J'acceptai et il alla fouiller dans un coffre. Il lança bientôt vers moi le manteau des Formeurs.

– Tu le porteras également, ainsi que ceci.

Il ajouta au manteau un couteau de gol glissé dans une gaine d'or rouge, et une épée du nord à lame droite sur la poignée de laquelle était gravée la tête d'un hulion.

Puis Chayin se vêtit et fut paré pour le désert, avec un manteau de toile arachnéenne brune, une culotte et des guêtres de cuir. Il avait ceint sa taille d'un grand nombre d'armes diverses : petite dague, lunes-rasoirs, coutelas, mais son armement était si bien dissimulé qu'on ne voyait sur sa hanche qu'un couteau de gol et une courte épée.

Il me sourit, les yeux mi-clos. Je pris le manteau des Formeurs sur mon bras et mis le ceinturon, juste au-dessous de mon chald nemarsi.

J'entendis des bruits dans le vestibule, puis deux jiasks franchirent les doubles portes et vinrent s'immobiliser devant leur Cahndor. Deux autres hommes les suivirent dans la pièce.

– Je partirai pour Frullo jer dans un enth, leur annonça Chayin. Wiraal, tu veilleras à ce que les autres s'y rendent sans encombre. Yimon, je te confie Nemar Nord. Asi, prépare Saer et Guanden. Wiraal emportera mes biens, veille simplement à ce que rien ne soit oublié, car j'en aurai besoin le premier premier d'Amarsa. Et fais chercher l'équipement d'Estri, il devrait être prêt.

Asi quitta aussitôt la pièce et Chayin se tourna vers le quatrième jiask, un vétéran corpulent et grisonnant dont je ne pus deviner l'âge. Il arborait son expression désapprobatrice comme un autre l'eût fait de ses armes.

– Isre, je...

– Tu ne partiras pas dans le désert sans moi, comme la dernière fois, Chayin! l'interrompit l'homme. Si quelque chose devait t'arriver, l'esprit de ton père...

– Il est temps que j'apprenne à me débrouiller seul. Je dois me plonger dans le chaudron du temps, et c'est une chose que tu ne peux faire à ma place.

– Je ne resterai pas à Nemar, rétorqua le jiask en croisant les bras.

– Tu dois le faire, car je ne reviendrai pas avec les autres. De Frullo jer, je me rendrai au Mont Opir. Laisseras-tu Yimon seul face à Hael? Tes obligations envers les jiasks sont plus grandes qu'envers moi.

Le jiaskcahn avait le regard d'un homme qui a découvert le piège après qu'il eut happé sa cheville.

Chayin fit un signe et les trois hommes s'inclinèrent. Le Cahndor les bénit, en tant que dieu vivant, puis il leur dit de se relever et de prendre congé, ce qu'ils firent. Une habilleuse, ainsi que l'armurier, entrèrent à leur tour, portant sur leurs bras une grande quantité de vêtements et d'armes. Et ils déposèrent à mes pieds de quoi équiper tout un régiment de tiasks.

Je fus bientôt vêtue comme le Cahndor, armes dissimulées incluses, avec des lunes-rasoirs dans mes cuissardes. Puis je mis mon manteau, qu'ils recouvrirent d'une double épaisseur de toile arachnéenne brune.

Ce qui se passait était à tel point conforme à mon tri que j'avais peur de rompre l'enchantement, et nous fîmes de nombreux néras en silence, après avoir quitté Nemar Nord en direction du sud-ouest.

Arrivés à mi-chemin de Frullo jer, Guanden cessa de tirer sur les rênes et de me tester. Il en avait assez et lorsque le threx ralentit son allure, ce fut moi qui le pressai, sans doute pour me venger de ses mauvaises manières.

La lune pleine était haute dans le ciel lorsque nous atteignîmes les montagnes, et encore plus haute lorsque nous nous arrêtâmes pour regarder Frullo jer : une longue vallée cernée par un millier de torches sous la clarté desquelles d'innombrables apreis luisaient comme des gemmes. Au centre se dressaient d'immenses tentes portant les armoiries de Nemar, un slitsa enroulé autour d'une épée sur champ de pourpre. Frullo jer se trouve sur le territoire de Nemar et la fête estivale d'Amarsa est toujours organisée par les Nemarsis. Trois années consécutives, Aknet de Menetph avait battu ces derniers sur leur terrain, emmenant avec lui l'Epée d'Or, et les Nemarsis étaient fermement décidés à remporter l'épreuve. La brise nous apporta les cris rauques des hommes, ainsi que des odeurs de nourriture et de threx. On dressait encore des apreis et, sur notre gauche, des bêtes de trait tiraient un large rateau sur une piste circulaire longue d'un néra, au centre de laquelle se dressaient d'autres abris de toile. Nous nous dirigeâmes vers ces derniers au sein d'une foule de personnes qui travaillaient comme en plein jour. J'apprendrais bientôt que les festivités de Frullo jer se poursuivent sans interruption la nuit comme le jour. Lorsqu'un Parset est las, il prend de l'uris et se remet à l'ouvrage. Nous fîmes de même alors que Chayin guidait Saer vers un aprei portant les armoiries des Nemarsis. Derrière lui se dressait une tente presque aussi imposante, ornée de l'étoile ambre sur champ de sable de Menetph.

Reconnaissant son Cahndor, un homme prit les rênes de Saer, et je lui tendis également celles de Guanden. Puis nous le suivîmes pour connaître l'emplacement donné à nos montures et je pus alors voir les plus beaux threx de Silistra. Ces rencontres ont, entre autres, pour but de permettre des croisements tant entre threx qu'entre Parsets, de favoriser la réunion des chefs de tribu et des Gardiens de l'Histoire, et d'effectuer les vérifications des poids et mesures. Il n'est pas rare de trouver également des marchands de grain venus de Yardum-Or, car ces festivités provoquent une sorte de trêve et même les étrangers peuvent alors circuler librement.

Des propriétaires égalisaient la robe de leurs bêtes avec des rasoirs, dessinaient des motifs sur leurs croupes, teintaient leurs triples sabots, les paraient de rubans et de perles. Nombreux étaient ceux qui s'étaient dévêtus à cause de la chaleur de la nuit et leurs peaux sombres luisaient sous la lueur des torches.

Puis nous arrivâmes sous les bannes des marchands qui vendaient toutes sortes de harnais. Je vis des brides enchâssées de gemmes, des rênes incrustées d'or et de grandes fontes aux couleurs vives. La main de Chayin posée sur ma taille guidait mes pas et sa voix trahissait sa fierté.

– La course de l'Epée d'Or est l'événement le plus important de tout Parset. Mon peuple y a consacré plusieurs mois. Il a fallu deux cents personnes pour préparer la piste et chasser les slitsas et les apths.

– C'est vraiment impressionnant, répondis-je en remarquant quelque chose dans la dernière échoppe. Oh! achète-la moi!

Je désignai une bride dépourvue de mors, avec une muserolle de métal recouverte de peau de parr, semblable à celles utilisées dans le nord.

– Tout ce que tu voudras, fit-il en réglant sans marchander le double de sa valeur au sellier.

– Merci. Guanden a une bouche en acier, mais nous verrons si ses naseaux sont aussi insensibles.

Il savait ce que je voulais dire : ce threx avait si peu de chair dans la bouche qu'il sentait à peine les mors.

– As-tu faim? s'enquit-il en me guidant vers des feux de camp luisant dans la pénombre.

– Tes dons de voyance sont exceptionnels, fis-je en riant.

– Ensuite, nous pourrons peut-être prendre un peu de repos? ajouta-t-il en faisant glisser ses mains de ma taille vers mes hanches.

– Ce serait préférable, car nous devrons nous lever avant midi, pour accoutumer nos montures à la piste, lui rappelai-je.

– La course n'aura lieu qu'après-demain et les threx sont las.

Devant leurs feux, les marchands avaient étalé des nattes sur le sol afin que leurs clients pussent s'y installer et manger.

Je m'assis et Chayin alla chercher notre repas. Des

jiasks qui partageaient la même natte que nous me regardaient avec curiosité, discutant à voix basse. Je n'avais pas de masque et me souvins de ce que cela signifiait pour les Parsets. Chayin rencontra un jiask vêtu de noir et ils se parlèrent. L'homme avait la même taille que lui, bien que plus corpulent.

Je me levai en les voyant venir vers moi et je fus emportée par un tourbillon. Je tombai à genoux. Puis je ne perçus plus mon corps, privée des sens de l'ouïe et de la vision. Je me trouvais en un lieu différent, un univers de mers phosphorescentes et de falaises fuschia, où se dressaient des herbivores aux yeux protubérants et à la gueule dégoulinante de végétation brunâtre. Puis je captai l'esprit de Hael et ceux d'autres personnes qui utilisaient l'helsar de façon erronée. Je crus que le cristal allait se briser car, au lieu de tenter de réordonner les filaments, les dhareners essayaient de les repousser. Je n'avais d'autre choix que d'aider l'helsar, son sort et le mien étant trop étroitement liés.

Une fois à l'intérieur du cristal, j'inversai le sens de rotation des filaments, mais une partie de moi-même resta prisonnière derrière la porte d'or et je sus qu'elle y demeurerait jusqu'au moment où je pourrais rentrer en possession de mon bien. Je retirai mon esprit. L'helsar n'était pas mécontent de ce qui s'était produit, et ce que j'avais obtenu en retour m'accompagna pour découvrir un monde qui pour lui n'était qu'un rêve.

Puis je sus que Chayin me secouait par les épaules et je sentis la natte sous mes genoux. Je retrouvai l'usage de mes yeux pour découvrir son visage inquiet. Mon esprit trouva le sien avant qu'il me fût possible de parler, et il huma mes effluves psychiques comme une mère threx inquiète pour son petit.

– Hael et ses amis sont parvenus à y pénétrer, dis-je, lorsque j'en fus capable.

– Qu'y as-tu laissé?

– Seulement un peu de temps.
– Pour Hael? Je l'aurais laissé languir!
– Pour moi-même. C'est chez moi qu'il sème le désordre et hurle sa douleur.
Je m'accroupis sur mes talons et repoussai ses mains. Le jiask noir demeurait légèrement en retrait, derrière le Cahndor, me fixant. Je ramenai mes cheveux en arrière et essuyai la sueur qui couvrait ma lèvre supérieure.
– C'est terminé, Chayin. Mangeons.
Il gronda comme un dorkat mais parvint à sourire, avant de me tendre un bol de hart frit.
– N'as-tu pas l'intention de procéder aux présentations, Chayin? fit le jiask qui tirait sur sa barbe.
– Jaheil, Cahndor de Dordassa, Estri de Nemar.
– Cahndor, le saluai-je.
– Vous êtes bien trop féminine pour être la tiask redoutable que m'a dépeint Chayin, fit-il en se penchant pour prendre la main que je lui tendais, selon les usages d'Astria.
Je souris à son compliment, restant silencieuse.
– J'essayais de convaincre Jaheil de nous accompagner au Mont Opir avec un yra de jiasks, fit Chayin d'une voix grave. De tous les Cahndors, Jaheil est le seul auquel j'oserais tourner le dos.
– Cette expédition me tente, il y a bien longtemps que mon épée n'a pas quitté son fourreau.
– A Nemar, elle prendrait l'air plus souvent. As-tu entendu parler du mauvais tour qu'a voulu nous jouer Aknet?
– Effectivement, fit le jiask aux yeux sombres, hochant la tête.
– Estri, parle à Jaheil de ce que tu as vu dans le ciel, ce jour-là.
– Un vaisseau m'ksakkien qui venait de Nemar et qui s'est ensuite dirigé vers le nord-est.

– Penses-tu comme moi? demanda Jaheil à Chayin.

– Que les M'ksakkiens aident les Menetphers? Ça ne fait aucun doute. Et ils nous dresseront les uns contre les autres, jusqu'au moment où il n'y aura plus personne pour s'opposer à leurs desseins!

– Quelles sont tes intentions?

– Refuser toute concession. Unir les Cahndors contre les M'ksakkiens. Si tu te charges d'Itophe et de Coseve, je convaincrai Aknet que les Menetphers n'ont rien à gagner en traitant avec les étrangers.

– Et comment espères-tu y parvenir? Depuis que je vous connais, vous n'avez pu tomber d'accord que lorsqu'il s'agissait de vous battre. Les choses auraient-elles changé à ce point entre Menetph et Nemar?

– Je ferai ce que j'ai dit! Je sais être convaincant, fit Chayin en arborant le sourire d'un dorkat face à sa proie.

– Etes-vous également un dieu vivant? demandai-je au jiask, notant qu'autour de nous tous suivaient notre conversation.

– Certainement, nous sommes tous des dieux, pas vrai, Chayin? répondit l'homme en débouchant son outre.

– Et les dieux savent qui remportera l'Epée d'Or? demandai-je encore, avant de boire une gorgée de kifra.

– Sans doute connaissez-vous déjà le résultat de la course?

– L'omniscience n'est plus ce qu'elle était, fis-je.

Autour de nous, les jiasks reprenaient leurs discussions, jugeant notre conversation inintéressante.

– Nous accompagnerez-vous au Mont Opir, Jaheil? demandai-je doucement.

– Belle dame, je doute d'avoir un yra de jiasks auxquels j'oserais tourner le dos! Mais si je les trouve, je vous rejoindrai peut-être. Dur est le sort d'un Cahndor!

– Dur est le sort d'un homme qui partage sa couche avec Aniacaer?

– Tous les amours s'affadissent avec le temps, Chayin. La flamme diminue. Est-ce pareil, entre toi et Liuma?

– Oui. En ce cas, qui t'accompagne? Le Cahndor de Dordassa ne dort certainement pas seul, à Frullo jer?

– Je préfèrerais ne pas être vu avec elles. Je n'ai pas la chance d'avoir une tiask telle qu'Estri. Au fait, ce qui m'a attiré ici est cette femme sans masque, car j'avoue ne pas t'avoir reconnu au sein de cette obscurité.

– Ne dit-on pas à Dordassa que tous les Nemarsis se ressemblent? plaisanta Chayin.

– Si c'était vrai, comment pourrais-je me trouver en compagnie d'un Cahndor si laid et d'une tiask si belle? fit-il en se penchant vers moi.

Percevant mon malaise, Chayin se leva et je l'imitai.

– Tu viens de me rappeler quels sont mes devoirs, Jaheil.

Chayin prit congé et nous gagnâmes un groupe d'apreis portant les armoiries de Nemar. Chayin souleva le rabat de l'un d'eux et le tint pendant que je pénétrais à l'intérieur. Des nattes avaient été déroulées et deux lampes à huile éclairaient la tente dans laquelle se trouvaient déjà nos fontes.

Je défis mon manteau et le laissai tomber avec un soupir de soulagement. Je me dévêtis entièrement avant de voir la silhouette allongée dans l'ombre. Chayin me tournait le dos, cherchant quelque chose dans les sacoches. Je me baissai calmement et pris ma cuissarde, puis refermai mes doigts sur la lune-rasoir.

– Chayin, fis-je doucement, nous avons de la visite.

Le Cahndor fut aussitôt à mon côté, et son épée luisait sous la clarté des lampes. Un rire éclata et, en l'entendant, je laissai choir la lune-rasoir qui se planta dans l'épaisse pile de nattes. Chayin sourit et replaça l'épée dans son fourreau.

– Je t'ai adressé un message, fit Hael en s'avançant.

– Je l'ai reçu, et si j'en avais tenu compte, nous t'attendrions toujours à Nemar.

Hael écarta les bras avec raideur. Je me baissai pour récupérer la lune-rasoir, avec des doigts gourds qui refusaient de m'obéir. C'était la faiblesse de Hael qui m'affectait à ce point.

– Quelle excuse de Gardien de l'Histoire vas-tu trouver pour justifier ta présence à Frullo jer? gronda Chayin.

Le dharener restait debout avec peine et je me demandai si ce qu'il avait obtenu de l'helsar valait le prix payé en échange et s'il serait aussi élevé lorsque viendrait mon tour.

– J'ai communié avec Tar-Kesa, et je me suis entretenu avec mes frères d'aniet, répondit finalement le dharener. Je n'ai fait qu'obéir aux volontés du temps. Je voulais t'éviter une entrevue qui s'annonce déplaisante avec les M'ksakkiens.

Sa voix n'avait pas l'assurance de ses paroles.

– Et l'Epée d'Or, lui accordes-tu si peu de prix? dit Chayin. J'ai pu constater sur Estri les résultats de ce que tu as fait à aniet. Je l'ai vue, elle qui doit défendre nos couleurs, agenouillée et impuissante face à tes machinations. Veux-tu nous faire perdre notre seule chance de remporter la course?

– Même cela est insignifiant, comparé à ce que nous pouvons obtenir! s'exclama le dharener, avant de me défier du regard. Nemar est en danger à cause de cette femme. Tar-Kesa l'a maudite. Tu cherches ta perte,

Chayin, et nous serons tous entraînés dans ta chute! Le chemin qu'elle suit est sanglant, et il s'agit du sang des Nemarsis! Quiconque lui apporte son aide sera détruit par sa volonté. Je l'ai vu!

Hael m'adressa un regard haineux, avant de fixer Chayin.

– J'ai moi aussi parlé à Tar-Kesa, rétorqua Chayin, croisant les bras sur sa poitrine. Ce qu'il a révélé aux dhareners, il l'a également révélé à son fils choisi. Sois rassuré, frère, car ces messages ne m'ont pas été dissimulés. Il m'a appris qui sont les M'ksakkiens. Et également qui est cette femme! Sa volonté sera respectée!

Il tendit la main vers Hael.

– Donne-moi ce jouet de l'esprit, reprit-il d'une voix doucereuse, pour ajouter devant l'hésitation de son frère : Tu ne t'opposeras certainement pas à Sa volonté, telle qu'Il l'a révélée à Son fils?

Hael lui remit la bourse contenant l'helsar.

– Maintenant, va t'occuper de la Nemarque et de tes devoirs de dharener. Mais je t'avertis, ne t'avise pas de te mêler de mes affaires.

Chayin se détourna de son frère pour s'agenouiller devant ses fontes, l'helsar à la main. Hael le fixa puis pivota sur lui-même et quitta l'aprei. Mais je ne pourrai jamais oublier la promesse que me firent ses yeux en ce dernier instant.

J'allai renouer le rabat de l'aprei et, lorsque j'eus terminé, je vis Chayin se dévêtir. Il éteignit une des lampes à huile et s'assit sur les coussins, dans la pénombre.

Je me rendis auprès de lui et posai ma tête sur ses cuisses. Il me caressa les cheveux.

– Ce qu'il a dit à mon sujet est exact, lui confessai-je finalement. J'appartiens à la même race que Tar-Kesa et l'avenir de ce monde est l'enjeu d'un combat qui nous oppose.

Alors que j'admettais cela, ma voix avait des accents désespérés, même à mes propres oreilles.

– Je ne crois pas à cette malédiction. J'ai été engendré par le chaos et enfanté par la peur. Celui qui est maudit reconnaît ses pareils, et tu n'es pas semblable à moi, fit-il en jetant l'helsar sur mes cuisses, comme s'il s'agissait d'un objet sans la moindre valeur. Comment pourrais-je te redouter, alors qu'à ton côté je souffre moins de ma malédiction. Devrai-je avoir peur de ce qui me soulage?

– Je ne fais pas cela consciemment, il s'agit d'un don héréditaire. Tu trouves l'apaisement dans le calme du nœud qui m'entoure. Mais c'est mon moi primordial qui commande au temps, ainsi qu'il l'a fait tout au long de ma vie. J'essaie de contrôler cela, de l'utiliser de façon consciente, avant que cette puissance ne se retourne contre moi. Mais je ne puis trier, modifier et ordonner à la fois. Je ne sais pas si je réussirai, Chayin, pas plus que je ne puis voir ce qu'il y a au delà de mon choix, ou ce qui adviendra en cas d'échec.

– Et cet objet pourrait t'aider?

– Peut-être, et si ce n'est pas le cas, la fin sera plus rapide. J'estime cette tentative prématurée, mais Hael ne m'a pas laissé le choix. J'aurai besoin de ton aide. Tu devras protéger mon corps pendant que je ne l'occuperai pas. Trois jours, au moins.

– Cela ne peut-il pas attendre que nous soyons sur le Mont Opir?

– Si, à condition que tu puisses empêcher Hael de récupérer l'helsar. Mais ce dernier est destiné à l'enseignement d'une autre race, et tu ne dois pas y toucher. Tout comme moi, tant que je ne pourrai pas lui accorder toute mon attention, ajoutai-je alors que je percevais l'appel de l'objet.

– Je le dissimulerai jusqu'à notre départ pour le Mont Opir.

Je lui rendis l'helsar et Chayin gagna le mât central

puis s'affaira à sa base. Lorsqu'il revint auprès de moi, ses mains étaient vides. Et nous commençâmes ce qui aurait pu durer au moins un enth, mais qui fut presque aussitôt interrompu. Une voix criait le nom de Chayin à l'extérieur de l'aprei.

Le Cahndor grommela et rajusta sa culotte de cuir, avant d'ouvrir le rabat et de laisser entrer Jaheil, Cahndor de Dordassa.

Je restai allongée sur les coussins, croyant que Jaheil avait suffisamment de savoir-vivre pour nous laisser poursuivre nos ébats, mais dès ses premières paroles je compris que je devrais y renoncer.

– Le vaisseau des M'ksakkiens vient de se poser, annonça-t-il. (Il s'assit à mon côté et ajouta :) Je constate que je suis importun, mais il faut me pardonner, tiask.

– Je trouve effectivement le moment assez mal choisi, mais je vous pardonne pour cette fois, fis-je en me relevant pour chercher mes vêtements.

– As-tu vu Itophe et Coseve? demanda Chayin qui sortait son ceinturon et la culotte que je cherchais de sous une natte.

Il me lança le vêtement que Jaheil attrapa au vol et me tendit avec un geste théâtral.

– Oui, mais je parie que tu as été trop occupé pour aller voir le Menetpher.

Chayin sourit et laça son manteau autour de son cou.

– Ton omniscience est véritablement divine, Jaheil. Je n'ai pas encore rencontré Aknet, mais j'y vais de ce pas. Fais traîner les choses, jusqu'à mon retour.

Chayin se leva et je pris le manteau des Formeurs.

– Nous n'entamerons pas les négociations sans vous, fit remarquer Jaheil.

– Il faudra bien se passer de l'un de nous, rétorqua

Chayin en soulevant le rabat de toile à mon intention.

Nous suivîmes l'allée pour atteindre un cercle d'apreis portant les armoiries de Menetph. Chayin s'arrêta devant l'un d'eux et appela Aknet.

Le rabat fut bientôt délacé et un homme corpulent se dressa devant nous. Aknet aniet Beshost avait son manteau et ses armes, et il était aussi noir qu'un harth du nord, entre deux âges, puissant et gras.

– Que veut le fils d'Inekte? gronda-t-il.

– Discuter avec toi de certaines choses, fit Chayin. Des choses dont on ne peut parler entre des apreis.

– Mais devant un témoin?

– Effectivement, rétorqua Chayin d'une voix glaciale.

Le Menetpher nous fit signe d'entrer. L'aprei était obscur, rouge sombre, pourpre soutenu et bleu nuit.

Etendu sur les coussins, un homme releva la tête.

– J'ai également un témoin, dit Aknet pendant que l'homme se levait et s'habillait.

Je perçus la tension entre les Cahndors et, bien que je fus au courant de leur rivalité, je ne pus comprendre.

– Tu es vraiment bien courageux de venir me voir, en raison de ce qui s'est passé. Mais je t'aurais cherché après avoir eu la joie de recevoir une fois de plus l'Epée d'Or.

– J'aurais également attendu, si le vaisseau m'ksakkien n'était déjà arrivé, répliqua Chayin. Refuse leur aide, Aknet.

– Tu sais que je me suis déjà engagé. Mais même si ce n'était pas le cas, j'accepterais leur offre des terres de Nemar. Il y a longtemps que je souhaite échapper à la chaleur estivale.

Je compris brusquement.

– Et moi à la froideur hivernale. Je te défie! déclara Chayin d'une voix joyeuse.

– Menetph contre Nemar, le vainqueur possédant les deux chalds. Nous avons des témoins.

Aknet rit et dégaina. Lors de sa première attaque, je crus vois Celendra. Il se battait sauvagement, tentant de faire reculer Chayin, mais le Nemarsi resta sur place et sa parade fit jaillir des étincelles de leurs lames. Chayin me tournait le dos. Il feinta et Aknet, emporté par son élan, laissa son flanc à découvert. Cependant, Chayin ne put l'atteindre. Peut-être étaient-ils d'une force trop égale. Les épées fendaient l'air, rendues indistinctes par la vitesse. Aknet repoussa Chayin contre le mât central, mais le Nemarsi ne se découvrait pas. La lame du Menetpher trancha quelques cheveux de Chayin, qui en profita pour le toucher. Doublement surpris par l'échec de son attaque et la riposte rapide de Chayin, le Cahndor trébucha. J'entrevis son visage, déformé par sa soif de sang. Et il ne souriait plus car il savait, et cette connaissance le tua lorsque la lame de Chayin se leva et le transperça, avant même qu'il pût parer le coup. Alors qu'Aknet était encore à genoux, Chayin le décapita et sa tête roula sur le sol pour venir s'immobiliser contre mon genou. Ses yeux me fixaient et je rendis sur la tête d'Aknet aniet Beshost, ex-Cahndor de Menetph.

Une vingtaine de jiasks se tenaient sous l'aprei. Je ne les avais pas entendus entrer.

Chayin se pencha sur le cadavre et trancha son chald d'un coup d'épée. Puis il en entoura son poignet et se tourna vers les jiasks, paralysés par l'horreur de la scène macabre.

– Saluez votre nouveau Cahndor, jiasks de Menetph ! Et allez diffuser la nouvelle. L'enjeu du combat était Menetph, et j'entends prendre possession de ce qui m'appartient désormais.

– C'est exact, déclara le témoin, et je fis de même.

– Ecartez-vous, ordonna Chayin.

Les hommes obéirent et Chayin me tendit la main autour de laquelle il avait enroulé le chald d'Aknet. Je m'avançai entre les rangs des Menetphers, m'attendant à recevoir une lame entre les omoplates, mais ils ne nous attaquèrent pas.

– Il y a longtemps que je rêvais de posséder ce chald, me murmura-t-il lorsque nous eûmes laissé l'aprei derrière nous.

Il nous guidait vers les feux des vendeurs de nourriture, et je m'empressai de protester.

– Ça ne t'a tout de même pas mis en appétit !

– Il faut arroser l'événement !

Je ne l'avais jamais vu aussi heureux. En chemin, je vis le vaisseau m'ksakkien, un appareil démesuré qui miroitait sous les premiers rayons du soleil levant.

Chayin acheta du kifra dont le goût chassa celui de mes nausées. Lorsque j'eus assez bu, Chayin vida l'outre d'un trait puis la jeta sur le sol.

– Allons saluer les M'ksakkiens, proposa-t-il.

Il me tirait par la main et courait presque. Chayin paraissait rajeuni par cette victoire, alors que nous traversions la foule réunie autour des échoppes des selliers.

– Les M'ksakkiens exhibent leur puissance, fis-je remarquer. J'ai vu des vaisseaux semblables à Port Astria. Tu aperçois cette sorte de grand filet ? Il s'agit d'une voile solaire qu'ils déploient dans l'espace pour être propulsés par les vents interstellaires. Habituellement, ils laissent ces appareils en orbite.

– Nous pourrions nous en emparer et sillonner les mers de l'espace.

– Je préfère avoir le sol sous mes pieds, Cahndor, fis-je en frissonnant.

– C'était une simple suggestion.

Nous étions arrivés en bordure de la piste, sur laquelle attendaient trois groupes d'hommes.

– Mets ton masque de tiask, et place ton médaillon bien en vue, m'ordonna Chayin en me tendant une petite gourde d'uris.

J'en bus une gorgée puis je sortis l'urithéria d'or et le fis reposer sur ma cuirasse de peau, avant de placer le masque sur mon visage.

– De quoi ai-je l'air, ainsi parée? lui demandai-je.

– D'une tiask, bien que tu sois un peu frêle.

Nous approchions du premier groupe d'hommes qui formèrent une ligne pour nous barrer le passage. Les M'ksakkiens, vêtus d'uniformes bruns et noirs, étaient chétifs et pâles. Les sentinelles n'avaient pas un aspect redoutable, mais les armes oblongues dont elles étaient dotées compensaient largement leur faiblesse physique.

– Qui va là? demanda en mauvais parset un homme pas plus grand que moi dont la main reposait sur son arme.

Chayin écarta son manteau et tendit le bras, pour que tous pussent voir les signes de sa divinité. Le M'ksakkien fit reculer ses hommes et nous nous dirigeâmes vers les groupes réunis à l'ombre du vaisseau. Une silhouette s'en détacha et vint vers nous en courant, suivie de deux personnages moins pressés.

– Espèce de slitsa! gronda Jaheil, en assenant une tape dans le dos de Chayin. Le Cahndor de Nemar a vraiment su se montrer convaincant! Que feras-tu de Menetph? Coseve et Itophe sont un peu nerveux, ce qui se comprend en raison de leur position précaire entre les deux nations. Je les ai rassurés, mais tu dois leur faire part personnellement de tes intentions.

Et il était évident que Jaheil avait lui aussi besoin d'être rassuré car, en raison de sa position frontalière au sud de Nemar, Dordassa serait le premier pays touché si Chayin poursuivait son expansion territoriale.

– Aurais-tu peur de moi, Jaheil? Je croyais pourtant

que nous nous connaissions bien. J'installerai plus tard un régent à Menetph. Pour l'instant, nous devons nous débarrasser de ces intrus, fit-il en désignant le vaisseau étranger.

Lorsque le Cahndor vêtu de vert de Coseve et son compagnon portant le gris d'Itophe furent auprès de nous, Chayin répéta ce qu'il venait de dire à Jaheil. Omas de Coseve et Locaer d'Itophe ne parurent guère convaincus par ses déclarations.

– Parle en notre nom, Chayin, fit le Cahndor d'Itophe. Car nous nous en remettons à toi pour cette affaire.

– Non, Locaer. Je ne peux que vous exhorter à rejeter l'offre de ces étrangers. Menetph, Dordassa et Nemar ne pactiseront pas avec les M'ksakkiens, pour des raisons que Jaheil a dû vous exposer. Mais vous êtes libres de votre choix.

– Et si nous acceptons les armes des M'ksakkiens en échange de quelques concessions, que feras-tu? demanda Omas de Coseve.

– Avec de telles armes, vous n'aurez à redouter aucune attaque.

– Les dhareners sont en effervescence. Ils risquent de s'opposer à ta prise de pouvoir à Menetph. Ils estiment que ta puissance sera trop grande et ils n'aiment guère la semence d'Empire que tu répands, ajouta Locaer.

– Qu'ils essayent donc de m'en empêcher! grommela Chayin.

A cet instant, portées par le vent, des lamentations nous parvinrent du camp des Menetphers.

Les Cahndors se regardèrent sans mot dire. Chayin rompit le silence en s'adressant à moi et nous nous avançâmes vers les cinq dhareners, suivis par les trois Cahndors. Nous passâmes devant Hael et ses compagnons pour nous arrêter devant trois M'ksakkiens portant la combinaison noir et or des officiers de

Liaison. Je pouvais sentir le regard de Hael rivé sur mon dos.

Les M'ksakkiens étaient aussi lugubres que l'avaient été les Cahndors et les Gardiens de l'Histoire. Ils avaient appris la nouvelle.

Nous fûmes rejoints par Jaheil, Omas et Locaer. Comme le voulait la coutume, les Liaisons attendaient que Chayin parlât le premier et, dans ce silence, je crus que mes tympans allaient éclater.

– Vous vous tenez devant moi, dit finalement Chayin.

– Et nous en sommes honorés, répondit le plus grand des trois M'ksakkiens, dont l'épiderme basané avait la même nuance que ses cheveux.

Non seulement il parlait le parset à la perfection, mais il était parvenu à refuser de faire acte de soumission sans offenser le Cahndor. Je sentis Chayin se raidir. Il posa sa main sur sa hanche et cracha vers la botte noire luisante du M'ksakkien, qui feignit de ne pas le noter.

– Je suis M'kai, Quatrième de Liaison de Yardum-Or, fit-il. Voici l'officier de Liaison des Liaisons, qui a franchi la mer stellaire pour vous rencontrer. Har-Sai M'erris, Chayin rendi Inekte, Cahndor de Nemar.

– Et Cahndor de Menetph, précisa Chayin sans prendre la main que lui tendait M'erris.

– Puis-je présenter la Nemarque? s'enquit le Quatrième de Liaison, visiblement pour détendre l'atmosphère.

– Vous le pourriez, si elle était présente. Voici Estri, tiaskchan de Nemar et provisoirement régente de Menetph.

Le Quatrième de Liaison perçut l'insulte et pâlit.

– Cahndor, tiask, voici Fer-En M'ras, qui assurera la liaison entre mon peuple et le vôtre.

L'homme hocha la tête à l'intention de Chayin, ne voulant pas courir le risque de tendre la main. Son nez évoquait un bec de harth, et ses yeux n'étaient que deux fentes.

– Je doute que sa présence soit jamais nécessaire, fit Chayin.

– Peut-être serait-il préférable d'en parler en privé avec vous et votre régente? suggéra le Quatrième de Liaison.

– Peut-être, reconnut Chayin.

M'kai présenta rapidement les deux étrangers aux autres Cahndors, puis il nous invita à le suivre à bord du vaisseau m'ksakkien. Nous entrâmes dans une petite pièce cubique, et le Quatrième passa la main sur une lumière rouge. La porte d'acier se referma silencieusement puis je perçus une sensation de vide au creux de l'estomac comme la cabine bondissait vers le haut. La porte glissa à nouveau et nous pénétrâmes dans une salle circulaire sur le pourtour de laquelle Frullo jer apparaissait sur une multitude d'écrans.

Chayin n'y prêta pas la moindre attention, bien qu'il fût sans doute moins accoutumé que moi à la technologie m'ksakkienne. Il s'assit sur le sol, ignorant les sièges aquatiens, et fit signe au Quatrième de Liaison de prendre place en face de lui. L'homme obéit, avec malaise. Des amis ne s'assoient jamais face à face, à Parset. Je restai debout à côté de Chayin.

– Désirez-vous un rafraîchissement, Cahndor? s'enquit M'kai.

– Non. Qu'aviez-vous à me dire?

– Nous disposons de peu de temps avant que les autres n'arrivent. Je vous supplie de réfléchir à nos propositions. Votre peuple en tirerait de grands avantages.

– Seriez-vous né dans une éprouvette? demanda Chayin.

– Non, d'une femme. Je sais que la plupart des bénéfices sont par le passé revenus aux Fédérés, mais nous voulons changer cet état de chose et vous permettre de disposer de tout ce qui facilitera votre vie : des vaisseaux pour traverser les cieux, des merveilles des mondes lointains, et le pouvoir de les visiter.

Tout ce qu'il offrait à Chayin avait été spécifiquement interdit par l'accord passé entre les Gardiens de l'Histoire et les M'ksakkiens lors du premier contact. Aucune arme ne devait être vendue sur Silistra et aucun véhicule ne pouvait y circuler, hormis pour les besoins des M'ksakkiens.

– A quoi cela nous servirait-il? demanda Chayin. Combien de temps votre mère a-t-elle vécu?

Le M'ksakkien soupira.

– Elle est âgée de sept cent quarante ans m'ksakkiens et se porte à merveille. Ma grand-mère est morte de causes naturelles à l'âge de quatre-vingt-dix-sept ans, avant que Silistra n'entre dans la Fédération. Nous savons ce que nous vous devons. Mais il existe de nombreux mondes qui n'ont pas encore reçu les sérums, des planètes sur lesquelles les hommes meurent après n'avoir vécu que quelques années. Vous devez offrir la vie à ceux qui ne l'ont pas encore reçue.

– Pour des êtres si altruistes, vous avez agi de bien étrange façon. Niez-vous avoir aidé Menetph contre Nemar?

– Non. Mais je n'étais pas au courant et j'aurais désapprouvé cela si je l'avais su. Le Liaison des Liaisons a agi avec précipitation. Il ne connaît que...

Les portes d'acier s'écartèrent pour laisser entrer les deux M'ksakkiens et les trois autres Cahndors, qui regardèrent autour d'eux sans dissimuler leur stupéfaction. Jaheil, les yeux rivés sur les écrans, recula et trébucha contre une sculpture torth qui tomba et se brisa. Le Quatrième les fit asseoir sur les sièges, avant de venir supplier Chayin de se joindre à eux.

Le Cahndor accepta et je le suivis pour m'asseoir sur l'accoudoir d'un des sièges incurvés. Chayin tendit le bras et me prit sur ses genoux. Le Liaison des Liaisons parla longuement et avec éloquence des responsabilités de la société galactique et vanta la récompense qu'offriraient les M'ksakkiens pour bénéficier de trois cargaisons supplémentaires de sérum par année silistrienne. Il laissa entendre que si nous les laissions cultiver et préparer les sérums sur Silistra (en leur apprenant comment procéder), notre récompense serait encore plus grande. Il parla de commerce galactique, de profits planétaires, de l'impatience de la Fédération de considérer Silistra comme un membre privilégié. Je le regardais s'enfoncer dans le puits de ses préjugés. Plus le chef M'ksakkien parlait, plus le Quatrième de Liaison semblait désespéré.

Le M'ksakkien s'assit. Omas, le plus intéressé des Cahndors, paraissait ébranlé. Le Quatrième nous demanda de poser nos questions et je ne pus résister.

– Que pourriez-vous m'offrir, M'erris? J'ai des armes et du temps devant moi. A ma centième année, je possédais déjà des richesses suffisantes pour assurer mon avenir. Je n'ai pas besoin de vos babioles et je ne veux aucune machine autour de moi. Pouvez-vous m'offrir la paix de l'âme? Pouvez-vous me libérer des limites que m'impose mon corps, de l'impasse dans laquelle se trouve mon esprit? Vous vous perdez dans vos profits et pertes, mais le désert n'a nul besoin de millions de grains de sable supplémentaires.

– Nous pourrions faire de ce désert un jardin luxuriant, redonner la vie à la mer Morte, et faire courir des fleuves là où ne subsistent que des lits asséchés, fit M'erris.

Omar et Locaer se parlaient à voix basse. Jaheil regarda Chayin qui me fit signe de me lever. Lorsque j'eus obéi, il quitta son siège et alla se placer devant le mur d'écrans donnant sur le nord-ouest. Il regarda le Mont Opir et le miroitement de la Mer Opirienne, et je compris qu'il était tenté par l'idée de faire de Nemar une contrée verte et fertile. Etait-ce ce qu'ils avaient offert à Aknet? Pouvoir naviguer à nouveau sur la mer de Parset, ainsi que l'avaient fait nos ancêtres bien des siècles plus tôt. Placé face à la possibilité de réaliser ce rêve qu'il avait cru irréalisable, Chayin prenait son temps et je pouvais sentir le voile le recouvrir alors qu'il effectuait un tri dans l'avenir. Brusquement, il se tourna et me lança le chald de Menetph.

– Une telle chose marquerait la fin des sérums silistriens, dit-il,car seuls le sable et ce climat permettent aux plantes de pousser, aux insectes de voler, et aux animaux qui complètent le cycle de se reproduire. Pensez au dorkat, à l'apth, au friysou, au wirragaet. (Il se tourna vers M'erris.) Peu nous importe de perdre les sérums, car pour tous ceux qui en ont reçu, la modification métabolique devient héréditaire. Mais pourquoi les M'ksakkiens détruiraient-ils ce qu'ils veulent obtenir? J'avoue que cela me dépasse.

Le Quatrième de Liaison se rendit auprès du terminal d'un ordinateur. Il se commanda une boisson et un panneau glissa de côté. Je pris conscience de ma propre soif et allai le rejoindre. Les commandes étaient semblables à celles du bar de la demeure de mon ex-compagnon de couche, M'Iennin, et je commandai deux jeris. Le M'ksakkien en fut visiblement surpris, mais il s'abstint de tout commentaire. Je pris les verres et revins aux côtés de Chayin, auquel j'en tendis un.

– Ces changements prendront du temps, Cahndor, expliquait M'erris. Suffisamment de temps pour que la flore et la faune, de même que votre peuple, puissent s'adapter à cette vie nouvelle et moins contraignante.

– Vous osez parler de temps? Le temps est bien plus que des chiffres sur le cadran de votre montre-bracelet, étranger! Et ce que vous nous proposez possède la puanteur du chaos et dépasse ma compréhension. Ma réponse est non! (Il s'assit à nouveau et but une gorgée de jeris.) Je ne vous fais pas confiance. Je vous crois capables de réaliser une chose pareille, mais je ne pense pas que ce serait souhaitable.

– Ne prenez pas de décision hâtive, supplia le Quatrième. Peut-être pourrions-nous prévoir une autre rencontre, un peu plus tard?

– Dans un siècle, alors, fit Chayin sans sourire. Si d'ici là je change d'avis, nous vous fournirons rétroactivement trois cargaisons par cycle, à compter de cette date.

– Vous pourriez en produire une telle quantité? s'enquit M'erris dont l'appât du gain tempérait la déception.

– Dordassa pourrait, à elle seule, assurer ces livraisons, affirma Jaheil.

Chayin se pencha vers moi pour me murmurer à l'oreille :

– Saurais-tu te servir de l'ascenseur?

Je répondis affirmativement et le Cahndor se leva.

– Réfléchissez à ceci, mes frères, fit-il. Si de tels appareils nous étaient utiles, nous n'aurions qu'à descendre dans aniet et en fabriquer nous-mêmes! Et on y trouve également les armes de lâches qu'ils nous proposent. Prenez celles des hommes de l'espace, et je pourrais être tenté de descendre dans les entrailles de la terre.

M'erris tourna brusquement la tête vers nous et nous suivit du regard jusqu'à la porte de l'ascenseur. Ses yeux s'écarquillèrent comme je commandais l'ouverture de la porte.

– Et je vous rappelle le but de notre réunion à Frullo jer! conclut Chayin d'une voix tremblante de colère. Je m'intéresse à l'Epée d'Or. J'ai mes threx à préparer et une course à remporter. Je veux que ce vaisseau ait dégagé la piste avant un enth. N'oubliez pas, étrangers, que tout homme dont la présence n'est pas souhaitée à Nemar se retrouve notre crell!

Il recula dans la cabine et je le suivis. La porte se referma derrière moi et je pressai la touche du sas inférieur. L'ascenseur m'obéit et nous nous retrouvâmes sur la rampe d'accès, dans l'ombre de laquelle s'étaient regroupés les dhareners.

Chayin ignora leur présence et traversa la piste à grands pas. Le vent nous fouettait et je regrettai de ne pas posséder de membranes pour protéger mes yeux du sable et de la poussière.

Nous arrivions à la hauteur des gardes M'ksakkiens lorsque j'entendis des pas derrière nous. Hael et un autre dharener vinrent nous rejoindre.

– Que s'est-il passé, Chayin? demanda Hael.

– Je leur ai dit de me contacter plus tard, fit-il, sans ralentir le pas.

– Il faut t'entretenir avec nous, au sujet de Menetph.

– Je vais m'entretenir avec mes nattes. J'ai besoin de dormir. Installe une douzaine de gardes autour de mon aprei, afin que nul ne me dérange. La régente provisoire de Menetph s'y reposera avec moi. Lorsque je voudrai vous parler, je vous le ferai savoir.

– La consternation règne parmi nous, déclara le dharener Menetph. Ne pouvez-vous retarder un peu votre somme?

Ses yeux étaient rouges, et non de poussière. Aknet avait été aimé par son peuple. Chayin soupira et se frotta le cou.

– Je m'incline face à vos besoins, dit-il. Laissez-moi jusqu'à midi, puis venez en apportant un repas pour quatre. Votre régente et moi-même nous entretiendrons avec vous. Maintenant, filez!

– Mais...

Chayin s'immobilisa brusquement pour fixer de façon menaçante le dharener.

– Obéis-moi, Menetpher, et sans discuter! Je ne suis

pas Aknet. Si tu aimes la vie, disparais de mon champ de vision!

Hael prit le Menetpher par l'épaule et l'entraîna sans un mot. Chayin les suivit des yeux jusqu'au moment où ils eurent disparu entre les apreis. Puis il cracha sur le sol et regarda le ciel.

– Si le vent ne tombe pas, la course sera compromise, marmonna-t-il.

– Il tombera. Il reste une journée entière avant le premier premier, lui affirmai-je alors qu'il m'attirait dans l'abri de ses bras et que nous nous dirigions vers les apreis des Nemarsis.

5

L'ÉPÉE D'OR

Le vent soufflait toujours avec autant de violence lorsque Hael et Dyis, le dharener de Menetph, vinrent nous éveiller. Ils étaient accompagnés par une foule de crells maladroits qui apportaient un repas qui eût convenu à un nombre trois fois plus important de convives. Fouettée par les rafales, la toile de l'aprei claquait, évoquant un grondement de tonnerre lointain, et les gémissements constants de la tourmente m'assourdissaient.

– Même le vent pleure Aknet, fit Dyis, exprimant mes propres pensées.

Il s'assit à ma droite et ôta son manteau. Le dernier crell sortit et Hael alla lacer le rabat, dissimulant à mes yeux la pénombre jaunâtre qui régnait en ce milieu de journée.

– Les M'ksakkiens sont-ils partis? s'enquit Chayin.

Il était nu et demeurait allongé contre moi, collé à mon dos et à mes fesses. Hael alluma une seconde lampe et vint prendre place à côté de Dyis.

– Ainsi que tu l'as ordonné, leur vaisseau a décollé dans l'enth qui a suivi. On érige déjà les obstacles sur la piste. Si le vent s'apaise, les threx pourront reconnaître le parcours au clair de lune.

Les dhareners nous servirent et nous mangeâmes dans un silence tendu.

– Vous êtes sans doute venus m'annoncer que la régence de Menetph ne peut revenir à une femme, fit Chayin en levant la main pour couper court à tout commentaire. Inutile de perdre du temps, j'ai déjà précisé que la nomination d'Estri n'était que « temporaire ».

– Menetph ne m'intéresse pas, déclarai-je.

– Je suis heureux de te l'entendre dire, déclara Hael, car nous n'aurions pu autoriser une telle régence.

– Tu pourrais avoir à regretter tes paroles irréfléchies, mon frère, rétorqua Chayin. Car j'ai l'intention de nommer Liuma régente de Menetph, pour le fils qu'elle porte en elle. Et, en raison des circonstances, il conviendrait que son dharener favori l'accompagne. Je désire faire venir un Gardien de l'Histoire Menetpher à Nemar, afin de hâter l'unification des deux pays.

Hael resta bouche bée et le dharener de Menetph se plongea dans un examen méticuleux de ses ongles. Ils s'étaient apprêtés à soutenir d'âpres discussions, pas à entendre une telle proposition de la part de Chayin.

– Qu'en dis-tu? Peut-être n'es-tu pas gêné par le fait qu'une femme gouverne Menetph, mais uniquement par l'identité de cette dernière?

Un sourire amusé tiraillait les commissures de ses lèvres. Il venait d'offrir Menetph à son frère.

– Je... je suis confus, reconnut Hael avec une sincérité dont je ne l'aurais pas cru capable. Nous n'en demandions pas tant. J'accepte, pour Liuma et pour moi-même. Si Dyis donne son accord, naturellement.

Il regarda le Menetpher qui écarta les doigts et les porta devant son visage.

– Il faut encore demander l'approbation des autres

dhareners. Nous ne nous attendions pas à une telle proposition, mais je serai heureux de servir la cause de la paix.

– En ce cas, disparais de ma vue et fais le nécessaire. Si les dhareners refusent, je trouverai peut-être de nouveaux interlocuteurs plus compréhensifs, lorsque j'aurai réuni toutes les terres de Parset sous l'emblème de Nemar.

– Tu ne nous laisses pas le choix, mon frère.

– Telle était bien mon intention. Va, et persuade tous ceux que tu dois convaincre. Je ne veux plus entendre parler de ceci avant la fin de la course. Hael, dis à Liuma de venir me voir, et envoie des crells chercher les reliefs de notre repas.

Sans un mot, les dhareners sortirent et j'éprouvai un malaise. Tout m'avait paru bien trop facile.

– Crois-tu être débarrassé d'eux? demandai-je à Chayin. Est-ce que le conflit annoncé est à présent écarté?

– Il est encore trop tôt pour pouvoir se prononcer, car la probabilité de ce que je tente de réaliser est assez faible, ce qui n'est pas le cas de celle que j'essaye d'éviter. Menetph leur suffira-t-il? Je ne puis le dire, mais voilà qui occupera Hael pendant un certain temps. Nous serons fixés lorsque nous nous rendrons tous deux au Mont Opir; si son avidité est plus grande, il dévoilera son jeu.

Chayin laça le rabat et revint s'asseoir auprès de moi.

– Je crains qu'il n'y ait du Tar-Kesa là-dessous. Et s'il est possible d'acheter Hael, il n'en va pas de même pour son maître.

– Il me semble parfois que tu souffres toi aussi de la maladie des devins, Estri. N'es-tu pas capable d'imposer ta volonté au temps?

– Lorsqu'on modifie l'avenir de façon trop importante, la distorsion peut nous empêcher de participer aux événements que nous avons nous-mêmes provoqués. Je m'abstiendrai de l'influencer tant que je n'aurais pas reçu l'enseignement de l'helsar. Si je matérialisais à présent un nouveau futur, je me livrerais à ceux dont la puissance est plus grande que la mienne. Tu devras encore être mes yeux et mes oreilles pour un certain temps, et je te revaudrai cela par la suite.

– Lorsque tout cela sera terminé, et que tu ne seras plus aveugle, il faudra que tu m'apprennes à imposer ma volonté à l'avenir, dit-il en jouant avec la chaîne qui entourait mon cou. Tu pourras ainsi compenser les ennuis que tu ne manqueras pas de m'attirer. Dépouillée de ton rang et de tes privilèges, tu es sans défense devant moi.

– Sans défense, et sans espoir d'être sauvée.

Il m'attira sur la pile de nattes où je tentai de lui exprimer ma gratitude. Je commençais à utiliser mon savoir de Tenante de Puits sur le corps prostré de Chayin, lorsque des éclats de voix nous parvinrent de l'extérieur de l'aprei.

– Ignorons-les, m'ordonna Chayin.

– C'est certainement ta compagne de couche.

– Elle attendra.

Son ton n'admettait aucune objection et son désir n'avait pas besoin des caresses de ma langue pour porter ses fruits, pas plus que mon corps n'hésitait à jouir des plaisirs offerts par cet instant.

– Je te promets qu'avant de quitter Frullo jer, nous ferons l'amour comme il se doit, fit-il.

Il enfila sa culotte de cuir et alla ouvrir l'aprei. Je me contentai de m'allonger sur le ventre pour assister à l'entrevue.

Le corps de Liuma était drapé de toile arachnéenne émeraude, bordée de perles d'or qui tintaient les unes contre les autres à chacun de ses mouvements. De son visage, je ne voyais que des yeux noirs peints avec des pierres soleil, mais son ventre laissé à nu était ceint de chaînettes d'or et une pépite luisait dans son nombril. Elle se jeta dans les bras du Cahndor, devant les crells et les gardes qui entouraient l'aprei. Je me levai pour aller lacer le rabat.

La Nemarque enfouit son visage contre la poitrine de Chayin et se mit à pleurer à chaudes larmes. Le voile émeraude glissa de ses cheveux noirs, que l'homme caressa distraitement. Le regard de Chayin croisa le mien et il leva les yeux au ciel, mais je ne trouvais pas cela amusant. Je demeurai assise dans le recoin le plus obscur de l'aprei, pendant que Liuma se reprenait et relevait vers lui un visage parfait. Elle était très belle, avec ses traits délicats et ses grands yeux sombres légèrement obliques.

Elle s'effondra aux pieds de Chayin.

– Je t'en supplie, ne me renvoie pas, fit-elle d'une voix sourde. Qu'importent tes sentiments envers moi, mais tu ne peux tuer notre enfant.

Chayin s'était agenouillé et avait passé son bras autour des épaules de la Nemarque, pour l'aider à se relever. A présent, le visage de la femme était ruisselant de larmes.

– C'est ton fils, même si tu en doutes! Si tu n'étais pas si malade... (Elle sourit et passa sur les lèvres de Chayin un doigt tremblant.)... tu le saurais. Cet enfant est de toi et je t'appartiens. Ne nous chasse pas.

Elle s'effondra à nouveau à ses pieds.

– Je croyais t'offrir ce que tu désirais, Liuma, dit-il, caressant sa chevelure. Peu m'importe de qui est cet enfant. Il me suffit de savoir que Nemar a un héritier officiel, de même que Menetph. Ce n'est pas un bannissement, mais une occasion de pouvoir vivre à ta guise.

Il la prit par les épaules et la tint à longueur de bras. Je me détournai, écœurée par cette scène.

– Depuis longtemps, il n'existe plus que du respect

entre nous, Liuma. Et je m'avoue surpris par ta réaction, fit-il d'une voix forte qui ne parvenait pas à dissimuler son émotion. Je ne puis modifier les dispositions que j'ai prises. Pas après avoir donné ma parole. Hael ne t'a certainement pas envoyée auprès de moi pour que tu refuses mon offre!

– Non, car il ignore ce qui l'attend, mais je connais tes intentions! cria-t-elle en se dégageant de son étreinte. Je vous ai vus : toi et la femme du nord! Je refuse la mort que tu m'as réservée!

Elle se releva et ses yeux étaient luisants de fureur.

– L'urithéria et le hulion dans la plaine, devant des tours d'arc-en-ciel. Et le ciel qui s'ouvrait, et toi, et Hael! J'ai même vu quelle vengeance Tar-Kesa nous réserve parce que tu l'as défié! Par tout ce que tu as de sacré, Chayin, garde ta compagne et ton enfant auprès de toi. C'est notre unique espoir!

Chayin se releva lentement et abaissa le regard vers elle, secouant la tête.

– Tu as donc vu, Liuma. Je ne t'aurais pas cru de tels pouvoirs. Mais tu n'as assisté qu'au commencement, sans quoi tu ne me demanderais pas ce qui est impossible. Il faut que tu ailles à Menetph et je dois me rendre où m'appelle le destin. L'enfant ne mourra pas.

– Et Hael? Et moi? Et toi? Oh! pardonne-moi!

– Je sais seulement que l'enfant survivra, c'est la seule chose que je puis t'affirmer. Dans la formation de cet avenir, ton rôle est aussi grand que le mien. Il n'y a ni pardon ni blâme, ni amnistie ni sécurité. Va, maintenant!

Et je lus de l'incrédulité sur le visage de Liuma, alors qu'il la raccompagnait vers l'entrée de l'aprei, puis vers les crells et les gardes qui attendaient toujours sous la morsure abrasive du vent. Ce dernier fit claquer les rabats avec un son semblable à celui d'un huija, et le sable envahit l'intérieur de la tente. Je n'y prêtai pas attention et continuai d'observer les silhouettes de Chayin et de Liuma, rendues indistinctes par cette brume, ainsi que les crells qui avaient attendu cet instant pour venir chercher les reliefs de notre repas. Une femme trébucha et tomba sur les coussins, renversant sur moi des miettes et des os, ainsi que du kifra. Je lâchai un juron et me levai d'un bond, pour lui donner des coups de pied alors qu'elle était à genoux au milieu des détritus.

Je recouvrai finalement mon calme. La crell n'avait pas bougé et enfouissait sa tête dans les coussins, fesses dressées vers moi. La honte m'empourpra et je lui ordonnai de nettoyer ce gâchis et de disparaître, puis je me détournai et allai attendre à la porte de l'aprei. Chayin se trouvait toujours auprès de la Nemarque. Les crells passèrent près de moi, yeux baissés, murmurant des excuses. Chayin revint finalement, escorté par deux gardes, et lorsqu'il arriva à l'entrée de l'aprei, la crell maladroite sortait à son tour. Elle s'agenouilla devant Chayin qui lui fit signe de se relever, avec impatience.

– Lève-toi et disparais, crell, ordonna-t-il en lui tenant le rabat de toile.

Lorsqu'elle se releva pour s'éloigner rapidement, je reconnus Khemi.

Chayin dut lutter contre le vent pour refermer l'aprei. Son teint était aussi clair que celui d'un M'ksakkien, ainsi couvert de poussière. Il se laissa choir sur une natte et observa les parois de toile agitées par le vent. Liuma était parvenue à ses fins et le voile pesait à nouveau sur son esprit. J'allai vers lui, mais il ne me vit pas. Je soulevai sa tête et glissai mes jambes sous elle. Puis je m'aventurai dans sa douleur, espérant pouvoir la soulager, et j'y vis la probabilité dont Liuma avait parlé. L'urithéria flamboyait et se contorsionnait de colère face à un énorme animal nocturne dont un hulion n'eût été qu'un modèle réduit. Cette seconde créature ripostait par des jets de glace, et leurs rugissements déchiraient les cieux. Chayin était présent, paralysé par l'horreur de ce qu'il allait accomplir, et je dus le ramener avec moi, contre le courant, alors que l'espace-temps se déversait par la déchirure que les bêtes avaient ouverte dans le ciel au cours de leur combat mortel. La plaine et les tours s'effondraient autour de nous pendant que nous prenions la fuite.

Il se releva légèrement et posa sa main sur mon cou. Je me baissai pour l'embrasser et son visage luisait de sueur.

– Comment savoir quel est le bon chemin, parmi un si grand nombre? me demanda-t-il doucement. Qui doit vivre, et qui doit mourir? Il existe trop de voies et aucun critère sur lequel fonder son choix.

Il posa sa tête sur mon ventre.

– Je ne sais pas, mais je cherche cette réponse. Il n'existe aucun avenir dans lequel nul n'est sacrifié. Lourds sont les fardeaux qui accompagnent la puissance.

– Et cependant, il faut effectuer un choix, sous peine de devenir le jouet de ceux qui osent le faire, dans le cadre d'un avenir façonné par d'autres.

– Et qui risque d'être pire que le nôtre, je ne le sais que trop. Nous suivons une voie sur laquelle il est impossible de faire demi-tour, car elle se matérialise devant nous et se dissout derrière. Mon père m'a autrefois dit qu'il n'existe pas de valeurs autres que celles que l'on choisit.

– Je croyais que Liuma serait heureuse de ma décision, fit-il en se relevant pour observer mon visage. L'ai-je involontairement condamnée à mourir?

– As-tu eu une telle vision?

– J'ai assisté à ma mort, ou à celle de Hael, mais pas à la sienne. Ai-je refusé de voir ce que je ne pouvais accepter?

– Chayin, elle te manipule. Liuma a assisté à la même scène que toi, et en a déduit les sentiments de culpabilité qu'elle pouvait te donner. Même lorsqu'une femme n'aime plus un homme, elle ne veut pas qu'il aille à une rivale, et elle s'est servie de ta maladie pour faire pression sur toi, avec l'habileté d'une devineresse accomplie. Si je n'ai qu'une certitude, c'est bien celle-là. Elle veut Menetph mais elle désire également te garder sous son joug, avec Hael.

– Comment pourrait-elle porter mon fils?

– C'est à elle que tu aurais dû poser cette question.

– Je l'ai fait. Elle affirme que cet enfant est le fruit de ma semence et que même Tar-Kesa le confirme, mais je l'ai à peine touchée au cours de l'année écoulée.

– Dieu ou homme, c'est toujours une question de sperme et d'ovules. Croyais-tu qu'elle te répondrait que son enfant est le fils du dharener, renonçant ainsi à ce que lui rapportera le fait d'être la mère de l'héritier de Menetph et de Nemar? Dans ma contrée, nous avons des méthodes pour déterminer ce genre de choses. Envoie-la dans le nord, et tu seras fixé.

– Elle refuserait de s'y rendre.

– Naturellement. Elle ne veut pas perdre sa prise sur toi, ou mettre sa vie en danger en pensant trop à la mort. Liuma n'est pas affligée de la maladie des devins.

Il m'attira contre son corps.

– Apth jalouse! m'accusa-t-il.

– Sans doute, mais tu oublies qu'il n'y a aucune solution pour ce qui existe entre nous, fis-je en me dégageant et en lui tournant le dos.

– Lorsque je t'ai dit cela, le voile me recouvrait.

Je me sentis désolée qu'il m'eût dit de telles paroles et je voulus me tourner pour lui faire face, mais ses bras me retenaient.

– Reste tranquille, ou change de couche.

Je lui obéis et le sommeil nous sépara.

Il m'éveilla un peu plus tard pour faire l'amour, sans dire un mot et avec violence. Je le reçus en moi alors qu'il me maintenait allongée sur le ventre, et que son autre main se glissait entre mes jambes, dans cette position parset qu'il ne m'avait plus imposée depuis le jer du désert. Je mordis mes lèvres pour ne pas hurler et, lorsque je retrouvai mes rêves, ils étaient si pénibles que je ne pus les supporter. Je demeurai longtemps allongée à observer les parois de l'aprei, réfléchissant à la signification de ces songes et de ce que j'avais lu dans l'esprit de Chayin.

A notre éveil, le vent était tombé, mais je n'en pris conscience que lorsque Chayin secoua mon épaule car, en devenant plus puissant, l'helsar m'avait attirée dans un univers sis à la frontière de l'éveil et du sommeil par ses murmures mélodiques. Je m'assis en tremblant de froid et il prit ma confusion pour du mécontentement, s'excusant de ce qui s'était passé. Je m'appuyai contre lui, sans répondre.

Chayin alla ouvrir l'aprei. Les silhouettes de deux gardes se découpèrent contre le ciel étoilé. Sous le clair de lune, la poussière recouvrait les apreis et les allées comme une pellicule de neige dorée. Nous avions dormi tout le jour.

Les deux jiasks approchèrent rapidement et le Cahndor fit entrer l'un d'eux. L'homme s'immobilisa sur le seuil et son regard se porta de tous côtés, évitant soigneusement ma nudité. Je m'étirai et démêlai mes cheveux.

– Parle, qu'attends-tu? ordonna Chayin.

– Cahndor, fit l'homme après avoir soupiré, Wiraal est arrivé de Nemar Nord et sollicite une audience.

– Il y a combien de temps?

– A la tombée de la nuit, lorsque le vent tombait. D'autre part, le dharener a laissé un message pour vous informer qu'il s'est occupé des threx et qu'il est inutile de vous déranger. Jaheil de Dordassa est passé à trois reprises et vous demande d'aller le rejoindre dans son aprei au moment qui vous conviendra. (Il se racla la gorge, avant d'ajouter :) Le dharener et le grand chaldier de Menetph sont venus deux fois. Et... heu... votre compagne de couche a également laissé ses salutations.

– Est-ce tout?

– Non, Cahndor, fit-il en hésitant. Les neuf tiaskchans voulaient vous présenter leurs doléances, qu'il n'est pas dans mes attributions de vous répéter. Les maîtres palefreniers ont fait savoir qu'au lever du soleil tous les concurrents devraient être pesés et avoir reçu leur poids. De plus, celui de Menetph réclame une entrevue avant le départ.

– Y a-t-il encore autre chose?

– Non, Cahndor.

– Envoie un homme nous chercher de la nourriture et du rana, fit Chayin au garde qui hocha la tête et pivota sur lui-même. Je n'ai pas terminé. (Le jiask acheva sa rotation.) Je recevrai Wiraal dès que tu pourras me l'amener. Que le chaldier et le dharener de Menetph me retrouvent sous la tente des maîtres palefreniers un enth avant le lever du soleil, et que Hael soit également présent. Le maître palefrenier Menetpher veut sans doute savoir qui courra à la place d'Aknet et dis-lui que je lui en laisse le choix. Si Menetph peut battre Nemar, qu'il en soit ainsi. Ce n'est pas une course d'hommes, mais d'animaux. Et voici mon dernier message, pour les tiaskchans. Dis-leur que leurs griefs ont été notés et que je suis le seul qualifié pour en juger le bien-fondé.

– Mais... vous ignorez quelles sont...

– Leurs plaintes? Aurais-tu oublié que ton Cahndor est un dieu? La conduite de la tiaskchan Estri ne les concerne pas.

– Vous voulez que je leur répète ça? fit l'homme, épouvanté.

– Charge un de tes hommes de transmettre ma réponse, celui que tu aimes le moins. Maintenant, prends garde, la faim me rend irritable.

Le jiask sortit de l'aprei et bientôt nous entendîmes des cris et des bruits de pas, tandis qu'il chargeait ses hommes d'exécuter les ordres.

– Et en ce qui concerne Jaheil? demandai-je à Chayin qui s'habillait.

– Nous allons accepter son invitation.

Il se pencha pour observer les étoiles, puis me tendit la gourde d'uris. Son goût fit frissonner mon corps et je me demandai comment j'avais pu m'en passer. Ainsi ragaillardie, j'utilisai mes dons pour démêler mes cheveux.

Chayin leva un sourcil et je lui souris.

– J'ai oublié de me munir d'une brosse, expliquai-je.

– Je t'en offrirai une, de crainte que tu ne prennes ma place de dieu vivant, avec tes tours.

– C'est bien cela, une simple question de polarité.

– Garde ta magie pour Sereth l'Ebvrasea. Mes rêves étaient emplis de mauvais présages, fit-il en me prenant entre ses bras.

– Je n'ai pas peur, tant que tu es là pour me protéger.

– Ne t'ai-je point expliqué que je suis lié à sa volonté en cette affaire, et que je ne pourrai t'assister face à sa colère. Je peux te protéger de Hael, de Liuma, de toutes les tiaskchans de Nemar, mais il me serait impossible de lever la main contre Sereth.

– Je comprends, mentis-je.

Un grand bruit précéda l'entrée de Wiraal et de notre repas, puis le jiaskcahn nous fit son rapport alors que nous mangions. Il n'avait rien omis. Il s'était même fait accompagner par Aje, ainsi que je le lui avais demandé. Ils remplacèrent les trois jiasks manquants sur les vingt et un guerriers de l'yra du Cahndor qui nous accompagneraient au Mont Opir, puis nous cherchâmes le moyen d'apaiser la déconvenue des tiasks qui ne participeraient pas à cette expédition.

– Tu n'y parviendras pas, commenta Wiraal.

– Souhaitons le contraire. Je ne puis emmener de tiasks chez les hommes du nord, de crainte qu'ils ne s'entretuent.

– Va le leur expliquer, proposa Wiraal en se frottant le menton.

– C'est à toi de le faire, je n'en ai ni le temps ni l'envie.

– Elles trouvent à redire à notre conduite, dis-je, elles ont envoyé des émissaires nous transmettre leurs plaintes.

Wiraal me fixa avec des yeux de glace.

– Nul ne s'estime satisfait, en ce qui vous concerne, tiask.

Je me levai et pris la bride sans mors que Chayin m'avait offerte, avant de m'éloigner dans la nuit.

– Attends! me cria Chayin qui vint me rejoindre.

– Je vais l'essayer à Guanden, fis-je, écartant sa main qui voulait prendre mon bras. J'irai te voir lorsque tu en auras terminé avec le dharener, le chaldier, les maîtres palefreniers et tes subordonnés si mal élevés.

– Je vais charger deux hommes de t'accompagner.

Il fit claquer ses doigts pour appeler deux jiasks de faction devant l'aprei.

Ils sellèrent ma monture et m'accompagnèrent tandis que je faisais effectuer à Guanden le tour du circuit, pour qu'il découvre les obstacles qui y avaient été érigés. La bride sans mors se révéla efficace, il suffisait d'une seule pression sur ses naseaux pour le contraindre à obéir. Je l'échauffai plus longtemps que nécessaire, effectuant même un galop d'essai d'un néra, puis je vérifiai mon harnachement jusqu'au lever du soleil.

Lorsque je conduisis Guanden vers la tente des maîtres palefreniers, les deux jiasks me suivirent, l'air apathique, les lèvres serrées. Ils devaient avoir eu d'autres projets.

La musique rythmique des joueurs de dhrouma et de kapura se mêlait à des chants, et le jer grouillait de vie. Des centaines de personnes étaient arrivées au cours de la nuit et la fête commençait avec l'aube du premier premier d'Amarsa.

Je traversai lentement la foule des badauds, dont beaucoup étaient ivres et titubaient. Arrivée à la tente des maîtres palefreniers, je mis pied à terre et pris Guanden par les rênes. A l'intérieur se trouvaient les plateaux sur lesquels nous fûmes tous deux pesés. Puis un homme vint chercher l'animal pour le soumettre à des tests destinés à établir qu'il n'avait pas été dopé.

Sur quinze positions je tirai la troisième à partir de la corde, entre une tiask de Dordassa et un Menetpher. Puis on nous appela pour nous remettre les selles de course dotées de poches destinées à recevoir les poids. La mienne avait été lourdement lestée, car j'étais la concurrente la plus légère. Je vis Chayin adossé à l'autre cloison de toile de cette tente, avec Jaheil à son côté.

Lorsque Guanden me fut rendu, je lui mis la selle qui était presque aussi lourde que moi, avec ces baguettes de stra dans ses poches, puis j'allai demander au grand maître palefrenier l'autorisation d'utiliser la bride sans mors. Je confiai ensuite Guanden aux palefreniers et allai rejoindre Chayin et Jaheil, toujours suivie par les deux jiasks.

– Quel numéro as-tu tiré? s'enquit Chayin comme je me glissais entre mes gardes pour le rejoindre.

– Renvoie ces hommes, lui demandai-je, et Chayin obéit. J'ai le trois, dans la seconde course.

– Et moi le sept dans la première, m'apprit le Cahndor. Et Jaheil, avec la chance insolente des Dordassas, a la première position dans la première. Tu ne devrais pas avoir de problèmes lors des éliminatoires, tous tes adversaires véritables vont participer à la première course.

– Tu oublies Menetph, qui a trois concurrents dans la deuxième, lui rappelai-je. Et j'ai presque mon poids de stra à porter.

– Je t'avais dit de bien manger, pour prendre des forces, plaisanta Chayin en souriant.

Le son du gong résonna.

– Première course, gloussa Jaheil. Embrassez-moi, pour me porter chance.

Je le fis, de même que Chayin, puis je traversai rapidement la foule pour me trouver une place près du poteau de ta-néra, afin de voir passer le vainqueur. Je me glissai entre deux hommes vêtus de cuir, à la cuirasse sans emblème et dont la taille était ceinte d'une écharpe écarlate. Et je sus qu'il s'agissait d'étrangers, hôtes de Nemar.

Mon estomac était noué et ma gorge sèche, mais je savais que ma nervosité disparaîtrait dès que je serais en selle.

Au signal donné par un second coup de gong, les threx sortirent de la tente pour former en renâclant et en écumant une ligne irrégulière. Sur la gauche de la piste, ils attendaient le claquement de l'huija qui donnerait le départ de la course. Je me trouvais si près de la monture alezane de Jaheil que je pouvais voir la sueur couler le long de ses flancs. Plus bas se trouvait Chayin, et Saer agitait ses oreilles et gardait la tête basse, comme s'il était dans sa stalle de Nemar Nord.

Durant un bref instant, toutes les bêtes furent à la

même hauteur et le maître palefrenier en profita pour donner le signal. Les threx obéirent si rapidement que le claquement de l'huija fut noyé par le grondement des sabots.

Le temps que la poussière se fût dissipée quelque peu, ils avaient dépassé la haie de tylas et approchaient du fossé près du poteau de sa-néra. Je sautillais pour regarder par-dessus les têtes et un des étrangers vêtus de cuir me souleva hardiment et m'assit sur ses larges épaules. Je hurlais et martelais son casque de mes poings, lorsque je vis la silhouette pommelée de Saer sauter le fossé, suivie de près par l'alezan de Jaheil. La monture blanche d'un Menetpher calcula mal son saut et s'effondra pour être heurtée par un threx louvet doré aux couleurs de Coseve.

Puis ils atteignirent le milieu du parcours et un animal noir commença à remonter le peloton.

Le threx noir rejoignait les premiers et une acclamation assourdissante s'éleva autour de moi. L'animal blanc qui était tombé au fossé ne s'était pas relevé et des bêtes de trait furent menées sur la piste pour dégager l'obstacle, avant le second passage des concurrents. Le threx louvet doré qui l'avait heurté gagnait en boitant le terre-plein central, avec son cavalier à son côté, tous deux éliminés.

Le threx noir aux couleurs de Nemar s'était rapproché des premiers qui atteignaient les chicanes de pierre disposées en diagonale, suivi par deux gris de Coseve. Et lorsqu'ils réapparurent, les gris les suivaient de près. Avec beaucoup de maîtrise, les cavaliers de Coseve avaient conservé l'allure optimale pour franchir les chicanes et en sortirent avec un surcroît de vitesse qui amena les naseaux de leurs montures à la hauteur des queues de celles qui étaient en tête.

Je vis Chayin faire effectuer un écart à Saer pour éviter les gris. Puis ils se regroupèrent au poteau de sa-néra et galopèrent vers nous. Saer se trouvait à la corde, suivi par un gris à l'extérieur et l'alezan de Jaheil. Le threx noir, en qui je pouvais à présent reconnaître Quiris, remonta à la hauteur de Saer, faisant à nouveau obstruction aux bêtes de Coseve. Et pendant que Chayin et Hael ralentissaient leurs montures pour retenir les threx gris, Jaheil, qui était resté en retrait à l'extérieur, lança son alezan sur la piste dégagée. Il passa devant moi, franchit la haie de tylas et entama le deuxième tour, pendant que les gris étaient toujours coincés entre Quiris et Saer et le peloton qui remontait.

Puis, au même instant, Hael et Chayin s'élancèrent derrière Jaheil, suivis par les gris de Coseve. Moins d'une tête d'écart les séparait, lorsqu'ils franchirent côte à côte la haie de tylas.

Jaheil commençait à ralentir pour aborder les chicanes. Il aurait pu les passer au pas, tant son avance était importante.

Je vis Saer tenter de mordre un gris et la main de Chayin se lever de l'encolure de sa monture, et ils restèrent tous deux en arrière pendant que Quiris et le deuxième threx gris poursuivaient leur course, sautant le fossé à moins d'une largeur de threx d'écart. La forme indistincte de Jaheil passa devant moi et les hurlements redoublèrent.

L'homme sur les épaules duquel je me tenais me déposa sur le sol, et je vis Hael franchir la ligne d'arrivée à un quart de longueur derrière le gris de Coseve, suivi par Chayin et l'autre threx gris.

Je me frayais un chemin au sein de la foule, lorsque le gong sonna la deuxième course. Je hâtai le pas, bousculant de nombreux spectateurs, et pénétrai en courant sous la tente jaune alors qu'un grondement signalait la fin de la remise des couteaux d'or. Je n'aurais pas le temps d'aller féliciter les vainqueurs.

Je suivis hâtivement la rangée de threx. Guanden était humide et tremblant. Je contrôlai la tension de la sous-ventrière et de chaque sangle, puis j'examinai ses sabots, tout en sachant que ces vérifications avaient déjà été effectuées. J'ôtai ensuite mon manteau et le tendis au palefrenier, avant de mettre le masque de cuir des tiasks qui protégerait mon visage de la poussière et des cailloux.

Le gong tinta et je me mis en selle. J'oubliai tout, à l'exception de Guanden et de moi, et de ce que nous devrions faire. Je pris les rênes et me dressai sur les étriers, avant de m'installer sur la selle, genoux serrés contre les côtes de l'animal. La croupe couleur de rana du threx ayant reçu la seconde position se déplaça devant moi et je fis avancer Guanden vers la piste.

Lorsque ses sabots antérieurs la frôlèrent, il s'arrêta de lui-même, naseaux dressés vers le ciel. Il frissonna et dansa sur place entre le threx brun et la monture du Menetpher qui avait tiré la quatrième position.

Guanden refusait de rester sur place. Il se cabrait, lançait des cris aigus, ruait et mordait. Le threx Menetpher releva son défi et, durant un instant, les deux montures se dressèrent face à face, montrant les dents. Je serrai la bride, jusqu'au moment où la tête de Guanden fut collée à son poitrail, et je vis le Menetpher frapper son threx entre les oreilles. L'animal retomba sur ses pattes, tête entre les genoux. Le Menetpher me sourit comme je continuais de lutter contre Guanden. J'aurais dû le frapper moi aussi, si j'avais eu une main libre. Je parvins finalement à le faire tenir un instant face à la piste et l'huija du maître palefrenier claqua.

Le premier bond de Guanden faillit m'arracher les bras. J'abandonnai deux tours de rênes et le laissai courir, n'ayant d'autre choix. Je me baissai et collai ma tête sur son encolure, ne pouvant voir devant moi que le threx alezan du Menetpher. Son cavalier le menait vers la haie de tylas à une rapidité inquiétante. Je tentai de reprendre le contrôle de Guanden, afin de pouvoir l'aider lors du saut, mais il se passa de moi. Il prit un tel élan pour franchir la haie que nous touchâmes le sol une longueur plus loin, presque à la hauteur de la queue du threx menetpher. Je vis la main de son cavalier se lever et s'abattre sur ses flancs, et l'animal s'éloigna à nouveau de nous. Je risquai un regard derrière moi pour ne voir que la tiask de Dordassa et trois autres concurrents. Nous franchissions déjà le fossé, et je faisais de mon mieux pour retenir Guanden. Et plus je le retenais, plus il hurlait pour que je lui laisse la bride sur le cou, ce qui lui eût permis de rattraper l'animal qui osait le précéder. Mais je tins bon et ce ne fut qu'après avoir effectué les bonds latéraux des chicanes que je le libérai. Le threx connaissait le danger et n'avait pas une seule fois rompu son allure dans les chicanes. Je lâchai un peu la bride et fermai les yeux, joue collée à son cou chaud et glissant. Je les ouvris juste à temps pour voir passer le poteau de ta-néra. Le threx doré était de plus en plus proche. Nous gagnâmes une foulée à la haie de tylas, et une autre au fossé. La course se déroulait entre deux threx et je ne pouvais plus voir nos poursuivants au sein de la poussière que nous soulevions. Nous arrivions à nouveau aux chicanes et j'abandonnai toute la bride à Guanden, portant mon poids à droite, à gauche, puis à droite, et lorsque nous atteignîmes la ligne droite j'abattis le plat de ma main sur sa croupe.

Le Menetpher tenta vainement de presser son threx, en vain l'exhorta-t-il à garder la tête. Guanden lança à nouveau un cri aigu qui fut noyé par le rugissement de la foule. Leurs naseaux restèrent à la même hauteur pendant trois bonds, puis la main du Menetpher se leva et son fouet de cuir s'abattit sur le poitrail de Guanden, qui hurla et bondit en avant. Lorsque nous franchîmes la ligne d'arrivée, nous avions une longueur d'avance sur le Menetpher.

Il me fallut presque un quart de néra pour lui faire

tourner bride, et je décidai de ne pas réclamer la disqualification du Menetpher dont l'acte nous avait fait gagner. Nous vînmes nous placer au côté du Menetpher et de son threx pour recevoir notre récompense, devant la tente jaune des maîtres palefreniers, et je percevais la colère de Guanden. Le brun de Dordassa s'était placé troisième, un threx aux pattes noires d'Itophe quatrième, et un alezan de Menetph cinquième.

Je fis avancer Guanden à la place d'honneur, devant le grand maître palefrenier, suivi par le Menetpher arrivé second. Guanden n'était pas las au point de ne pouvoir hennir son mépris pour son rival, ni pour s'abstenir de tenter de mordre le bras du maître palefrenier qui me tendait le couteau d'or. J'écoutai ses félicitations sans estimer les mériter, car je n'avais été que le jouet des temps. Je n'éprouvai ni joie ni triomphe, jusqu'au moment où je vis Chayin venir vers moi au sein de la foule, le visage rayonnant, suivi par Jaheil.

Le palefrenier assigné à Guanden tapotait l'animal et, chose extraordinaire, ce dernier tendait le cou et fermait les yeux, afin de permettre à l'homme de le gratter. Je mis pied à terre et le palefrenier me rendit mon manteau des Formeurs enveloppé de toile arachnéenne brune. Puis il me toucha le bras et me désigna le poitrail de Guanden où du sang gouttait d'une blessure récente. Je me baissai pour l'examiner et nos regards se croisèrent.

– Il serait préférable de ne pas en parler au Cahndor, fit-il.

– Je n'en avais pas l'intention, murmurai-je en retour.

– Bien, ajouta-t-il, m'adressant un regard de connivence. Soyez tranquille, je ferai le nécessaire dès que l'instant sera mieux choisi.

Il se redressa et emmena Guanden. Je mis le manteau et glissai le couteau d'or dans mon ceinturon.

Lorsque je relevai les yeux, Chayin se trouvait à une longueur de threx de moi, discutant avec Hael et le dharener de Menetph, pendant que Jaheil faisait des grimaces dans le dos des Gardiens de l'Histoire.

Je me dirigeai vers eux au sein de la foule et ne compris la signification des mimiques de Jaheil que lorsque je sentis une main s'abattre avec force dans mon dos. C'était Pijaes, accompagnée de Nineth. Elles ne portaient pas de masque.

J'acceptai leurs félicitations enthousiastes et quelque peu éthyliques, et les priai de m'excuser. Par-dessus l'épaule massive de Nineth, je vis Chayin et le dharener se taire brusquement, regardant avec appréhension dans ma direction.

– Vas-tu te rendre avec Chayin au Mont Opir? demanda Pijaes, en me retenant par le bras.

Je dus répondre affirmativement.

– Grâce à l'influence que tu as sur le Cahndor, sans doute parviendras-tu à le convaincre qu'un yra de tiasks ne serait pas de trop, pour ce voyage. Voilà qui te remonterait dans l'estime de tes sœurs, fit Nineth.

– Pourrais-tu trouver un yra de volontaires acceptant de partir le visage à découvert et de se plier aux us et coutumes du nord? Ce qui est naturel pour ces hommes est puni par le sang, à Nemar. Seules les tiasks possédant beaucoup de calme et de compréhension pourraient demeurer parmi les Tueurs renégats de l'Ebvrasea.

– Cela me semble plus facile que de maintenir la paix à Nemar, si un tel honneur nous est refusé, dit Nineth en reniflant.

– Je suis volontaire et je me porte garante de dix tiasks, affirma Pijaes.

– Quant à moi, je trouverai les dix autres, bien que je ne puisse partir moi-même, fit Nineth alors que derrière elles Chayin me faisait signe d'aller le rejoindre. Nombreuses seront les tiasks qui voudront suivre le vainqueur de Frullo jer.

– Je n'ai pas encore remporté la course, mais si Pijaes veut nous accompagner et prend la responsabilité de la conduite de ses tiasks, en m'assurant que le sang ne sera pas versé, hormis sur l'ordre du Cahndor, je ferai le nécessaire.

Satisfaites, elles me permirent d'aller rejoindre Chayin qui m'étreignit, me soulevant du sol.

– Que s'est-il passé? murmura-t-il d'une voix anxieuse.

– Un yra de tiasks nous accompagneront au Mont Opir, conduites par Pijaes. Je n'ai pu l'éviter.

Il se recula d'un pas. Son visage était dur, de même que sa voix.

– Tu as outrepassé ton autorité.

– Ce sont tes tiasks..., commençai-je.

Mais Jaheil se glissa entre nous et m'étreignit à son tour. Au moment où je craignais que ses congratulations ne me coûtent la vie, il me lâcha et je palpai mes côtes, de peur que quelques-unes n'eussent été brisées. Hael et Dyis, qui avaient échangé leurs chalds, se tenaient à côté de Chayin.

– Pourquoi cette expression maussade? s'enquit Hael. Si l'habitude de l'adversité t'empêche de te réjouir de la victoire lorsqu'elle se présente, cette dernière finira par ne plus te sourire.

– Etes-vous à présent dharener de Menetph?

– Tes yeux ne te trompent pas, répondit-il en portant ses doigts au chald menetpher qui ceignait sa taille.

– Alors, gardez vos conseils pour les Menetphers, fis-je en me tournant pour demander à Dyis : Qu'annonce le temps, dharener?

Il leva sa main, paume tournée vers moi.

– Ne me mêlez pas à vos affaires, tiask.

– Je vous ai demandé ce que vous avez vu.

– J'ai étudié ce qu'a prédit l'Yris-tera, je ne puis être objectif.

– On peut parler à l'un ou à l'autre, c'est toujours la même chose. Ils sont interchangeables, grommela Chayin.

Le nouveau dharener des Nemarsis sourit et les éclairs verts et bleus tatoués sur ses joues se plissèrent.

– Pourquoi es-tu de si mauvaise humeur, Chayin? lui demandai-je.

Il me fixa avec froideur puis me prit le bras et me guida à l'écart. J'entendis le gong sonner l'appel de la troisième course.

– Je dois demeurer auprès de Liuma. Il y a tant de choses à faire, avant ce soir. Nous partirons pour le Mont Opir à l'aube. Les jiasks... et les tiasks... ajouta-t-il en secouant la tête, resteront ici une journée supplémentaire. Des émissaires de l'Ebvrasea sont à Frullo jer et nous partirons avec eux. Wiraal connaît la route. (Il s'appuya à un mât et massa sa nuque.) Assure-toi que les tiasks comprennent. Par ailleurs, il est préférable que tu gardes ton masque jusqu'au moment où tu te trouveras face à Sereth, et que tu te conduises d'ici là comme une tiaskchan, si ce n'est pas trop te demander.

– Et que suis-je censée faire, pendant que tu tiendras compagnie à Liuma?

– Ce que tu voudras.

– Je souhaite respecter tes désirs, fis-je comme s'élevait un grand rugissement et que je me demandais qui avait remporté la troisième course.

– Pourquoi avoir fait venir ce crell à Frullo jer?

– Aje? J'avais l'intention de l'emmener dans le nord avec nous, et de l'affranchir.

– En ce cas, fais-le immédiatement. Une tiask qui partage la couche du Cahndor de Nemar et de Menetph ne devrait pas avoir besoin d'un crell de sexe masculin. J'ai pris des dispositions pour que tu passes la nuit dans l'aprei de Jaheil. Il te protègera.

– Et qui me protègera de lui?

Il haussa les épaules.

– Fais ce que je t'ordonne. Et n'adresse la parole à aucun inconnu.

– J'y serai pourtant contrainte, pour rendre à Aje sa liberté. Je ne veux pas qu'il parte sans threx, sans armes, ou sans vivres.

– Jaheil t'accompagnera, fit-il en allant rejoindre les autres.

– As-tu une tactique spéciale pour la course? lui demandai-je, me hâtant pour le rattraper.

– Aucune qui te concerne. (Il comprit que je savais ce qu'il avait fait avec Hael.) Je m'abstiendrais de parler de ce sujet, si j'étais toi.

Aussi est-ce accompagnée de Jaheil que j'allai acheter un jeune threx alezan pour Aje, ainsi qu'un assortiment d'armes bien trempées, des vêtements de voyage et suffisamment de vivres pour tenir jusqu'à Stra.

Puis, avec le threx chargé, nous gagnâmes l'enclos où étaient parqués les crells.

Pendant que le gardien le cherchait, ce qui lui prit beaucoup de temps, Jaheil se vanta de sa victoire, buvant à l'outre de kifra qu'il avait emportée. Il s'était lancé dans l'histoire détaillée de Fils de Tycet, lorsque le gardien revint avec Aje.

– Otez-lui ses chaînes! J'ai ordonné qu'il ne soit pas lié.

La confusion d'Aje se refléta sur le visage de l'homme qui libérait ses poignets.

– Tiask, vous pouvez faire de lui ce que bon vous semble à l'intérieur de votre aprei, mais ici tous les crells doivent être enchaînés, marmonna le gardien.

– Je n'ai pas l'intention de vous le ramener, annonçai-je avant de me tourner vers Aje et d'ajouter avec douceur : Approche, Lalen de Stra.

Il vint se placer à mon côté, baissant les yeux comme doit le faire un crell. Je caressai son épaule, là où l'huija avait laissé ses marques dans la chair.

– Regarde-moi, lui dis-je, ce qu'il fit sans comprendre. Tu es libre. Ce threx t'appartient, de même que tout ce qu'il porte, et ceci.

Je lui tendis une bourse. Il ne la prit pas et je la secouai pour faire tinter les pièces, puis la plaçai de force dans sa main.

– Il te faudra acheter de nouvelles bottes, ajoutai-je en souriant.

Lentement, son visage s'illumina, et il sourit à son tour, en hésitant. J'allai vers lui et l'étreignis, sachant qu'il n'eût pas osé le faire. Jaheil renifla et marmonna, et je notai l'expression scandalisée du gardien. Je me reculai d'un pas.

– Je n'ai pu récupérer ton chald.

– C'est sans importance, fit-il sans cesser de fixer le threx.

– Te plaît-il? demandai-je, sortant de mon ceinturon l'écharpe rouge que je venais d'acheter. Te plaît-il, Lalen de Stra?

– Je l'adore, dit-il comme il faisait courir ses mains sur les pattes de l'animal.

– Mets ceci, suggérai-je en lui tendant l'écharpe. Ici, elle équivaut à un chald. Mais je me demande pourquoi je m'inquiète du sort du fils de Satemit.

– Alors, vous saviez? s'exclama-t-il avec incrédulité.

– Je suis restée longtemps parmi les Tueurs et je connais les exploits du Troisième de Stra, ton père. Tes mains n'ont jamais joué d'autres instruments que ceux d'acier et de gol.

– Je ne voudrais pas qu'il apprenne la honte dont j'ai couvert notre nom, fit Lalen gaesh Satemit.

– Je sais. Que vas-tu faire?
– Je n'en ai pas la moindre idée.
– Ne vas-tu pas regagner Stra?
– C'est impossible, sans mon chald.
– Deux hommes portent l'écharpe rouge et tu devrais lier connaissance avec eux. Ils viennent du camp de l'Ebvrasea et je sais que pour y être admis il convient de ne pas porter de chald et d'avoir une habileté au combat que ne possède qu'un Tueur sur cent, lui dis-je pensivement alors qu'il s'habillait et s'armait.

Lorsqu'il se redressa, vêtu en Parset, il se tenait très droit et son regard soutint le mien sans ciller.

– Peut-être les rechercherais-je, répondit-il en montant sur le dos du threx qui piaffa. Tasa.
– Tasa, lui répondis-je.

Je me détournai de Jaheil, de peur qu'il ne vît les larmes qui emplissaient mes yeux.

Le Cahndor laissa le gardien, le visage grimaçant comme s'il venait de goûter un fruit aigre.

– Allons manger, avant qu'il ne soit trop tard, ordonna-t-il. Si vous étiez ma tiask, je vous battrais jusqu'à ce que vous soyez bleue de la tête aux pieds, pour une telle conduite. Et devant un gardien de crells, qui plus est. N'avez-vous aucun orgueil? Et même si c'est le cas, comment pouvez-vous faire fi des sentiments de Chayin?

Au lieu de lui répondre, je collai mon visage sur sa poitrine et pleurai jusqu'au moment où je n'eus plus de larmes. Jaheil demeurait immobile, me tapotant gauchement le dos comme le font les hommes face au désespoir d'une femme, marmonnant des paroles dénuées de sens sur la sécurité de Lalen de Stra, bien que ce fût Chayin qui était à l'origine de mes pleurs.

Lorsque je pus me dominer et que la douleur se fut atténuée, je me reculai, heureuse que le heaume de cuir dissimulât mon visage. Puis nous gagnâmes la zone réservée aux vendeurs de nourriture et Jaheil me fit manger et boire. Il m'interrogea sur la raison de mes pleurs, mais je n'avais aucune réponse à lui donner, pas plus qu'à Chayin. Je fermais mon esprit du mieux que je le pouvais, mais l'helsar tourbillonnait dans l'aprei de Chayin, pendant que Liuma utilisait sa ruse contre lui.

Lorsque j'en fus capable, je dis à Jaheil de se porter au secours de Chayin, de crainte que le voile ne s'abattît sur lui avec une telle force qu'il ne pût courir. Le Cahndor de Dordassa obéit, mais je savais qu'il ne me croyait pas.

Lorsqu'il fut parti, Nineth et Pijaes vinrent s'asseoir auprès de moi. Je leur répétai les paroles de Chayin et leur rappelai de veiller à leur conduite. Bien que le soleil fût à présent au zénith, Jaheil et Chayin n'étaient pas de retour. Je vis passer Lalen de Stra en compagnie des deux étrangers à l'écharpe rouge, alors que je discutais avec les tiasks de leurs goûts en matière de compagnons de couche. Je compris bientôt que Nineth souhaitait depuis longtemps passer une nuit entre les bras du Cahndor de Dordassa.

Je cherchai un moyen pour les mettre en présence et, comme je devais passer la nuit sous son aprei, je proposai à Nineth de venir m'y rendre visite. Elle fut de prime abord scandalisée, puis intriguée par ce qu'elle appela mes intrigues nordiques. Finalement, elle me sourit et baissa pudiquement les yeux, une attitude puérile chez une femme de sa taille et de sa force. Le gong sonna la dernière course éliminatoire et je pris congé pour aller chercher Guanden.

Je trouvai sous la tente jaune non seulement mon threx, mais également Chayin et Jaheil qui se dressaient au-dessus de Hael. Le dharener était agenouillé et tenait le sabot antérieur droit de sa monture.

– Non, je ne peux courir un tel risque, fit-il sur un ton décidé, en se levant.

J'examinai le sabot et y notai une fissure de la longueur d'un doigt. Le threx se mordait la patte et ne la posait pas sur le sol.

Chayin me regarda, les yeux lointains et graves.

– Viens me voir après la course, ordonna-t-il.

Je me demandais ce que j'avais encore pu faire pour lui déplaire, lorsque le maître palefrenier arriva avec une large coupe contenant des numéros. Je tirai le cinq, Chayin le trois et Jaheil le huit. Le maître palefrenier annonça nos positions à haute voix et ses hommes amenèrent nos bêtes. Tycet, le threx menetpher, se trouvait à la corde.

Je fus heureuse de retrouver la selle de Guanden et de me soustraire à ce silence tendu, que je tentai d'attribuer à la tension précédant la course tout en sachant que je me leurrais. Nous nous dirigeâmes vers la piste et Guanden perçut mon humeur. Il ne hennissait pas, ne piaffait pas, se contentant de renâcler légèrement.

La foule était silencieuse, attentive. Le quatorzième threx, un gris de Coseve, s'immobilisa finalement et je n'enroulai que deux fois les rênes de Guanden autour de mes mains. A la corde, Tycet de Menetph lança son défi. Guanden frissonna et lui répondit. L'huija claqua et la foule rugit comme un hulion enragé. Le premier bond de Guanden l'amena derrière la croupe du numéro quatre, qui était parti en diagonale. Ce threx noir tomba et Guanden sauta par-dessus l'animal et son cavalier, et je vis le visage angoissé de l'Itophe passer juste sous mon étrier. Devant nous, le peloton soulevait un nuage de poussière et je lâchai la bride de Guanden, lui donnant deux tapes sur la croupe. Juste après la haie de tylas, nous rattrapâmes le peloton qui nous barrait le passage.

Guanden vit l'ouverture avant moi et s'y rua. Elle

était si étroite que mon pied frôla l'étrier d'un Coseve. Puis nous abordâmes les chicanes au grand galop, en sixième position. La rapidité des premiers préleva son tribut. Le cadavre d'un threx de Dordassa gisait juste avant l'angle droit du parcours, la tête tordue selon un angle étrange, immobilisant son cavalier inconscient. Je ne vis ce nouvel obstacle que lorsque Guanden pivota dans les airs afin d'éviter le mur et les corps.

Il y parvint et franchit le dernier tournant. Il n'y avait plus que quatre concurrents devant nous, dans la ligne droite. La sueur et l'écume de Guanden maculaient mon visage alors que le vent emportait des torrents de larmes de mes yeux. Nous nous rapprochions du groupe de tête. Le temps s'étira, distordu, et chaque foulée durait des enths.

Un threx gris de Coseve remonta sur ma droite, très lentement, bien que notre vitesse rendit la piste indistincte. Guanden gronda sa colère et se détacha de l'animal alors que nous arrivions à la hauteur du poteau de ta-néra. A la haie de tylas, nous rattrapâmes Saer et le dépassâmes. Au-dessus du fossé, ce fut au tour de Jaheil et de sa monture alezane.

Je tentai de ralentir Guanden pour les chicanes. Le threx mort s'y trouvait toujours et j'estimai que le Menetpher avait trop d'avance pour pouvoir être rattrapé, mais à cet instant le hennissement de victoire de Tycet nous parvint, porté par le vent. Guanden hurla sa rage et franchit les chicanes avec tant de violence que je dus m'agripper à son encolure pour ne pas être désarçonnée. Nous étions à nouveau dans la ligne droite et je ne voyais devant moi qu'un nuage de poussière jaune. Finalement, je discernai un sabot, ainsi qu'une patte dorée. Guanden se porta à la hauteur de Tycet de Menetph et prit le temps de refermer ses dents sur l'encolure de l'autre animal. J'écartai sa tête pendant qu'à moins de deux longueurs du poteau de ta-néra la monture du Menetpher perdait sa foulée.

Nous avions franchi l'arrivée et, cette fois, Guanden tourna bride facilement. Il voulait revenir se battre contre le threx qui l'avait par deux fois défié. Tycet semblait lui aussi souhaiter cette rencontre et le Menetpher ne parvenait pas mieux que moi à maîtriser sa monture. Le peloton s'égailla pour éviter les deux threx qui s'affrontaient. Je frappais inutilement la tête de Guanden, tout en esquivant les dents de Tycet et ses sabots ferrés, pendant que les animaux se combattaient, cabrés sur leurs pattes postérieures. Des hommes se détachèrent de la foule pour venir vers nous en courant. Chayin, sans faire cas de la sécurité de Saer, le laissa sans cavalier et bondit pour attraper la tête de Guanden. Il y resta suspendu, ses mains prises dans la bride, secoué par l'animal. Puis d'autres personnes vinrent lui prêter main-forte et leurs poids conjugués contraignirent les deux threx à se coucher sur le sol.

On m'aida à descendre. Je ne pouvais bouger et mes mains étaient paralysées sur les rênes. J'entendis la voix de Chayin prononcer mon nom et m'effondrai entre ses bras, où je demeurai pendant qu'il examinait mes membres. Ma vision se brouilla et je le laissai me guider vers la grande tente jaune.

Nous nous tenions dans la partie dégagée réservée aux palefreniers et je vis qu'on y avait également conduit le cavalier Menetpher. Sa cuisse portait la marque des dents de Guanden, qui lui avaient arraché une botte. Il y avait également le Coseve, qui reçut le cinquième prix. Chayin me laissa pour aller recevoir le quatrième. Lorsque Jaheil s'avança pour le troisième, le Menetpher se pencha vers moi en arborant un sourire contraint. Je me renseignai sur la gravité de sa blessure et, à présent libre de me parler, il me proposa de le retrouver un peu plus tard. J'acceptai et il alla chercher la petite épée du second prix, salué par des vivats qui ne furent surpassés que lorsque vint mon tour d'aller recevoir l'Epée d'Or des mains des dhareners qui en avaient la garde.

Lorsque je la pris des mains de Hael, je ressentis finalement une grande joie et je remerciai le temps d'avoir si bien servi ma volonté et mes besoins.

Puis j'embrassai la poignée incrustée d'or et fis ce que l'on attendait de moi : je m'agenouillai devant le Cahndor de Nemar, qui prit l'épée. Après y avoir posé ses lèvres à son tour, il la remit au nouveau dharener de Nemar, qui la conserverait jusqu'au prochain premier premier d'Amarsa, moment où les cinq tribus s'affronteraient une nouvelle fois pour en avoir la garde.

De l'extérieur de la tente nous parvint le son des dhroumas et des kapuras, ainsi que le tintement des gongs qui annonçaient le début de deux journées de festivités. La foule se dispersait pour profiter de la générosité de Nemar, auprès des vendeurs de nourriture et de boisson, et Jaheil invita dans son aprei tous les participants à la course. Je vis parmi ceux qui s'attardaient Nineth et Pijaes, ainsi que Liuma. Elle se dirigeait vers Chayin et Hael.

Cela me mit en rage et j'allai rejoindre Jaheil qui discutait avec son propre dharener. Je l'informai, d'une voix suffisamment forte pour que Chayin pût l'entendre, que j'allais retrouver le Menetpher arrivé en seconde position. Ses lèvres s'incurvèrent pour exprimer sa désapprobation, mais je vis derrière lui le visage de Chayin, ce qui m'apporta une intense satisfaction.

– Avant de partir, je tiens à vous présenter une tiask qui vous admire de loin depuis longtemps, mais qui préfère languir, seule sur une natte, plutôt que de vous importuner.

– Et où se trouve cette tiask vertueuse? s'enquit Jaheil.

Je lui désignai Nineth qui s'était parée de rouge pour les festivités. Jaheil fit courir sa langue sur ses lèvres et me prit par les épaules.

– Allons faire sa connaissance. Je suis certain qu'elle n'aura pas à regretter d'avoir attendu.

– Ne lui révélez pas que je vous l'ai dit, lui dis-je.

Jaheil déclara qu'il n'aurait jamais fait une chose aussi indélicate et je les présentai, avant de les laisser. Alors que je me glissais au sein de la foule, j'entrevis Chayin, entre Hael et Liuma.

J'atteignais les étals des restaurateurs lorsqu'une main s'abattit sur mon épaule et me fit pivoter sur moi-même. Chayin se tenait devant moi, le souffle court. Il tenait mon manteau sur le bras.

– Je t'avais dit de venir me rejoindre après la course, dit-il sèchement.

Ses doigts s'enfoncèrent dans mes épaules et la douleur courut jusqu'à ma main.

– Tu étais occupé, rétorquai-je. Je comptais aller te voir lorsque tes devoirs ne t'accapareraient plus.

– Tu vas donc avec n'importe quel homme disponible? Une gagneuse reste toujours une gagneuse. Pleurer sur l'épaule de Jaheil au sujet d'un crell ne te suffit donc pas?

– Laisse-moi, et rends-moi mon manteau, fis-je alors que tous nous regardaient. Ou alors, accompagne-moi, si tu en trouves le temps.

– J'ai terminé ce que j'avais à faire, concéda-t-il.

Et nous errâmes au sein de la foule, à la recherche du Menetpher blessé.

– Hael affirme qu'en dépit de notre victoire, une défaite d'égale importance nous attend.

– C'est ce qu'il souhaite, non l'avenir que j'ai trié. Il tente d'imposer sa volonté au temps. L'helsar lui a appris bien des choses et il est soutenu par Tar-Kesa. Il cherche notre mort, à tous deux.

– Tu lui as donné plus qu'il n'avait.

– Mais tu lui as donné moins, Chayin. J'aimerais que nous puissions partir immédiatement. J'ai accompli ma part du marché que nous avons conclu. C'est à toi de faire le reste.

J'aperçus le Menetpher et refermai ma main sur l'urithéria qui se lovait autour du bras de Chayin.

– Là!

– Pas plus d'un enth, fit le Cahndor en secouant la tête, visiblement contrarié.

Je m'inclinai en signe de soumission et entamai une conversation assez maladroite avec le Menetpher, pendant que Chayin demeurait assis entre nous, bras croisés et silencieux.

Le masque me gênait et me tenait chaud. Je serrai les poings, irritée de ne pouvoir l'arracher et essuyer la poussière abrasive qui maculait mon visage. Nous parlions de tout et de rien, et une outre de kifra suffit à dissiper la gêne du jiask face à son nouveau Cahndor. Même le mépris de Chayin s'amoindrit et il accepta de faire le récit de certaines anecdotes à ce jiask qui, s'il avait espéré une entrevue plus intime avec moi, parvenait à dissimuler son désappointement.

Bien avant la fin de l'enth, Chayin prit congé du Menetpher, m'empêchant ainsi de le mettre en garde.

Je n'eus pas non plus l'opportunité de favoriser ce qui devait grandir entre Jaheil et Nineth, car Chayin m'ordonna de demeurer dans son aprei, « pour ma protection », gardée par une vingtaine de jiasks. Ce fut là que je mangeai puis réordonnai ma chevelure, avec le peigne en défense d'apth qu'il m'avait offert.

Il s'était accroupi devant moi.

– Qu'essayes-tu de faire? avait-il demandé.

– De me conduire en véritable tiask, ainsi que tu me l'as ordonné.

La blessure que je lui avais infligée me fut reflétée par l'helsar et ce que je lus en lui, avec son désir et sa confusion. Mais il libéra sa colère contre moi et me commanda de le servir comme une « tiask respectable », pendant qu'il se tenait au-dessus de moi et débouclait sa culotte de cuir. Il alla même jusqu'à coller la lame de son couteau de gol sur ma gorge, pendant le bref instant qu'il me fallut pour soulager sa frustration. Qu'il se fût servi de moi ainsi, tenant cette lame sur mon cou, sans me faire la moindre caresse, tout cela renforça encore le mur qui s'érigeait entre nous.

Lorsqu'il me quitta, le voile l'enveloppait.

Plus tard, j'entendis des voix coléreuses et regardai au-dehors, pour voir Hael discuter avec les gardes que Chayin avait placés devant l'aprei. Il n'eut pas gain de cause et s'éloigna dans la pénombre du crépuscule. J'allai m'allonger contre le mât où Chayin avait dissimulé l'helsar et me pelotonnai bientôt entre les bras du sommeil. Je fus tirée de leur réconfort peu avant le lever du soleil par les élucubrations avinées de Chayin. Ce que j'avais redouté s'était produit et des Nemarsis vengeurs avaient attaqué le Menetpher qui avait donné un coup de fouet à Guanden. Voyant cela, les autres Menetphers étaient intervenus et il fallait déplorer trois morts et quarante blessés.

La colère de Chayin était sans limite. Il me fit ce récit dans un langage qu'il n'employait jamais. Il maudit Menetph, Hael, le Menetpher blessé, et ceux qui étaient passés de vie à trépas en un moment aussi inopportun. Il donnait des coups de pied dans tout ce qui apparaissait dans son champ de vision et je tentai par trois fois de l'apaiser, pour être projetée sans ménagement sur les coussins. A ma quatrième tentative, je parvins à le faire asseoir et massai les nœuds de colère de son dos, jusqu'au moment où sa respiration s'apaisa, que ses muscles cessèrent de se tordre sous mes doigts, et qu'il me permit de le séduire. Puis il trouva finalement le sommeil.

LA CHASSE

L'Ebvrasea occupe seul la case verte du but prépondérant, sur le plateau de la manifestation.

Ses ailes battent dans le vent du chaos et ses yeux perçants discernent sa proie.

Il fond sur elle et s'en repaît sans remords. Il ignore ce qu'est la morale, car il la personnifie.

Une fois commencée, la chasse ne peut être interrompue.

Elle réclame de l'assiduité, élimine les faibles, permet de jauger ses capacités.

A la fois but et méthode, la chasse n'est que la chasse et c'est en cela que réside la clé de sa réussite.

Adjuration : si le chasseur est à son tour traqué, il peut choisir de continuer et de feindre l'ignorance, afin d'amener celui qui le piste à trahir sa présence. La survie est à la fois le but et la condition préalable de la chasse.

Et qui peut l'affronter, si ce n'est le chasseur?

– Extrait de l'*Ors Yris-tera*

6

L'EBVRASEA

Dans la faible clarté rougeoyante de l'aube, je voyais les pandivers tournoyer et plonger au-dessus de nos têtes, au sein d'un nuage de wirragaets. Les threx galopaient en direction de l'ouest et du Mont Opir, et les insectes minuscules étaient omniprésents : nous les respirions, les capturions entre nos paupières et les emprisonnions sous nos manteaux.

J'aurais voulu demander à Chayin ce qui les attirait ainsi, mais je ne tenais pas à en avaler un millier. Leur nuage avait près d'un néra de large et il ne se dissipa que lorsque le jour se leva véritablement.

Un des étrangers vêtus de cuir nous guidait. Il restait silencieux et demeurait assis sur son threx brun pour nous attendre, le visage dissimulé par son casque. Nous suivîmes une route pendant une vingtaine de néras, sur un terrain qui devenait vallonné. Puis nous fûmes rejoints par cinq de ses semblables, tous vêtus comme lui. Leur groupe comprenait un autre homme, en qui je reconnus Lalen gaesh Satemit.

Je crus que Chayin ferait une remarque à son sujet, avant de prendre conscience qu'il ne pouvait savoir que cet homme était le crell que j'avais affranchi. Je n'éprouvai pas le besoin de le lui apprendre. Nous nous engageâmes avec ces hommes taciturnes sur un terrain de plus en plus accidenté. Des buissons formaient des taillis dans lesquels il fallait se frayer un chemin en dépit de leurs épines qui prélevaient leur tribut sur notre chair. A la fin du jour, nous suivîmes le lit d'un cours d'eau asséché jusqu'au pied du Mont Opir.

L'air était plus frais, sous les ombres bleutées des Yaica. En ce lieu poussaient de petits arbres aiguilles et quelques thalas conservaient une prise précaire sur les pentes. Après avoir traversé un bosquet, nous arrivâmes dans une clairière où régnait une telle puanteur que je crus être asphyxiée. Guanden sautait et renâclait, et je réprimai un gémissement pour contraindre mes mains et mes bras endoloris à serrer sa bride.

Un de nos guides amena sa monture à la hauteur de celle de Chayin. Tous avaient des difficultés à tenir leurs bêtes et trois hommes encochèrent des flèches à leurs arcs.

– Avec votre permission, Cahndor, nous allons nous débarrasser de cet apth à bonne distance, fit celui qui semblait être le chef, notant que Chayin tirait son épée.

Saer s'agitait et frissonnait, et les hommes avaient formé un cercle autour de nous.

– Agissez comme bon vous semble, répondit le Cahndor.

Tuer un apth est soumis à des lois rigoureuses, car sur les Terres des Parsets ces animaux appartiennent aux Cahndors, qui sont responsables de leurs vies devant Tar-Kesa.

Je cherchai l'apth du regard, n'ayant jamais eu l'occasion de voir une de ces créatures.

J'entendis des branches craquer, puis un hurlement guttural. L'apth se ruait dans la clairière, incroyablement rapide pour sa taille démesurée. Un threx alezan hennit sa terreur et recula en se cabrant face à cette tête velue, armée d'énormes défenses, au mufle court et carré et aux petits yeux rouges. L'homme montant l'animal qui reculait banda son arc et décocha sa flèche. Elle pénétra sur la longueur d'une main dans l'œil gauche de l'apth et les autres hommes tirèrent à leur tour. Le monstre recula sur ses courtes pattes trapues et sur son cou voûté des traits empennés frissonnèrent. Laissant derrière elle une traînée de sang brun, la créature pivota et chargea son tortionnaire, afin de l'empaler sur ses défenses incurvées. Elle le projeta dans les airs puis entreprit de l'éventrer.

Une flèche se logea dans la poche à eau de l'apth et la protubérance formant une sorte de crête se dégonfla lentement. Aveuglé par le liquide, l'animal hurla et reçut un autre trait juste au-dessous de ses énormes mâchoires. Il s'effondra et laissa tomber sa tête entre ses pattes. Seule sa queue s'agita encore un bref instant.

La puanteur insoutenable était due aux morceaux et aux caillots de sang ayant maculé la fourrure de l'apth, lorsque ce dernier avait lancé ses victimes dans les airs. Ses défenses, plus grandes que moi, constituaient des trophées magnifiques, mais personne n'eût pu endurer cette odeur pestilentielle le temps de les prélever. Nous laissâmes le cadavre sur place, attendant seulement que les hommes eussent récupéré les flèches encore utilisables.

Mon estomac grondait de colère et nous montions toujours. Sans faire la moindre halte, nous poursuivîmes l'ascension des pentes traîtresses du Mont Opir, sous la clarté incertaine du crépuscule puis au sein de l'obscurité. L'air se raréfiait et la lune baignait le sentier de sa lueur froide et argentée. Sur ma droite s'élevait une falaise abrupte d'archite et sur ma gauche s'ouvrait une crevasse se perdant dans les ombres. Nous avancions en file unique et je retenais ma respiration face au vent qui me tirait et me poussait, enflant mon manteau. La crevasse fut bientôt remplacée par une autre falaise et nous poursuivîmes notre progression au fond du gouffre qui les séparait. Nous passâmes sous un pont naturel et j'entendis des clapotis, ce qui m'apprit qu'un cours d'eau suivait cette caverne. Un ebvrasea lança un cri et un autre lui répondit. Notre arrivée était annoncée.

Nous nous tenions sur une corniche qui s'inclinait en pente douce vers une vallée au centre de laquelle le miroir d'un lac de montagne reflétait les étoiles. Cette vallée avait peut-être vingt néras de circonférence et était bordée de toutes parts par des falaises verticales. Le Mont Opir se dressait au-dessus du lac, majestueux et couronné de neige.

Les threx s'engagèrent sur la piste tortueuse et je distinguai des abris bas et regroupés, sur le sol de la vallée. Cependant, nous ne nous dirigeâmes pas vers eux, et prîmes sur la gauche pour longer une paroi abrupte.

Ce ne fut qu'après avoir mis pied à terre que je remarquai les ouvertures pratiquées dans la falaise. Ces habitations troglodytiques devaient être extrêmement anciennes car, depuis la reconstruction de Silistra, nul n'avait plus osé employer les forces redoutables nécessaires pour creuser de tels tunnels rectangulaires dans la roche. Le gigantisme de cette architecture et son manque de grâce n'avaient rien de Parset ou même de Gristasha.

Mes pensées furent interrompues par l'arrivée de deux hommes portant des torches qui vinrent s'entretenir à voix basse avec le chef de notre groupe. Je n'avais vu aucune sentinelle, mais le repaire de l'Ebvrasea devait être imprenable. Je ne voyais de toutes parts que des falaises infranchissables. Les hommes formèrent deux groupes et Lalen partit avec le premier, puis un homme qui tenait une torche nous fit signe de le suivre.

Nous obéîmes et je regardai par-dessus mon épaule pour voir dans quelle direction on emmenait Guanden et Saer.

Nous longeâmes un tunnel d'archite, géométrique et aussi lisse que du verre. Par endroits, je voyais du crottin de threx et des ampoules électriques du passé, dont certaines brisées, avec des câbles qui en pendaient tels des slitsas fossilisés. Je pris également note des numéros de chaque passage et des légendes écrites en silistrien d'avant la période souterraine. Elles s'adressaient à moi comme des spectres : « Med. 1 »; « Chir. 2 »; « Génér. Aux. ». Je notai à intervalles réguliers des graphiques colorés sur la paroi, en perpétuel changement. Un œil exercé pouvait en déduire combien de personnes se trouvaient dans les tunnels et leur emplacement. Puis je notai l'odeur de l'air et pris conscience qu'il était pur, stérilisé et climatisé. J'étais sidérée de constater qu'un tel lieu existait toujours, et surtout que les Gardiens de l'Histoire ne l'avaient pas revendiqué.

Nous suivîmes un couloir d'un blanc stérile portant l'indication « Admin. 1-5 – Comm. Inter/Intra. », longeant de petites pièces que les Ebvraseas utilisaient comme stalles pour leurs threx.

Puis nous prîmes un couloir aux parois d'archite où se trouvaient déjà trois hommes. Je me réfugiai derrière Chayin, brusquement prise de tremblements.

Si j'avais pu me mouvoir, sans doute aurais-je couru vers lui, mais je demeurai paralysée derrière le Cahndor, le visage dissimulé par mon masque de tiask.

Je croyais me retrouver dans les salles d'Arlet, tant Sereth avait peu changé. Il portait une tunique de cuir élimée et sa taille, que n'ornait plus aucun chald, était ceinte d'un ceinturon de peau où pendait un unique couteau. Son visage hâlé se plissa en un sourire en voyant le Cahndor.

– Chayin!

Ils s'étreignirent et, alors qu'ils s'embrassaient, le regard de Sereth tomba sur moi. Son visage, plus las et ridé que je ne m'en souvenais, devint brusquement livide. Dans ses yeux, la joie fut chassée par la froideur. Il m'avait immédiatement reconnue, bien que je fusse ébouriffée, masquée et sale, et que mon corps fût dissimulé par l'ample manteau d'Estrazi.

Il lâcha Chayin qui s'écarta à regret.

– Je..., commença le Cahndor, avant d'être interrompu par un geste brusque de l'ex-Tueur.

– J'apprécie ce que tu as fait pour moi, Chayin. Je veux lui parler, fit-il d'une voix qui était un murmure provenant des abîmes. (Puis il s'adressa à notre guide :) Va installer le Cahndor dans mes appartements et veille à ce qu'il ne manque de rien.

L'homme emmena Chayin et Sereth et s'appuya à la paroi d'archite, bras croisés sur sa poitrine, les yeux dans l'ombre de son abondante chevelure. Je me souvins de son toucher soyeux, lorsqu'il gisait sous les chutes de Santha, inconscient et couvert de poussière. Je restai paralysée et muette, bien que mon bon sens m'ordonnât de m'agenouiller et d'implorer sa clémence.

– Viens, me dit-il finalement.

J'effectuai comme en un rêve les quelques pas me séparant de lui et m'en trouvai si près que je pouvais voir ses narines frémir au rythme de sa respiration. Il leva les mains vers mon visage et ôta le masque.

Ses doigts touchèrent mes joues, mes yeux, et lorsqu'ils frôlèrent mes lèvres, je les embrassai. Nos regards se trouvèrent et se soutinrent.

– N'as-tu rien à me dire, après une si longue séparation? fit-il doucement.

Il m'enlaça et enfouit sa tête dans mes cheveux. J'aurais voulu qu'ils fussent propres.

Les motifs clairs et obscurs de sa cuirasse usée, son odeur, le contact de ses bras sur mon corps, sa respiration chaude et humide sur mon cou – j'avais attendu si longtemps tout cela. J'ignorais ce que nous réservaient les temps à venir, mais je partageais sa force et n'avais plus peur. Ma paralysie me quitta.

Je murmurai son nom qui avait un goût sucré dans ma bouche. Ses mains coururent le long de mon dos, s'emmêlèrent dans ma chevelure, confirmèrent son désir. Je me serrai contre lui, satisfaite, attendant qu'il regagnât le royaume des paroles.

– Si longtemps, me répéta-t-il, en collant ses lèvres à mon oreille. Je vivais avec le mensonge de Celendra, mais quelque chose en moi le refusait. J'ai souvent cru perdre la raison. Cependant, je te tiens à nouveau dans mes bras... Où es-tu restée durant tout ce temps? Et qu'est-ce qui me vaut de te voir au côté de mon unique allié, avec l'emblème d'un tel rang sur la poitrine, revêtue de l'uniforme des tiasks et portant même le chald de Nemar?

– Je devais venir vers toi. Depuis mon retour sur Silistra, cela a constitué mon unique but. J'ai moi aussi des questions à te poser. Si tu veux de moi, je resterai à ton côté.

Je m'élevais contre la volonté de mon père. Estrazi m'avait dit que Sereth n'était pas pour moi, mais je récusais ses droits sur ma personne.

– Je n'ai rien à t'offrir. Même mon existence est précaire.

– Tu possèdes tout ce que je puis désirer. Chayin disait que tu me tuerais, mais je suis malgré tout venue à toi. Je préfère mourir de tes mains plutôt que de vivre avec un autre.

Un sourire amusé souleva les commissures de ses lèvres et dansa dans les profondeurs de ses yeux.

– Je pourrais encore te tuer. Des femmes sont déjà mortes d'épuisement, fit-il avant de retrouver sa gravité. Je croyais que je le ferais, si l'occasion m'en était offerte.

Sa main suivit la courbe de mon cou, y trouvant la chaîne d'or et le médaillon de l'urithéria.

– Et qu'en pense Chayin? Il me faut son accord.

– Il m'a conduite vers toi et m'a remise entre tes mains, en pensant que tu me tuerais. C'est toi qu'il aime, pas moi.

– Je le sais, allons le rejoindre.

Il me poussa avec douceur dans le couloir, et j'étais heureuse de me trouver à son côté.

– Il m'est agréable de te revoir, Estri.

– Selon Chayin, vous n'auriez aucune femme parmi vous, dis-je comme nous nous engagions dans un passage où l'ancien système d'éclairage fonctionnait toujours.

– Il m'est arrivé de ceindre un chald et de m'aventurer dans Puits Oppiri, lorsque les besoins de la chair étaient trop forts, répondit-il en haussant les épaules. Je couche parfois avec des captives, et des gagneuses vivent près du lac, parmi nos partisans. Mais j'ai acquis à Arlet des goûts qui sont incompatibles avec la vie d'un hors-la-loi.

Il secoua la tête pour chasser ses cheveux de devant son visage. Ils étaient à présent bien plus longs et tombaient presque sur ses épaules. Sa main se glissa sous mon manteau et y trouva des cicatrices.

– Où t'es-tu fait cela?

– J'ai dû, moi aussi, mener une vie bien différente de celle à laquelle j'étais accoutumée. Je ne suis plus la Tenante de Puits à l'existence douce et facile que tu as connue. J'ai tué deux hommes et une tiask trois fois plus forte que moi. J'ai dû me battre pour acquérir ce chald et devenir tiaskchan de Nemar.

– Je n'oublierai pas que tu es désormais redoutable,

me promit-il. Mais tu ne peux être à la fois tiaskchan et hors-la-loi.

– Je renonce à tous mes titres, fis-je avec insouciance.

– Pas encore, répliqua-t-il en prenant un passage bordé par de nombreuses portes.

Il s'arrêta devant l'une d'elles et le panneau glissa de côté, de lui-même. Chayin se trouvait à l'intérieur et il se leva d'un bond.

– As-tu... Que... Non, je constate que tu ne l'as pas fait, dit le Cahndor en un silistrien irréprochable.

– La tuer? dit Sereth en riant. Pas encore. Ferais-je une chose pareille sans t'y convier?

Il traversa la chambre et alla fouiller dans un coffre de bois. Je regardai cette pièce étrange dont les murs changeaient constamment de couleur. Cet art d'un lointain passé m'apaisait. Le sol, souple comme de la peau de tas, formait des gradins disposés, semblait-il, au hasard. Les parois sans fenêtre étaient ornées d'épées, de boucliers et de lances, de casques et de cuirasses, ainsi que de billes à cinq lanières. Sereth referma le coffre et se tourna vers moi.

Sur le gradin central se trouvaient ma selle et celle de Chayin. Je m'en approchai et l'helsar se tendit vers moi, me réclamant. Je me tenais au-dessus d'un incendie et je dus faire appel à toute ma force de volonté pour m'éloigner de ce brasier.

– Que s'est-il passé? fis-je, assise sur le sol avec Sereth au-dessus de moi.

La pièce s'était assombrie, sachant qu'à l'extérieur la nuit était tombée. L'helsar m'apprit quelle était sa joie d'avoir en elle des êtres à même d'admirer son œuvre. Je repoussai la conscience de la pièce en frissonnant. Le plafond avait-il compté chaque jour et chaque nuit, pendant tous ces siècles au cours desquels la pièce était restée inoccupée?

– Choisis-en une, me dit Sereth en me tendant deux

objets enveloppés de parr. Ces armes sont aussi précises que pouvait les fabriquer le meilleur armurier de Yardum-Or. Il y a longtemps que je les garde dans l'attente de ce moment.

– Et tu oses prétendre que tu ignorais que je vivais? fis-je en prenant ce qu'il me tendait.

– Je l'ignorais, soutint-il.

J'ôtai l'enveloppe de cuir et posai sur le sol deux couteaux de gol à la poignée de stra. Ils ne possédaient aucun ornement, à l'exception d'une petite perle de gol rouge enchâssée à l'extrémité du manche. Je les soupesai et ils se blottirent dans ma paume de la même façon. Ils étaient équilibrés entre mes doigts, de la même façon. Chacune de ces armes était parfaite. Je me remémorai comment il avait obtenu ces deux perles à la valeur inestimable, dans les terres des gols, au-dessus d'Arlet. Mes yeux s'emplirent inexplicablement de larmes. Je pris un couteau et rendis l'autre.

– Demain, nous irons lui faire préparer un étui approprié, fit Sereth.

Sur Silistra, on estime qu'il serait de mauvais augure d'offrir une arme vierge avec son fourreau.

– Je dois tout d'abord recevoir l'enseignement de l'helsar, déclarai-je. Je voudrais passer cette nuit avec vous deux, mais demain il risque d'être trop tard. L'helsar est puissant et je suis faible. Il est possible que je ne parvienne pas à le briser.

– Qu'est-ce qu'un helsar? s'enquit Sereth, les yeux mi-clos.

– Si tu ne réussis pas à le briser, pourras-tu revenir? demanda Chayin.

– Si j'échoue, et si je respire toujours le quatrième jour, vous devrez faire tout ce qui est en votre pouvoir pour me ranimer.

Je pris la main sombre de Chayin dans la mienne et tournai la tête vers le visage inquiet de Sereth.

– En ce domaine, suis les instructions de Chayin.

Quant à la nature de l'helsar, je ne suis pas certaine de la connaître. Les pères savent, mais ils refusent de parler. Te rappelles-tu l'être encapuchonné?

– Comment aurais-je pu l'oublier?

– Il se nomme Raet et son monde, sur lequel j'ai retrouvé mon père, s'appelle Mi'ysten. C'est un lieu étrange et magnifique, où les lois de la nature et du temps se combinent différemment. Les Mi'ystens possèdent de grands pouvoirs, mais moins que les pères qui ont créé ce que nous connaissons sous le nom de temps et d'espace. J'ai entendu dire par les Mi'ystens que l'helsar est créé par la perturbation que provoque celui qui apprend à se déplacer d'un plan à l'autre, et par le frottement de continuums différents qui en résulte. Cela n'explique pas où se rendent les morceaux lorsqu'un helsar est brisé, ni pourquoi, mais cela nous apprend comment je suis entrée en sa possession. Il m'a accompagnée sur ce monde, lorsque je suis revenue après avoir vu Estrazi sur les ailes de l'uris. Je dois pénétrer en lui, car sur Silistra sa présence constitue une menace.

– Que nous suggères-tu de faire? s'enquit Sereth, avec malaise. Je ne suis guère enthousiasmé à l'idée de devoir à nouveau croiser le chemin de ce Raet.

– Simplement de veiller sur moi pendant que je m'occupe du reste. C'est mon problème.

– Qui est Raet? demanda Chayin.

Je soupirai et secouai la tête.

– C'est une très longue histoire dont Sereth et toi détenez chacun un élément. Comparez-les et vous découvrirez que Raet et Tar-Kesa ne font qu'un.

Sereth colla ses mains sur ses oreilles.

– Arrête! Je ne suis qu'un simple mortel et je ne veux pas me dresser contre les Dieux!

Il m'adressa un regard implorant. Sans doute voulait-il que je lui promette de ne pas attirer à nouveau la colère de Raet sur lui, mais je ne pouvais lui faire cette promesse et il y eut un long moment de silence.

– Si tu as peur, je puis partir immédiatement, proposai-je.

– Si je n'avais pas peur, je serais encore plus stupide que je ne le suis. A présent que je t'ai retrouvée, je n'ai pas l'intention de te perdre de vue un seul instant. Mais j'ai faim, et ici nous devons nous rendre au réfectoire.

Il me tendit la main. Je la pris et nous suivîmes le vestibule. En chemin, il demanda à Chayin ce qui s'était passé à Frullo jer, ainsi que le résultat de la course. Sereth fut impressionné par ma victoire et je lui promis de lui montrer Guanden après le repas. Nous expliquâmes également à l'Ebvrasea ce qui s'était passé entre Nemar, Menetph et M'ksakka. Lorsque Sereth connut la réponse que Chayin avait faite aux M'ksakkiens, il éclata de rire. Quand nous atteignîmes le réfectoire, Chayin lui expliquait comment il avait tué Aknet et était devenu Cahndor de Menetph, privant ainsi Celendra de son héritage.

– Oh, j'aimerais tant pouvoir voir son visage! fit Sereth, plié par les rires.

– Mais il reste Astria et Celendra, ainsi que M'ksakka, lui rappela Chayin.

– Et Estri pour nous aider. Peut-être pourrons-nous lui rendre Astria. Aimerais-tu te venger de celle qui a tué ton oncle et usurpé ta couche dans le Puits? me proposa galamment Sereth.

Je me dirigeai vers l'énorme chaudron placé sur le foyer encastré au centre de la pièce, et je me demandai quelle avait bien pu être l'utilisation première de cette cavité.

– Je crois qu'en faisant cela nous agirions conformément à la loi intérieure.

J'emplis trois bols à l'aide d'une grande louche de fer et les portai à une table. Les murs étaient vert sombre et le sol d'archite. Lorsque nous nous assîmes, la clarté devint un peu plus vive et je frissonnai.

– Mais je ne m'installerai pas à Astria pour y attendre l'émissaire qu'Estrazi jugera opportun de m'envoyer. Je compte partir, mais pas pour Astria. En ce monde, ce qui a été perdu ne peut être obtenu à nouveau.

Je pris alors conscience que je venais de citer Carth, le messager au service du dharen. Chayin le savait et son regard plongea dans le mien.

Je fus surprise par ce que j'y découvris. Le temps lui était venu en aide et la réalité se révélait moins douloureuse qu'il ne s'y était attendu. Il paraissait soulagé, et le calme que lui apportaient ses dons prémonitoires avait un goût qui me fit reculer.

Sereth et Chayin discutaient et je me sentais exclue, mal à l'aise. Les femmes n'ont pas leur place au sein de l'amitié qui existe entre les hommes. Je les observai, et ils me parurent être des guerriers redoutables avec lesquels Raet devrait compter. Une partie de moi-même était emplie de joie à cette vision. Je décidai de ne plus obéir désormais à la volonté d'Estrazi, de Sereth, ou de Raet, mais uniquement à la mienne. J'émis un grognement de satisfaction et me redressai sur mon siège.

– Oui? s'enquit Sereth, en me tendant une petite outre.

Je revoyais, nette et réelle, la pièce heptagonale, et je notai sans surprise qu'elle n'avait pas véritablement sept angles. Il s'agissait en fait d'éléments de sept pièces différentes, réunis pour former un espace central commun. Chacun des sept personnages dorés se tenait dans sa propre alcôve, où s'ouvrait une fenêtre. Et chacune de ces ouvertures donnait sur un paysage différent. C'était Silistra : je voyais un pic enneigé, un lac miroitant sous le soleil estival, des prairies vallonnées, une forêt profonde. Les sept hommes se regardaient l'un l'autre par-dessus le miroitement irrégulier du centre de la salle. Sous ce scintillement dansaient sept symboles dans sept pièces différentes, occupant le même espace-temps. J'allai regarder de plus près, croyant que ces êtres ne pouvaient me voir, mais l'un d'eux se pencha sans manifester de surprise. Ses yeux étaient de glace. A plusieurs kilomètres de profondeur, un rougeoiement prit note de ma présence.

Puis je vis Sereth et m'appuyai contre lui.

– As-tu vu? demandai-je, lorsque j'en fus capable.

– Non, mais je sais de quoi il s'agit. Tu ne peux attendre plus longtemps.

– Tu as raison, dis-je en me levant. J'hésite à le faire, mais demain ce serait pire.

Sans rien répondre, Sereth prit les bols et les plaça dans un tonneau empli d'eau.

– As-tu ta gourde d'uris, Chayin? lui demandai-je comme nous retournions dans la chambre de Sereth.

– Est-il sage d'en boire en un pareil instant?

Mais il me tendit la gourde et j'avalai quelques gouttes.

– Ce n'est pas une question de sagesse, fis-je, tendant la gourde à Sereth.

– Ce que tu cherches dans l'helsar n'est donc pas la sagesse? s'enquit Chayin comme la porte de la chambre glissait devant nous.

– Non, la puissance qui me permettra de me défendre face à Raet. Des armes et des nouveaux pouvoirs, dont j'ignore encore tout.

Je pris une fourrure et l'étalai sur le sol. Puis j'ôtai mes cuissardes et mes vêtements que j'empilai dans un angle de la pièce. Je pris ensuite le manteau des Formeurs et l'étalai sur la fourrure, afin d'en faire une couverture. La douce chaleur qui régnait dans la pièce ne suffirait pas pour chasser mon froid intérieur. Là où je me rendrais, ma chair ne pourrait me suivre et reposerait dans une stase glacée. J'allai embrasser Sereth qui se raidit à mon contact.

– Sois prudente, dit-il.

Je lui adressai un sourire incertain et cherchai avec maladresse l'helsar dans les fontes. Dès que j'eus touché le cuir qui l'enveloppait, il s'éleva vers moi et je ne parvins que de justesse à le repousser. Je le portai par le cordon jusqu'à ma couche improvisée où je m'agenouillai. Une brume m'enveloppa, brouillant ma vision, mais dès que j'eus ouvert la bourse je vis l'helsar. Il possédait un éclat bleuté aveuglant et son volume avait triplé. Ses filaments internes tournoyaient, agités de pulsations. Autour de moi, la pièce était une image confuse, un prisme, une prison. Je me glissai entre la fourrure et le manteau, alors que l'helsar fondait entre mes paumes. Je distinguai un instant le visage de Chayin. Sa bouche se mouvait pour laisser échapper des volutes de flammes sonores dont je ne pouvais comprendre la signification. L'helsar clignotait selon un rythme qui attira irrésistiblement mes yeux vers ses filaments, qui attirèrent à leur tour mon esprit hors de mon corps.

Je n'avais plus froid et me tenais parmi eux. Ils étaient quatorze et tourbillonnaient autour de moi. Le lieu où je me trouvais possédait une luminosité qui me murmurait une douce mélodie. Tout était nimbé de brume et je savais que cette dernière me sustentait. Chaque molécule que j'inspirais possédait un nom, une nature, une conscience, et les présentations furent très longues. Mes pieds se transmuèrent en or, car j'avais des pieds. D'innombrables filaments de brume devinrent mes bras, car j'aurais besoin de bras. Entre mes seins luisait un grand soleil qui inondait de clarté les immensités vides de mon nouveau corps immatériel. Les mèches de mes cheveux flamboyaient autour de ma tête et j'imposai ma volonté aux filaments qui tourbillonnaient autour de moi, telles des épées effectuant des moulinets.

Et nous nous livrâmes un âpre combat, au sein de la lumière et du néant. Une grande douleur dans la partie gauche de ma tête stoppa le premier filament, le second, le troisième. Le quatrième arracha de mon être un millier de brins de mes forces, par leurs racines. Il plongea vers mon cœur et je le saisis de mes mains d'or, qu'il calcina et réduisit en cendres. Je hurlai et les sons émis par ma bouche se lovèrent autour du filament, l'emprisonnant pour servir ma volonté. Je passai mes moignons sur mes yeux, en riant, et mon rire figea le cinquième filament. Je me tournai vers le suivant qui recula face à ma volonté. Je poussai un soupir de soulagement qui dansa devant moi, tel le bouffon de ma cour.

Il effectua des cabrioles, des culbutes, et parvint à me distraire avant que je prenne conscience qu'il s'agissait d'une ruse. Un filament pénétra dans une de mes oreilles pour ressortir par l'autre. Je tombai à genoux (mais avais-je des genoux?) et je me mis à glisser. Je n'avais pas besoin d'oreilles pour entendre le chant moqueur des filaments victorieux. Je saisis des fils de mon être qui s'étiraient à des années-lumière de ma tête, pour m'y retenir au-dessus d'une fosse contenant tant d'apths et de terreurs personnelles qu'elle ne pouvait être issue que de mon esprit. Constatant que j'étais menacée par mes propres peurs, j'entamai un pénible voyage vers le haut. Je me hissai à l'aide de mes moignons et de mes dents le long des mèches de mes cheveux, heureuse de cette douleur qui me maintenait consciente. Je franchis un mur de slitsas, malgré l'impotence de l'âge, sur des membres ridés et au sein d'un vide où mes poumons implosaient. Je me dépouillai de mon corps lorsque le froid de l'espace interstellaire gela mes globes oculaires, qui s'effritèrent en poussière de glace sur mes joues immatérielles.

Je commençais à voir. Libérée des contraintes de la matière, je demeurai en suspension et le rythme des derniers filaments fut perçu par mes sens avec force et netteté. Je me conçus une nouvelle ossature, puis une autre, et un corps si vaste qu'il englobait tout ce qui existait, existe, et existera entre deux atomes de mon être. Je levai ce qui n'était plus ma main et créai une plate-forme. Je m'y dressai sur les jambes que je ne possédais plus et, à l'aide des éclairs émis par mes yeux inexistants, je contraignis les sept derniers filaments à se plier à ma volonté. L'arc qui m'entourait frissonna, se stabilisa, devint une voie.

J'avais besoin d'un nouveau corps et m'en créai un. Mes douze pattes me permettaient de voyager sans fatigue sur la surface de verre de cette voie. Le temps s'étala sur ma droite et ma gauche, scène après scène, vies s'écoulant en un éclair. Je tournais parfois mes yeux pédonculés vers l'arrière, pour suivre un drame intéressant, mais sans pour autant ralentir mon allure. Je ne tomberais pas dans ce piège. Mon aine brûlait de désir, exacerbée par le frottement de mes pattes sur mes organes sexuels. Dans le lointain de cette plaine vermillon, j'aperçus un de mes semblables, aux pédoncules oculaires fuschia, qui cria vers moi son désir. Je grognai ma réponse et de ma bouche jaillirent les flammes de la passion. Mais je ne devais pas m'arrêter. J'atteignis l'extrémité de la voie sans ralentir et m'élançai au-dessus du gouffre béant, portée par les ailes de la nécessité.

Je m'enfonçai dans l'abîme, contrôlant facilement ma descente. Les lois de la gravité ne peuvent agir là où domine l'esprit.

J'étais attendue par sept êtres aux formes diverses, simples expressions d'un choix délibéré. J'adoptai un corps plus évolué, possédant des cordes vocales me permettant de parler.

– Tu es en retard, fit remarquer le premier, dont l'épiderme était un univers en formation.

– Depuis combien de temps m'attendez-vous? demandai-je.

– Depuis combien de temps cet instant fait-il partie du présent éternel? Depuis la création, lorsque la différenciation de l'Unique créa l'Interversion et, qu'ensemble, ils devinrent le Temps, répondit le second.

– Que cherches-tu? fit le troisième, qui avait l'aspect d'un slitsa ailé iridescent et tenait ses six bras croisés sur sa poitrine.

– Ne le savez-vous pas? fis-je, incrédule.

– Il doit poser cette question, déclara le quatrième avec irritation, en agitant ses cirres.

– Je suis venue chercher ce qui me revient de droit.

Le sixième lâcha un soupir de satisfaction d'une bouche qui eût pu avaler tout Silistra.

– Te contenterais-tu de la moitié de ton héritage?

– Le feriez-vous? Je suis la fille de mon père.

– En toi, ses pouvoirs se sont atrophiés. L'audace doit aller de pair avec la responsabilité, si la fille du Formeur forme, entonna le septième, qui laissa dans le sillage de sa main la vision d'un site différent.

J'y passai tant de temps que l'entropie inhérente à la séquentialité, que j'instituai pour assimiler ce que j'apprenais, usa trois de mes corps. Le premier fut détruit alors que j'explorais toujours les mondes du tri : ce qui existe dans l'espace-temps et que l'on ordonne en imposant sa volonté aux lois naturelles.

Le second s'effrita alors que je découvrais l'art du commandement, qui consiste à courber et tordre les lois naturelles, pour servir la volonté. Pendant que sous cette forme j'apprenais à joindre et entrelacer les temps, et à faire apparaître certains événements sans tenir compte du contrecoup inertiel. J'aurais dû m'en tenir là.

Mais je me créai une troisième forme, de loin la meilleure, pour suivre mes sept professeurs dans le domaine de la création. J'appris à suspendre les lois de la nature et à les remplacer par ma volonté. Ce fut également là que je trouvai des armes que je pourrais opposer à Raet. J'y appris encore le respect et la contrainte. Mais tout cela était difficile et lourd à porter et, lorsque mon troisième corps s'effondra, je ne désirais plus en créer un autre. J'emportais le fardeau de la puissance, les fers de la liberté, et j'estimais cela suffisant.

J'avais atteint mes limites. La petite sphère que je créai à la bordure des espaces inhabités tournait en solitaire, sans avoir reçu la vie. J'avais reculé face à cette dernière tâche, ne voulant pas prendre la responsabilité de donner la vie à ma création. Mais je promis à mon monde que je retournerais vers lui.

Je pris alors congé de mes maîtres, sous une forme proche de celle que je possédais sur Silistra, et partis à la recherche de mon père.

Je gagnai le monde où il prenait du repos et estimai nécessaire d'augmenter la capacité de mes poumons ainsi que le volume de la cage thoracique qui les contenait, modifiant leur nature. Et je marchai au fond de cette mer dont les flots rougeâtres venaient caresser une rive rosée.

Mon père grignotait des algues, sa grande tête rouge en partie enterrée sous la vase. Il n'était guère heureux de me voir.

– Je constate que tu as appris suffisamment de choses pour pouvoir venir jusqu'ici, et je suis surpris que tu ignores que je cherche la solitude! me dirent les ondes de ses paroles.

– On ne peut se débarrasser de ses propres créations, lui rappelai-je.

– Alors, parle.

Il fit reposer son corps démesuré sur un roc saillant du fond de la mer. Des bulles sortaient des commissures de sa gueule. J'en pris une et la métamorphosai en miroir, sur lequel je fis apparaître mes sujets de préoccupation.

Estrazi regarda cela sans ciller puis, lorsque j'eus terminé, il plongea à nouveau sa tête dans la vase. Lorsqu'il la releva, ses mâchoires étaient maculées d'algues brunes qu'il rumina un instant.

– Ce que tu m'as montré est très différent de ce que j'avais escompté.

– En ce cas, écarte Raet de mon monde.

– Ton monde, vraiment?

– J'y suis née et je dois protéger ce que j'aime.

– Respecte mes désirs et, avec le temps, tu verras les choses sous un angle différent.

– Non, je dois accomplir ce qui est juste à mes yeux. Tu ne m'utiliseras plus pour combattre Raet.

– Comment peux-tu savoir si ta rébellion n'est pas le fruit de ma volonté? Te serais-tu jointe à ceux dont l'esprit est proche du tien?

– Pas encore, mais je le ferai.

– Si tu survis, fais-le-moi savoir, et nous nous rencontrerons à nouveau. Maintenant, laisse-moi!

Et son ordre était tel que je me retrouvai projetée dans le ciel de ce monde, en direction de l'espace obscur régnant entre les planètes.

Estrazi m'avait simplement chassée et je me trouvais dans ce néant qui reçoit ce qui n'est pas réalisé. Tout ce qui ne se produit pas gagne ce lieu, pour être réabsorbé par le présent en formation perpétuelle. Une fois là, seule, j'appris les conséquences de la puissance, et le prix payé par ceux qui la recherchent. L'obscurité me murmurait qu'il n'existait aucun avenir prédéterminé et que rien n'était acquis.

Je ne saurais jamais si Estrazi avait pris conscience

de son erreur et m'avait chassée ou si je m'étais échappée de moi-même. Une réponse me parvint et me réchauffa le cœur. La chose que j'avais en moi ne dormait pas. Brise l'helsar, me suggéra-t-elle, et tu assureras ta place dans le monde réel.

J'essayai. Je fis tournoyer mon être, afin de l'étendre dans toutes les directions. Et le tourbillon me donna de la cohérence. En ce lieu, nul n'avait jamais refusé l'oubli ou même conservé assez longtemps son ego pour concevoir un tel acte. Mais je fis tournoyer mon rire à la face du néant. Et l'helsar m'entendit. En un acte désespéré, je l'attirai dans le vide, qu'il illumina. Je fus aveuglée et me retrouvai entre des bras qui me berçaient, comme une jeune enfant.

Et je perçus l'odeur de la chair, la senteur humide et chaude de la vie. J'entendais battre mon cœur et sentais des picotements dans mes jambes. Je retrouvai mes paupières que je contraignis à s'ouvrir, pour voir la chambre de Sereth. Mais c'était Chayin qui me berçait doucement, le menton posé au sommet de ma tête. Sereth dormait et l'helsar n'était visible nulle part. J'avais la bouche sèche.

– J'ai soif, dis-je.

Je n'émis qu'un gémissement, mais il comprit. Chayin abaissa son regard vers moi et je lui souris. Croyant peut-être qu'il rêvait, il toucha mon visage, puis prononça mon nom et m'étreignit. Sereth, dont le sommeil était aussi léger que celui d'un hulion, se trouvait déjà à notre côté.

– J'ai soif, fis-je à nouveau.

– Va lui chercher à boire, ordonna Sereth.

Chayin m'allongea sur le manteau des Formeurs et s'éloigna docilement. Je tentai d'utiliser ma langue, mais elle se montrait récalcitrante. Sereth s'agenouilla près de moi et posa un doigt sur mes lèvres.

– Ne dis rien, dit-il, comme je gémissais à nouveau. Je sais. Il m'est arrivé de commettre une grave erreur de calcul et de rester lié pendant cinq jours dans la même position. Maintenant, tente de t'asseoir.

Je le fis, afin de me montrer aussi courageuse qu'il le croyait. Je me mordis les lèvres et goûtai à mon sang, mais je parvins à ramener mes jambes sous moi.

Sereth poussa un grognement et s'assit. Il souriait et me dévisageait.

– Tu ne recommenceras jamais. J'ai longuement réfléchi à ce que je devais faire de toi. Tu es venue chercher ma protection, mon aide, et peut-être encore autre chose, fit-il avant de cesser de sourire. Mais je réclame une obéissance absolue de mon entourage. Si tu veux en faire partie, j'exige la même chose de toi. Tu as déclaré ne plus vouloir Astria, alors que veux-tu ?

– Te servir, rien de plus, parvins-je à répondre.

– Si tu te donnes à moi, il faut que ce soit sans condition. Tu dois mettre à mon service ton corps, ton esprit et tes pouvoirs. Je n'ai pas à expliquer à mon doigt pourquoi je veux qu'il me gratte, il m'appartient. Et je ne puis admettre que ce qui m'appartient risque sa vie de sa propre initiative. Soit tu acceptes, soit tu repars avec Chayin.

Ainsi Sereth m'exprima-t-il son amour, à sa façon.

– Je ne m'attendais pas à autre chose. Je suis à toi, selon tes conditions, toutes tes conditions. Il y a longtemps qu'il en est déjà ainsi dans mon cœur.

J'aurais voulu qu'il me prenne entre ses bras, qu'il me caresse, mais il ne le fit pas. Il m'observa pensivement, puis hocha la tête.

– Enlève ça ! ordonna-t-il, désignant le médaillon de l'urithéria.

J'éprouvai des difficultés à l'ôter, car la chaîne s'était emmêlée à mes cheveux. Mes doigts cuivrés semblaient luire, comme je le lui tendais.

– Tu renonceras au chald que tu portes et rendras à

Chayin tout ce qu'il t'a donné. Et tu ne parleras à personne, surtout pas à Chayin, de ce que tu as obtenu de l'helsar.

Je faillis protester, mais je rencontrai ses yeux et me tus, le laissant édicter ses règles arbitraires.

– Maintenant, voyons si tu peux marcher.

Il m'aida à me lever et me soutint alors que je faisais un pas, puis un autre. La porte glissa de côté et je vis Chayin avec une outre sur l'épaule. Il hésita un instant sur le seuil, puis entra, et le panneau se referma derrière lui.

– Tiens, dit-il en tendant la gourde à Sereth.

Il me regardait comme un animal blessé. Sereth lui rendit le médaillon, qu'il prit sans réagir et passa à son cou. L'Ebvrasea porta l'outre à mes lèvres et ne me laissa boire qu'une gorgée.

– As-tu trouvé ce que tu cherchais? me demanda Chayin alors que Sereth me faisait à nouveau marcher.

– J'ai découvert la table de résonance d'un instrument qui permettra un jour de faire une musique maintenant l'harmonie des sphères. Mais je dois encore apprendre à en jouer. La théorie ne peut suffire à elle seule.

Une telle réponse devait satisfaire aux conditions imposées par Sereth, ce que me confirma l'expression de son visage. Mais ses exigences ne concernaient que mes paroles et non mes actes. Je fis alors à Chayin le présent que je lui avais préparé, tout en protégeant mon anonymat. Je le libérai de la maladie des devins et Sereth n'en sut rien, pas plus que le Cahndor.

– L'helsar a disparu, vers midi. L'as-tu brisé? s'enquit Chayin.

Je soupirai et me demandai si je n'avais pas regagné un présent différent de celui que j'avais quitté, mais je chassai aussitôt cette impression.

– Je l'ignore, mentis-je.

Puis je lui appris que je lui rendrais mon chald ainsi que tout ce qu'il m'avait offert, bien que cela me fît manquer à ma parole, et il n'en sembla pas surpris.

– Soit, mais je refuse de reprendre Guanden. Si tu ne le veux pas, offre-le à Sereth. Et tu dois accepter ceci...

Il traversa la pièce et prit dans ses fontes un paquet enveloppé de peau de slitsa.

– Je dois me défaire de tout ce que je possède, protestai-je.

– Tu peux garder l'*Ors,* me dit doucement Sereth. Quant au threx, je le prendrai et te le garderai.

J'acceptai l'*Ors Yris-tera,* puis passai mes bras autour du cou de Chayin et l'embrassai. Ses lèvres étaient sèches et son baiser dénué de passion.

– Une seule chose m'attriste, fit-il en me repoussant. C'est que tu accordes si peu d'importance à ta parole et au chald de Nemar.

Il prit son couteau de gol et trancha le chald qui tomba à mes pieds. Puis il sortit un objet de sa culotte de cuir et le jeta sur le sol. J'abaissai le regard vers mon chald d'Astria.

– Prends-le, siffla-t-il.

J'étais peinée qu'il pût se méprendre à ce point sur mon compte. Je voyais le sourire oblique et tendu de Sereth.

– Il ne m'appartient plus, dis-je. Je n'ai pas simplement renoncé au chald de Nemar, mais au chaldra.

– N'aurais-tu aucun honneur? demanda Chayin.

– Ne parle pas d'honneur. Les femmes ignorent tout de l'honneur et ne connaissent que les lois de la survie. Il s'agit d'une chose réservée aux hommes. Chayin, tu m'as dépouillée de toutes les illusions d'honneur que je pouvais posséder.

Je me tournai vers Sereth, sachant qu'il devait me comprendre, mais il me refusa son aide.

– Autrefois, le chaldra était tout pour moi, mais à présent il ne signifie plus rien, ajoutai-je.

Je regardai la chaîne de Tenante de Puits et celle du chaldra de la mère, rouge comme le sang versé pour son accomplissement. Je m'agenouillai et touchai ce chald, pour la dernière fois.

– Lève-toi! ordonna Sereth, ce que je fis. Tu dois encore prendre un peu d'exercice.

Il me fit signe de venir le rejoindre, puis me poussa vers la porte.

– Tu veux savoir comment tu as perdu Astria et je vais te l'apprendre, fit-il d'une voix dure et tranchante. Mais auparavant, nous allons nous rendre au lac, où tu pourras te baigner.

Il fit signe à Chayin de l'aider à me soutenir, car mes muscles étaient pris de tremblements, après une si longue immobilité.

Je notai que mon épiderme hâlé par le soleil de Nemar se détachait en squames, sous lesquelles apparaissait une peau plus claire. Oui, j'avais besoin de me baigner.

– Allons au lac, mais je n'ai pas faim, dis-je.

– Tu mangeras, m'ordonna Sereth comme la porte glissait de côté.

– Si tu insistes... mais je n'ai pas faim.

– Je n'ai pas à insister ou à m'expliquer. Tu dois m'obéir sans discuter.

Je baissai la tête, sans rien dire, car j'étais disposée à me plier en toutes choses à sa volonté. Il ne m'avait pas laissé le choix et me connaissait sans doute mieux que tout autre homme. Je marchai avec prudence, consciente de la faiblesse de mon corps. Je tentai de redresser mes épaules afin que ma démarche fût à nouveau gracieuse. Je n'avais pas marché ainsi depuis longtemps et ressentis la protestation de certains de mes muscles. J'avais adopté, peut-être inconsciemment, la démarche altière des tiasks. Mais je ne me trouvais plus à Nemar.

Sereth nota mes efforts, sourit, et tendit la main pour toucher le bras de Chayin. Au passage, il frôla mes seins et mes mamelons se dressèrent à ce contact. Mon corps n'avait pas oublié le sien.

– Tout se passe ainsi que je l'avais annoncé, dit Sereth à Chayin. Elle avait reçu une excellente éducation, mais tu l'as corrompue. Il suffisait de la remettre à sa place. Si l'homme ne tient pas son rôle de mâle, comment la femme pourrait-elle avoir conscience de sa féminité ?

– A Nemar, les choses sont différentes, rétorqua Chayin.

– C'est exact. Traite une femme comme un homme, et elle fait son possible pour en devenir un. Lorsqu'on veut qu'elle redevienne une femme, il suffit de lui rappeler ce qu'elle est.

– Mais Liuma est différente. Elle...

– Attend ton enfant? fit Sereth, complétant la phrase que Chayin avait laissée inachevée. Tu oublies qu'elle t'appartient ! Donnerais-tu ton threx favori à un autre homme, sous prétexte qu'il est plus doux avec lui qu'avec toi ? Non. Et où est la différence, lorsqu'il s'agit d'une femme ? Si une tape suffit pour faire obéir un animal, il en va de même pour les femmes. Je te le dis, tu devrais la reprendre ! Nul ne renonce à ce qu'il convoite encore, même à Nemar !

Chayin, ébranlé par les paroles de Sereth, se tourna vers moi.

– Je ne puis m'empêcher de donner ce à quoi je tiens le plus. J'ai renoncé à Liuma, à Menetph, et à cette femme. Peut-être as-tu raison et devrais-je reprendre ce que j'ai donné si inconsidérément. Et, en regardant Estri, je constate que je ne l'ai jamais véritablement possédée. (Il caressa mes mamelons toujours turgescents et fit courir sa main sur mon corps.) Ceci me le prouve. Si Wiraal et Pijaes ont dit la vérité, j'en aurai bientôt l'opportunité et le choix.

– Tu les as toujours eus, fit Sereth.

– Et qu'ont dit Pijaes et Wiraal? demandai-je.

Sereth et Chayin se regardèrent.

– Ce sont les tiasks qui parlent les premières, à Nemar, fit Chayin tout en tentant de dissimuler son amusement.

– Mais nous ne sommes pas à Nemar et elle n'est plus une tiask, déclara Sereth comme nous arrivions dans la vallée de l'Ebvrasea.

Le ciel nocturne était couvert et, sous mes pieds, l'humidité avait rendu le sol glissant. Une fine bruine tombait régulièrement.

– Il pleut encore, fit remarquer Chayin. Il pleut depuis que tu es tombée sous le charme de l'helsar.

Il me retint, comme je trébuchai contre une pierre.

– Il doit pleuvoir souvent sur les pentes du Mont Opir, fis-je, rougissant de ma maladresse.

– Depuis quatre jours, il pleut non seulement sur les montagnes mais également sur Frullo jer. Peut-être sur tout Nemar. Depuis ma naissance, il n'a jamais plu durant Amarsa. L'uris pourrira et Hael...

– Chayin! l'interrompit brusquement Sereth.

Il y avait donc des choses que Chayin avait dû, lui aussi, promettre de ne pas divulguer.

– Hael a dressé contre toi bon nombre de personnes présentes à Frullo jer, fis-je. Elles quitteront le désert pour t'attaquer dans la plaine d'Astria, unies sous la bannière de Tar-Kesa. C'est ainsi que Raet agit contre toi, Chayin. Tu dois choisir ton camp... le père s'est retourné contre son fils élu!

Ils s'immobilisèrent et restèrent silencieux, s'abstenant même de me reprocher mon éclat.

– Sereth, tu dois toi aussi effectuer un choix. Si tu désires voir Celendra à tes pieds, sache ce qui s'ensuivra. Si tu te bats contre les Gardiens de l'Histoire, c'est une bataille perdue d'avance. Je dois connaître tes intentions.

– Ainsi que tu viens de le dire, je veux voir Celendra à mes pieds et, comme Chayin a tué Aknet, il est contraint de me prêter main-forte. Celendra n'aura de répit que lorsqu'elle aura pris sa revanche, et elle peut obtenir l'aide de tout M'ksakka. Elle tient Dellin en son pouvoir.

Je tressaillis en entendant le nom de Dellin, cet homme que j'avais autrefois cru aimer.

– Les Gardiens de l'Histoire me déclarent la guerre et nous devons frapper les premiers. Dès l'instant où ils ont permis à Celendra de s'emparer d'Astria grâce au meurtre et à la ruse, et qu'ils agissent contre Hael et Vedrev, il faut que quelqu'un se dresse contre eux. Et si tout ceci n'est qu'une escarmouche secondaire dans le combat qui t'oppose à Raet, cela ne rend pas moins ces choses réelles.

Sereth crill Tyris savait depuis le début ce qu'il m'avait fallu tant de temps pour apprendre. Il ne renoncerait pas, même devant Raet. Je lui touchai le bras.

– Il nous faudra élaborer plusieurs plans, pour pouvoir tromper une devineresse, lui dis-je.

– Combien?

– Disons, cinq. Il faut qu'elle voie sa défaite, sa chute, sans qu'elle puisse pour autant déterminer comment elle se produira. Nous devons la faire douter de ses visions. Nous allons lui faire goûter à la maladie des devins.

Chayin rit de mes paroles et Sereth me donna une tape sur les fesses, puis me poussa vers le lac.

– Prends un bain, petit monstre. Il faut que tu sois propre, pour partager ma couche.

L'eau était froide, et je reculai après l'avoir touchée de mon orteil. Sereth me prit dans ses bras, s'avança jusqu'au moment où il eut de l'eau jusqu'aux hanches, puis me lâcha dans les flots glacés. En riant, je le tirai par les jambes afin qu'il tombât à son tour. Nous jouâmes ainsi jusqu'au moment où je vis Chayin, assis en solitaire sur la rive. La pluie cessa de tomber pendant que je me baignais.

– Tu me frottes le dos? demandai-je à Sereth.

– Agenouille-toi, fit-il.

J'obéis et ses mains massèrent mes muscles endoloris avec efficacité.

– Tu couches avec lui, n'est-ce pas? lui demandai-je.

– Oui, me répondit-il d'une voix neutre.

– C'est chose courante, dans le sud, fis-je remarquer comme il se rinçait les doigts et se tournait vers la rive où Chayin nous attendait.

– C'est une chose courante, répéta-t-il, me tendant la main.

– Je préférerais que tu ne me fasses pas participer à vos ébats.

– Et pourquoi, Tenante de Puits?

– Je pourrais te donner un enfant cette nuit, et je ne voudrais avoir aucun doute quant à l'identité de son père.

Il s'immobilisa. J'avais dit ces paroles sans réfléchir, sans en avoir eu l'intention. Et cependant, je voulais cet enfant, bien que cela eût bouleversé tout l'avenir.

– Vraiment? fit-il.

– Oui.

Je m'abstins de préciser que j'avais à présent le pouvoir de choisir. Comme Estrazi me l'avait dit, longtemps auparavant, il faut imposer sa volonté à ses organes.

– Ne peux-tu pas l'empêcher? Je ne tiens pas à avoir un enfant que ma mort laisserait sans défense.

Il n'aurait pu me blesser plus profondément. Et que pouvais-je lui répondre? Que je serais à même de le protéger? S'il l'apprenait, je le perdrais aussi sûrement que s'il était mort. Bien qu'ayant rejeté mon chaldra, ses valeurs restaient enracinées au plus profond de mon être, alors que l'Ebvrasea s'était entièrement dépouillé de son passé.

Sereth regagna la rive et se mit à discuter avec Chayin. Je regardai le ciel et hâtai la dispersion des nuages. Lorsque je sortis des flots, Clous, l'étoile du nord, luisait au sein d'une nuit limpide. J'allai m'allonger sur l'herbe et imposai ma volonté au temps, pour la première fois depuis que j'étais entrée en possession de mes nouveaux pouvoirs. Je me déplaçai sur les champs de force contenant les sept univers en formation et me baignai dans l'haleine d'une étoile, remontant toujours plus loin les pistes temporelles. Puis je m'arrêtai et étudiai les divers avenirs préexistants. En ce lieu déjà rendu luminescent par les contraintes imposées au temps, je bâtis un autre futur. Sans faire disparaître ni les pulsations colorées du ciel astrien ni les cadavres jonchant cette plaine ensanglantée, je pliai ce qui existait déjà à ma volonté pour en faire une sorte de victoire. Je vis Sereth et fis le nécessaire pour assurer sa protection et, lorsque je parvins finalement à nous réunir, je découvris que je franchissais l'abîme d'une volonté autre que la mienne. Je tentai alors d'engendrer une chaîne d'événements de portée plus générale, sans parvenir à modifier ce qui était prédestiné. J'utilisai toute ma volonté contre ce pouvoir dont je n'avais jusqu'à présent que vaguement perçu l'existence.

Je soupirai et m'assis. Sereth était sans nul doute sauvé et je réfléchis à ce que j'avais effectué. Avant de retourner auprès des hommes, je vérifiai mes armes destinées à lutter contre Raet, levant les yeux vers Wirur et mesurant cette constellation. Si une telle bataille devait véritablement avoir lieu, je ne serais pas prise au dépourvu.

Après avoir regagné mon corps matériel, je me relevai et allai m'asseoir auprès de Sereth et de Chayin, presque identiques sous le clair de lune. J'avais vu ce que pouvait accomplir Raet lorsqu'il occupait un corps humain, lors de notre rencontre sous les chutes de Santha. Sur son monde, j'avais été désavantagée, mais ici il le serait à son tour. Les structures non séquentielles ne peuvent exister dans l'espace-temps tridimensionnel. Sur Silistra, ses pouvoirs seraient diminués.

– A quoi penses-tu? me demanda Sereth, notant mon silence.

– A ce dont tu m'as interdit de parler.

– En ce cas, n'en dis rien.

Il se releva et remonta la pente, sans rien ajouter. Chayin et moi le suivîmes en silence. Je trébuchai et le Cahndor me soutint. Il me sourit et ébouriffa mes cheveux humides. Le vent qui se levait me glaça et je fus heureuse de retrouver l'abri offert par la chambre de Sereth.

Tant de temps s'était écoulé depuis la dernière fois où j'avais fait l'amour avec l'ex-Septième que je trouvais la présence de Chayin envahissante. Mais j'oubliais que les deux hommes n'avaient pas eu d'instants d'intimité depuis longtemps et j'omettais également que l'ex-Tueur n'aurait pu renvoyer Chayin, même s'il l'avait souhaité. J'en pris conscience au début de nos ébats, pensant que l'un de nous se trouverait rapidement délaissé, comme c'est souvent le cas lorsqu'il y a trois partenaires. Mais c'était sans compter avec l'imagination de Sereth, et sans la profondeur du lien les unissant. Je n'avais jamais reçu deux hommes en moi en trouvant cela convenable, jamais je n'avais connu une telle passion, et j'atteignis une extase encore inconnue de moi, même au sein des groupes auxquels avait participé l'ex-Septième... sans doute en raison de l'amour que se portaient ces deux hommes.

Lorsque tout fut terminé, Chayin nous laissa et je me retrouvai seule avec Sereth. Je suivis une de ses balafres avec mes lèvres. Elle descendait au-dessous de son nombril, suivait son bas-ventre, puis disparaissait sous les poils pubiens pour réapparaître sur la cuisse droite. Elle était ancienne mais profonde.

– D'où vient cette blessure? lui demandai-je, posant ma tête sur sa poitrine, mon visage tourné vers le sien.

– Ils ont envoyé Ganrom contre moi.

Je regrettai d'avoir posé cette question, et le lui dis.

– C'est sans importance. Je l'ai tué. Il m'avait parrainé pour la chaîne des Tueurs et c'était un brave compagnon. Mais son chaldra l'a contraint à se dresser contre moi.

Il haussa les épaules mais sa main fut brutale, lorsqu'il me tira par les cheveux pour me contraindre à m'allonger à son côté.

– Pourquoi avoir envoyé Ganrom?

J'étais horrifiée de constater que les Gardiens de l'Histoire pouvaient opposer deux hommes qui avaient été des frères l'un pour l'autre.

– Ils étaient ainsi certains de se débarrasser de l'un de nous. Ce n'est pas le plus étrange de leurs actes, mais certainement le plus cruel.

Il se frotta l'aine. Et je partageai ses souvenirs, sa douleur, et les longs mois passés avec un côté endolori. S'il pleurait la mort de Ganrom, il ne regrettait pas de l'avoir tué. Dans ses souvenirs de ce combat, je trouvai de la satisfaction et de la fierté. Je me retirai en frissonnant hors de son esprit.

– Maintenant, tu dois m'apprendre ce qu'a été ta vie de crell, ce que tu as ressenti. Chayin m'a dit ce qu'il a fait, ce qu'il sait. Explique-moi le reste.

Je le fis, troublée, sans rien laisser dans l'ombre, de crainte de passer sous silence ce qu'il désirait apprendre. Il m'écouta attentivement, ne m'interrompant qu'à deux reprises.

– J'ai oublié de te remercier pour l'avoir recruté, fit-il lorsque je lui parlai de Lalen gaesh Satemit. Il est rare que des hommes de sa trempe passent par ici.

Et il m'interrompit à nouveau lorsque je mentionnai Carth, l'émissaire du dharen de Silistra. Il me demanda de lui répéter tout ce que je savais à son sujet.

Lorsque je lui fis le récit de ce que j'avais vu lors de ma prise de chald, cette tapisserie dont le motif ressemblait à Raet, il s'abstint de faire des commentaires.

– Tu sais que je ne suis pas folle.

– Je ne l'ai jamais pensé. Que veux-tu que je te dise? S'il m'affronte un jour en tant qu'homme, avec une épée ou toute autre arme conventionnelle, je le combattrai pour toi, ainsi que tous ses partisans, jusqu'au moment où je me baignerai dans leur sang ou serai enterré sous leurs cadavres. Mais je ne puis faire plus que cela.

Il embrassa ma gorge et se releva sur un coude, pour observer mon visage.

– Est-ce suffisant?

– Sans nul doute, lui affirmai-je.

Je relevai la tête et fis joindre nos lèvres.

– Je crois que tu mens, dit-il finalement. Que tu en doutes.

– Ce n'est pas de toi que je doute, mais de moi.

Il poussa un grognement et s'allongea à nouveau. Je me pelotonnai contre lui et observai la lumière qui se reflétait sur son cou. Le plafond devenait plus lumineux, à l'extérieur le jour devait se lever.

– Que feras-tu de Celendra, lorsqu'elle sera ta prisonnière? lui demandai-je.

– Je n'ai encore rien décidé. Peut-être la donnerai-je à Chayin? Je lui dois une femme.

– Tu plaisantes.

– Pourquoi? Devrais-je la tuer et te laisser vivre? Une femme n'est dangereuse que lorsqu'elle détient le pouvoir sur des hommes. Elle sera dans l'incapacité de nuire, une fois enchaînée avec les crells. Chayin pourra la tuer, s'il le désire, mais je ne suis pas un tueur de femmes.

– Je te trouve bien trop magnanime avec elle, fis-je, prise de colère sans en connaître la raison.

Il perçut mon humeur et se tourna pour chasser ma fureur de mon corps, sachant que mon esprit serait contraint de l'imiter. Ce qui m'irrita encore plus durant un bref instant. Puis cela disparut et je me mus sous ses mains qui m'avaient rendu ma féminité, découvrant qu'elles avaient encore beaucoup de choses à m'apprendre.

Puis je m'endormis, pour être éveillée par un de ses hommes qui se tenait juste au-dessus de nous.

– Qu'y a-t-il, Idrer? fit Sereth.

Je reconnus alors ce Tueur corpulent et aux cheveux noirs que Dellin et moi avions rencontré sur la route d'Arlet et qui avait appartenu à la bande de Ganrom. Idrer me salua d'un signe de tête et je lui répondis par un sourire tendu.

– De nombreux cavaliers approchent, fit-il d'une voix inquiète.

– Sans doute Jaheil et Nineth, dis-je. Chayin a invité le Cahndor de Dordassa à venir le rejoindre, et il lui a indiqué la route.

– Pourquoi n'en ai-je pas été informé? Va voir Chayin et demande-lui s'il attend quelqu'un. Ensuite, conduis-le dans la salle des écrans où je l'attendrai. Combien sont-ils?

– Quarante ou cinquante. Ils se trouvent encore très loin.

– Prends une cinquantaine d'hommes et poste-les à l'entrée de la caverne. Va!

Idrer sortit si rapidement que la porte eut à peine le temps de s'ouvrir devant lui. Sereth prit son vêtement et son ceinturon.

– Si tu veux venir, remue-toi.

Je me levai et cherchai mes vêtements, sans les trouver.

– Tiens, me dit Sereth en me lançant un ballot.

Je le défis et restai interdite en découvrant ce qu'avaient contenu les fontes d'Issa, sur la piste de Santha. Alors que je fixais mes effets et ma bourse emplie de pièces, il me lança mon ceinturon ainsi que le couteau de gol qu'il m'avait offert, à présent doté d'une gaine.

– Dépêche-toi, sinon tu ne pourras voir à l'œuvre les merveilles de cette forteresse.

Je me vêtis en hâte et courus pour le rattraper. Il pénétra dans trois alcôves, mais Chayin ne s'y trouvait pas. La dernière avait cependant été récemment utilisée et Sereth poussa un grognement de satisfaction.

– Quelles merveilles? fis-je comme nous pénétrions dans le couloir « Comm. Inter/Intra. »

Il sourit sans répondre et nous nous arrêtâmes devant une porte où je lus une inscription en silistrien archaïque.

– S.S.? Que veulent dire ces initiales?

– Salle de Surveillance. Les anciens occupants de ces lieux se méfiaient des visiteurs.

La porte glissa de côté, révélant une pièce dont trois murs étaient couverts d'écrans. Je notai un étrange pupitre sur lequel clignotaient d'innombrables diodes électroluminescentes. Sereth passa ses mains au-dessus d'elles et je compris qu'il s'agissait de senseurs. Sur les écrans apparurent les pentes du Mont Opir. Par endroits, les images manquaient de netteté, et un quart des pentes, au nord et au nord-ouest, n'étaient pas surveillées. J'en fis la remarque à Sereth.

– Certains appareils sont en panne et je n'ai ni les connaissances ni les pièces de rechange nécessaires pour les réparer. Seuls des Gardiens de l'Histoire pourraient les remettre en état, mais j'hésite à faire appel à leurs services.

Il sourit et passa ses mains sur la console. Le paysage se rapprocha sur les écrans.

– Regarde, dit-il.

Il me faisait une démonstration des capacités de l'installation. Les angles de vision changèrent et il y avait même une vue du ciel. Puis il rit en apercevant une troupe en mouvement et augmenta le rapport de grossissement. Le groupe qui gravissait les pentes du Mont Opir était composé de cavaliers. Sereth poussa un grognement et j'entendis la porte s'ouvrir. Chayin et Idrer entrèrent. Sereth passa une dernière fois la main sur le panneau et nous vîmes Jaheil et ses hommes.

– Alors? demanda Sereth, se détournant des écrans.

– C'est Jaheil. Je l'ai invité à se joindre à nous, fit Chayin, soulagé, surpris, et visiblement satisfait. Il disait qu'il ne viendrait pas, mais il semble que le Cahndor de Dordassa a non seulement trouvé un yra de jiasks, mais qu'il a recruté également certaines de mes tiasks.

– Il ne manquait plus que ça! fit Sereth. Des tiasks! Où vais-je les mettre?

Il caressa le pupitre et les images disparurent brusquement, alors que les murs se paraient d'une luminescence laiteuse.

– Elles trouveront sans doute des couches, comme les précédentes, fit Idrer, rompant son mutisme habituel. Leurs tentes ne sont restées dressées que la moitié de la première nuit.

Cela m'avait intriguée, lorsque je m'étais rendue au lac, ne voyant aucun aprei dressé, aucun signe des quarante-deux jiasks et tiasks de Wiraal et de Pijaes. Je me demandai de quelles couches il parlait : celles des hors-la-loi, des jiasks, ou d'autres encore?

– Il y a eu douze blessés, avant que les choses ne se calment, rappela Sereth.

– Douze dont tu as entendu parler, corrigea Chayin, en marmonnant.

– Dois-je rappeler les cinquante cavaliers de faction à l'entrée de la caverne? demanda Idrer.

– Non, qu'ils se portent à la rencontre de Jaheil, Cahndor de Dordassa. Et rappelle-leur de prendre garde à leurs manières. Je ne veux plus de rixes!

Lorsque Idrer sortit, en riant sous cape, Sereth éteignit la pièce.

– Il est difficile de se défaire de ses vieilles habitudes, dit-il. Ton ami Lalen a tranché les jarrets d'une tiask, l'autre nuit. Une ancienne dette.

Nous gagnâmes le couloir brillamment éclairé.

– Je n'ai pas compris où tu voulais en venir, avouai-je.

– J'aimerais avoir son épée au côté de la mienne.

– Je ne le compterais pas parmi mes amis, mais nous n'avons aucune dette en suspens, si c'est ce que tu veux savoir.

– Et toi, qu'en dis-tu, Chayin?

– Je ne le connais même pas. Il y a tant de crells, à Nemar.

– Et au sujet de Jaheil? Avions-nous besoin d'une centaine de tes hommes... et femmes... pour ce coup de main? J'estime qu'une cinquantaine aurait suffi.

– Voyons ce que Jaheil a appris des projets de Hael et que nous ignorons encore. Son épée en vaut dix et sa loyauté ne peut être mise en question.

– Je vois, répondit Sereth qui nous guida vers le

réfectoire. Estri, prépare-moi un plan de Puits Astria, avec chaque pièce et chaque couloir.

– T'intéresses-tu également aux passages secrets, ou aux accès souterrains depuis longtemps oubliés? m'enquis-je.

– Tout ce que tu peux estimer utile. Nous avons également accès aux tunnels, à partir de cette forteresse.

– Je m'en doutais.

– Mais on ne pourrait y faire descendre un threx.

– Tes hommes ont-il changé au point de ne plus pouvoir se battre à pied?

– Qui va effectuer ce raid, toi ou moi? grommela-t-il.

– Toi et Chayin, et je ne suis qu'un instrument entre vos mains, rétorquai-je.

– Pas les miennes! protesta Chayin en riant. L'Ebvrasea, sur la case du but prépondérant, utilise le threx et l'homme à ses fins. (Je lui fis une grimace et lui tirai la langue.) Tu devrais lire l'*Ors Yris-tera.*

La pièce était bondée de monde, car il était midi. Il n'y avait plus de places assises et nombreux étaient ceux qui devaient demeurer debout.

Nous prîmes des bols et allâmes faire la queue avec les autres.

– J'ai déjà eu ma dose de mystères, aujourd'hui.

Nous fîmes trois pas, pour nous immobiliser pendant que le cuisinier servait un autre homme. Les yeux de Sereth parcouraient les ex-Tueurs, les reconnaissant, parlant à certains. Il existait un lien profond entre lui et ces hommes qui avaient tout abandonné pour le suivre.

Il s'excusa et me tendit son bol, pour se diriger vers Lalen. Ce dernier, assis en tailleur dans l'angle opposé de la pièce, inclinait pensivement sa tête blonde en direction de son bol.

Sereth s'accroupit à son côté et je pensai deviner ce

qui se passait entre eux. Les questions directes de Sereth et les réponses posées de Lalen. Lorsque l'Ebvrasea se redressa, l'homme blond l'imita.

– Je crois que nous ne nous sommes jamais véritablement rencontrés, fit Chayin lorsqu'ils furent auprès de nous.

Il tendit la main à Lalen qui la prit presque timidement. Il ne portait plus les vêtements parsets que je lui avais achetés et était vêtu comme tous les hommes de Sereth.

– Estri, dit-il, je suis heureux de vous voir là où vous souhaitiez tellement vous rendre. (Il se tourna vers Sereth :) En dépit de sa captivité, elle ne pensait qu'à vous et à ce qui vous était arrivé. J'ai trouvé cette loyauté remarquable, chez une femme.

Je rougis, regrettant de l'avoir affranchi.

– Et je suis heureuse de vous voir dans une position qui convient mieux à vos talents, rétorquai-je.

– Je n'avais pas l'intention de vous offenser, s'excusa-t-il.

– A l'avenir, réfléchissez avant de parler, fis-je, découvrant que j'avais appris de Sereth sa façon d'inclure des menaces dans une voix posée.

– Arrêtez, vous deux! ordonna l'ex-Tueur. Belle amitié, vraiment!

Je me détournai et me retrouvai devant le chef cuisinier qui me servit une portion. J'étais attristée de découvrir en Lalen une telle amertume envers les femmes. Je doutai de pouvoir un jour comprendre les hommes et décidai de me méfier de lui.

Alors que nous mangions, debout, Sereth l'interrogea au sujet de Carth, qui avait partagé la même chaîne que lui. Si Lalen le connaissait peu, il déclara avoir appris dans les geôles des crells bien des choses pouvant s'avérer intéressantes, et il demanda à brûle-pourpoint à Chayin s'il devait se taire de crainte de l'offenser. Le Cahndor lui ordonna de parler. Il semblait que la liaison entre Hael et Liuma, bâtie pour les mers de l'adversité, sombrait dans celles du triomphe. Liuma avait révélé leurs secrets dans une ultime tentative effectuée pour reprendre le contrôle de Hael, soudainement devenu incontrôlable. Les détails que connaissait Lalen sur les actions prévues par Hael leur fournirent les bases de leur premier plan. Etant donné qu'ils n'auraient pas besoin de beaucoup d'hommes, Chayin enverrait le jour même l'yra de Wiraal auprès de Celendra qui ne pourrait refuser de les servir car, dès l'instant où des hommes acceptent de payer le prix, une Tenante ne peut les renvoyer. Si j'avais été Celendra et que, sitôt après la mort de mon père, un yra de jiasks du conquérant étaient apparus à la porte de mon Puits, en déclarant vouloir y séjourner, j'aurais éprouvé une certaine inquiétude. Et en apprenant que les Nemarsis attendaient l'arrivée d'autres jiasks de leur tribu, je crois que je me serais mise à trembler. A juste titre car, le deuxième septième d'Amarsa, les deux hommes de Wiraal ayant passé la nuit précédente avec la Tenante effectueraient trois choses. Pour mener à bien la première, ils devraient disposer d'un plan de Puits Astria. Nous gagnâmes les quartiers de Sereth, où je fis un croquis sommaire que Chayin porta aussitôt à Wiraal, afin que ce dernier pût se mettre en route sans perdre de temps.

– Je ne comprends toujours pas, avouai-je, lorsque Chayin nous eut quittés.

– Moi non plus, déclara Lalen.

– Alors, il est possible que Celendra et Hael soient dans le même cas que vous.

Sereth regarda par-dessus mon épaule le plan plus grand et détaillé que je traçais, assise à même le sol.

– Celendra aura dans son Puits un certain nombre de Nemarsis, qu'elle ne pourra pas chasser tant qu'ils se tiendront tranquilles, et qui laisseront entendre qu'ils attendent des renforts. Celendra, certaine qu'il s'agit d'un complot, demandera la protection des Tueurs. Mais pour pouvoir attaquer les Parsets, les Tueurs devront obtenir l'accord préalable des Gardiens de l'Histoire. Ils devraient le recevoir au moment où Hael s'engagera dans la plaine avec son armée, dans l'intention d'attaquer Chayin à son retour de Puits Astria. Pour les Tueurs, tous les Parsets se ressemblent, et des présentations seront inutiles. Ils chargeront les hommes de Hael, en pensant qu'il s'agit de nos troupes. Entretemps, nous gagnerons Puits Astria par les tunnels, libérerons les hommes de Wiraal, et exterminerons la garnison présente dans le Puits. Puis nous repartirons par les passages souterrains avec Celendra et un butin important. Hael était condamné.

Sereth se tut et Lalen se frotta le menton, avant de siffler doucement entre ses dents.

– Et si Hael décide de se cacher et de tendre une embuscade, ou s'il arrive plus tard? demandai-je.

– Certains de mes hommes se chargeront de les aiguillonner. Au besoin, nous pourrons même fournir à Hael quelques cavaliers à prendre en chasse.

A présent, Lalen hochait énergiquement la tête. Je terminai mon croquis du Puits et m'assis. Sereth me fixait.

– Ce n'est qu'un plan de bataille, naturellement, dit-il.

– Je croyais que Chayin voulait affronter personnellement Hael, fis-je remarquer. A-t-il donné son accord?

– Oui, et il a proposé certaines tactiques de remplacement, en cas d'imprévu.

– Alors, il ne me reste qu'à me taire.

Je lui tendis mon plan et Lalen se racla la gorge.

– Tu as confiance en ton jugement, mais pas dans le mien? murmura Sereth.

Je me penchai pour caresser les muscles tendus de son visage.

– Ce n'est pas ce que je voulais dire. Je sais trop peu de choses pour avoir une opinion valable, c'est tout. Tu ne m'as même pas appris comment Celendra a pris possession d'Astria.

Lalen se leva et alla examiner les armes accrochées au râtelier, visiblement mal à l'aise.

– Etait-elle aussi contrariante, lorsqu'elle avait le statut de crell? lui demanda Sereth d'une voix calme.

– Effectivement, confirma Lalen.

– Et en tant que femme?

– Egalement, fit Lalen en riant. Hautaine et méprisante. Je devais la saillir, et elle refusait. Il a fallu que le geôlier vienne se tenir au-dessus de nous. Je la croyais sans talent, mais je constate qu'elle a suscité l'intérêt de Chayin et le vôtre.

Il se baissa pour ramasser mon chald astrien.

– Je n'ai jamais apprécié les chaînes, déclarai-je.

Sans talent, vraiment! Sereth était amusé. Lalen inspecta mon chald et je notai qu'il en assimilait l'importance.

– Tu as été son crell durant un certain temps, je crois? lui demanda Chayin.

– Oui, mais de nom seulement, répondit Lalen en accrochant le chald au râtelier d'armes.

– Comment peut-on n'être esclave que de nom?

– Elle était occupée avec Chayin. Je... Elle... J'ignore ce que vous voulez me faire dire. J'étais blessé, convalescent. Elle n'a ni usé ni abusé de moi. Elle m'a exempté de tout travail.

– En ce cas, c'était une bonne maîtresse? Et tu ne t'en sens pas redevable envers elle?

– Non.

– Arrêtez! criai-je.

– Silence! Tu n'éprouves aucune reconnaissance bien qu'elle t'ait affranchi, envoyé ici, rendu une position qui te convient?

– Elle n'a pensé qu'à elle! fit Lalen, les lèvres serrées.

– Si je te demandais de prendre ton épée et de la tuer, le ferais-tu?

– Avec joie, répondit Lalen, dégainant sa lame.

Je restai paralysée, agenouillée sur le sol. Lalen vint vers moi.

– Attends! ordonna Sereth, se levant. Rengaine ton arme!

Lalen obéit, comme à regret.

– Merci, fit Sereth qui ajouta à mon intention : Nul homme n'aurait agi différemment. Si celui dont la vie a été placée entre les mains d'une femme ne peut éprouver de gratitude, il connaît cependant bien d'autres sentiments. (Il se tourna vers Lalen :) Puis-je te charger de sa protection, en dépit de ce que tu éprouves envers elle?

– Je ne souhaite qu'une chose : pouvoir vous servir, répondit finalement Lalen. En vérité, j'ignorais mon ressentiment avant que vous m'ordonniez de la tuer. Cette pensée m'était agréable, mais je la protégerai.

– Je n'en doute pas, dit l'Ebvrasea. Prépare ton équipement car tu partiras avec nous, demain à midi. Si j'ai besoin de toi auparavant, j'irai te trouver.

Sereth guida Lalen vers la porte. Je restai agenouillée sur le sol et mes membres tremblaient. Ma bouche avait le goût amer de la peur.

– J'espère que tu as compris mes intentions, fit-il en s'accroupissant à mon côté. C'est un homme valable.

– Je les ai comprises, dis-je.

– Maintenant, je vais t'apprendre comment Astria est passé des mains de Jana à celles de Celendra.

Je m'appuyai contre lui et l'écoutai à peine pendant qu'il me parlait d'Astria. J'appris que mon nom avait été inscrit sur le Registre des Gardiens de l'Histoire, que j'étais légalement morte. Le nom de Jana y avait également été porté, car elle avait disparu depuis plus de deux ans. Celendra avait simplement réclamé le Puits, en tant que Tenante au rang le plus élevé de la planète, juste après la mort de mon oncle Rathad. Sa mort ne pouvait être imputée à des causes autres que naturelles et il n'avait laissé aucune famille.

– Astria a beaucoup changé, ajouta-t-il. Celendra l'a doté des derniers perfectionnements de la technique m'ksakkienne. On raconte qu'on y trouve à présent des bains de plaisir, où l'on flotte sans se mouiller sur des fontaines d'une eau particulière.

– M'lennin doit en être ravi, fis-je, comme la colère montait en moi et remplaçait la peur.

– M'lennin est retourné sur M'ksakka. Dellin est Premier de Liaison depuis que Celendra a pris Astria. Il a la chaîne des Tueurs. (Je me redressai.) Es-tu à ce point bouleversée?

Il se redressa à son tour et j'écartai mes cheveux de mon visage.

– Non, je viens de penser à quelque chose. S'il se trouve dans la résidence du Premier de Liaison, je pourrais être utile. Il n'existe aucune raison pour qu'on ait ôté mes empreintes de l'ordinateur qui garde cet endroit. Je puis y entrer quand je le veux. Les portes s'ouvriront toujours au contact de ma paume.

– Tu es bouleversée, fit-il en me prenant les mains.

– Oui, je suis bouleversée, répétai-je en me libérant. Mais c'est ta démonstration qui m'a bouleversée, pas le passé. Peu m'importe Dellin. Tu as réussi à me terroriser.

– C'était une simple leçon sur la nature des hommes, dit-il en relevant doucement mon visage.

– Et non une mise en garde?

– Nous nous sommes trouvés dans une situation semblable, admit-il.

Sans doute voulait-il parler du jour où j'avais supplié Raet de lui laisser la vie sauve, sous les chutes de Santha.

– Ne me lie pas ainsi. Je dois utiliser le peu de pouvoirs que je possède pour me défendre.

– Quelqu'un doit le faire.

Il n'avait répondu qu'à ma première demande. Je ne pouvais défaire ce que j'avais fait pour lui. Pas plus que je ne pourrais éternellement renoncer à mes pouvoirs, ou les lui cacher. Je me levai et allai caresser les poignées usées de ses armes, luisantes d'avoir été beaucoup utilisées. Elles semblaient prêtes à sauter dans ma main.

– Où se trouve le manteau que je portais à mon arrivée? demandai-je d'une voix calme, au prix d'un violent effort.

– Dans le coffre, fit-il, visiblement surpris.

Je pris le manteau et étalai près de Sereth son étendue brune, à même le sol. Prenant le couteau de gol, je m'agenouillai et tranchai les fils fixant l'enveloppe de toile au manteau. Lorsque tous les points furent défaits, j'ôtai le tissu brun et le sceau des Formeurs scintilla sous la clarté changeante de la pièce, semblant composé d'étoiles véritables.

Sereth s'agenouilla à mon côté et se pencha vers le manteau pour faire courir ses doigts sur la spirale miroitante, reconnaissant ce signe. Il s'assit sur ses talons, m'interrogeant du regard.

Je me relevai et plaçai le manteau sur mes épaules.

– C'est mon présent de couche, lui dis-je d'une voix solennelle. Mais tu dois écouter certaines choses le concernant et me promettre de ne pas t'emporter.

– C'est chose faite.

– Prends une épée à laquelle tu attaches peu de prix et frappe n'importe quel point de mon corps protégé par ce manteau.

– Estri...

– Fais-le. Je ne serai pas blessée.

– Non.

Mais, finalement, il alla prendre une vieille épée à la lame ébréchée, puis il vint se tenir devant moi.

– Tu dois frapper avec force, lui dis-je avec ce que j'espérais être de l'assurance dans la voix.

– N'existe-t-il aucun autre moyen?

– Il faut que quelqu'un porte le manteau.

Il haussa les épaules et abattit son bras avec une rapidité telle que je n'aurais pu l'esquiver, si je l'avais désiré. Je perçus un léger choc et la lame se brisa en fragments minuscules qui restèrent un instant en suspension dans les airs, petites paillettes de poussière métallique. Lorsque Sereth abaissa le regard sur ce qu'il tenait, il ne vit plus qu'une poignée, qu'il soupesa longuement.

Puis il me regarda, avec une expression enfantine, excitée et heureuse. J'avais craint qu'il ne refusât mon présent et ne fût en colère.

– Voilà le genre d'aide que je suis heureux d'accepter, déclara-t-il.

Je pris le manteau de mes épaules et le lui tendis. Il en aurait certainement l'usage, alors que j'avais besoin d'une protection contre autre chose que l'acier ou le gol. Il le prit, puis m'enlaça. J'étais heureuse, mais les ombres de l'avenir s'étendent toujours vers le passé, en le modifiant.

Il avait fière allure, avec ce manteau qu'il ôta presque aussitôt pour le remettre dans le coffre. Il semblait être né pour le porter, mais Estrazi m'avait averti que Sereth n'était pas pour moi. Cependant, j'utilisai ma volonté contre mon père, afin de renforcer ce que j'avais fait et ériger une muraille pour stopper les vents glaciaux qui gémissaient dans mes oreilles.

– Es-tu certaine que tu n'en auras pas besoin? me demanda Sereth.

– Certaine.

– Je vais te faire mon présent de couche, et il me coûte autant que pour toi le don de ce manteau. Nous avons un enth devant nous et nul ne nous dérangera. Je dois te parler sérieusement. (Il vint s'asseoir en face de moi.) Tout d'abord, je vais te parler de Lalen. Il est resté un bon nombre d'années un esclave, ce qui peut provoquer d'étranges choses dans l'esprit d'un homme. Je devais tester sa loyauté, et je désirais également que tu le voies sous son jour véritable. S'il meurt à ton service, tu n'auras pas à le regretter. Mais il saura te protéger. Sa main sera plus forte que la mienne, son esprit plus lucide, car son unique tâche consiste à te maintenir en vie.

– Je sais, fis-je en notant le regard qu'il m'adressait.

– Lorsque je t'ai rencontrée, j'avais fait ma vie. Je possédais des femmes, des enfants, des terres et des threx, un rang très élevé et la puissance... tout ce qu'un homme peut souhaiter obtenir. Je détenais l'Epée du Septième. Mais j'ai effectué quelques mauvais calculs et j'ai tout perdu. Lorsque je me suis jeté sur Vedrev, je n'avais pas toute ma raison. Et quand je me suis retrouvé avec tous ces hommes à mon service, il était trop tard. Je n'avais pas voulu cela... Seul, j'aurais pu gagner Dritira ou Galesh et refaire ma vie. Mais je ne pouvais abandonner ceux qui avaient tout laissé pour me suivre.

Il prit une profonde inspiration puis libéra l'air qui siffla entre ses dents.

– Il m'est difficile de te parler de ces choses, ajouta-t-il finalement. Je n'ai jamais demandé conseil à qui que ce soit. Cette vie est dangereuse et je n'ai aucun but précis. Nous sommes relativement en sécurité sur les Terres des Parsets, mais ailleurs... Lorsque j'ai envisagé d'enlever Celendra, je pensais à un simple coup de main, une riposte contre les Gardiens de l'Histoire qui me harcelaient. Mais les choses ont changé. Tout cela est devenu extrêmement sérieux.

» Tu dois décider de ce que tu feras si je meurs. Et n'oublie pas que, si je survis, il y aura toujours une prochaine fois. Chayin et moi finirons par nous battre pour toi, car les hommes peuvent tout partager, hormis l'amour d'une femme. S'il devait te reprendre, accepte-le. Sur certains plans vous êtes semblables, et tu pourrais trouver pire que Nemar.

Ma vision était trouble et je ramenai mes genoux contre mon corps, pour y faire reposer ma tête.

– Mais je m'y prends mal, marmonna-t-il en se relevant. Je ne suis pas son pourvoyeur... J'ai laissé derrière moi quatre femmes, trois filles et un petit-enfant dont j'ignore jusqu'au sexe. Devant moi il n'y a que des conflits et, un jour, la mort donnée par un adversaire plus fort que moi. Si je me contentais de cette vie, ce n'est plus le cas depuis ton arrivée.

Je me mis à pleurer et il s'agenouilla pour poser ses mains sur mes épaules tremblantes.

– Tu dois comprendre. Lorsque l'homme dont le métier est de jouer avec la mort commence à tenir à la vie, cela le rend faible. Et, dans ma faiblesse, j'ai peur pour toi.

Il voulait m'apaiser, sans y parvenir. Lorsque je cessai de pleurer, il me tint encore, me murmurant des choses qu'il ne m'avait jusqu'alors dites que dans le feu de la passion.

Puis il m'interrogea, et je lui révélai tout ce qu'il voulait savoir au sujet du manteau, d'Estrazi et de Raet. Finalement, je lui demandai de m'excuser, expliquant que j'éprouvais le besoin de rester seule et de marcher dans les couloirs, jusqu'au moment où j'aurais retrouvé mon calme.

Il se rendit à la porte qui s'ouvrit, puis il déposa un baiser sur mon front. Je passai devant lui, sans dire un mot.

Après un moment passé à errer sans but, je rencontrai Chayin. Il était seul et je devinai à son expression quel devait être mon aspect : yeux rougis, visage enflé, cheveux en bataille.

– As-tu ta gourde? lui demandai-je.

Il avait appuyé son bras contre le mur et me barrait le passage.

– Il ne veut pas que tu en boives, fit-il en me la lançant.

Je goûtai à l'uris pour la première fois depuis mon éveil. C'était une expérience qui me procura un plaisir intense. Mes nerfs se détendirent, mon angoisse s'estompa. Je lui rendis la gourde. Il regarda mon visage et son doigt suivit le parcours emprunté par mes larmes.

– Il a changé, n'est-ce pas? fit-il avec douceur.

Je secouai la tête alors que les larmes menaçaient à nouveau ma vision.

Chayin m'attira vers lui et me tint. Je le sentais explorer mes souvenirs mais ne fis rien pour l'en empêcher.

– C'est presque terminé, dit-il encore. Tu dois être forte durant encore un court instant. Bientôt, tout sera très simple. Les temps nouveaux apportent avec eux un équilibre différent. J'ai consulté une seconde fois l'Yris-tera. Tout semble avoir une solution.

Il m'écarta de lui. Qu'il était devenu fort, à présent libéré de la maladie des devins!

– Ce n'est pas ce qu'il me semble, soupirai-je.

– Seulement parce que tu consacres tes efforts à te montrer moins forte que tu ne l'es. Mais cela ne tardera pas non plus à prendre fin.

– Je dois retourner auprès de Sereth.

– En ce cas, va, fit-il en arborant un large sourire. Et ne t'inquiète pas. Lorsque tu auras besoin de moi, tu n'auras pas à me chercher.

7

LE PREMIER OFFICIER DE LIAISON

Les souterrains étaient sombres et humides, uniquement éclairés par les rares ampoules électriques du passage central qui s'éloignait à perte de vue devant nous. Il donnait naissance à d'autres tunnels, six colliers de lumières. C'était un lieu de grisaille, hanté par les spectres, le domaine des Gardiens de l'Histoire. Sous mes pieds, le sol aussi lisse que du verre était glissant. Chayin, vêtu comme moi, regardait par-dessus l'épaule de Sereth. J'entendis un son métallique et me baissai pour ramasser la lune-rasoir et la replacer correctement dans son étui. Lalen, adossé à la paroi, m'observait avec insolence. Comme Sereth, il portait une cuirasse et s'était bardé d'armes.

– Mais où allons-nous? avais-je demandé à Sereth, nul ne m'ayant tenue au courant de leurs projets définitifs.

– Rendre visite à Dellin.

Nous étions le second deuxième d'Amarsa et Wiraal ne pourrait atteindre Astria avant le second sixième.

Je secouai pensivement la tête, devant l'impénétrabilité de l'Ebvrasea. Un bref crissement se fit entendre dans le passage et une section du sol glissa pour révéler un niveau inférieur. Des profondeurs s'éleva un objet argenté et allongé qui possédait une certaine ressemblance avec les aéroglisseurs des M'ksakkiens. Lorsque les trois quarts de la chose se trouvèrent à notre niveau, elle cessa de s'élever.

Sereth rit doucement puis effleura une petite boîte qu'il tenait dans sa main. J'entendis un bourdonnement et Lalen poussa une exclamation, s'écartant de la paroi. Chayin vint vers moi et me prit par les épaules pour me faire pivoter. Je savais ce que je verrais et je résistai presque. La sphère oblongue de métal s'était ouverte, nous invitant à y prendre place.

Lalen s'avança pour la regarder par-dessus mon épaule, également mal à l'aise.

– Venez, il n'y a aucun danger, déclara Sereth avec indulgence.

J'enjambai le vide et posai le pied sur le plancher de l'appareil. Lorsque nous fûmes à l'intérieur, Sereth nous suivit et se servit à nouveau de la petite boîte. Des vibrations me parvinrent à travers les semelles de mes bottes. Nous nous déplacions, et j'étais heureuse que l'obscurité du tunnel m'empêchât de voir ses parois défiler rapidement. Sereth glissa la boîte dans son ceinturon, puis il fit signe à Chayin d'approcher.

– Il est préférable que tu saches comment guider cet engin, l'entendis-je déclarer, comme Chayin se penchait sur un pupitre.

Je m'approchai à mon tour, espérant ainsi pouvoir oublier les tonnes de roche nous surplombant. Lorsque je m'estimai à même de réussir à faire obéir l'engin, en cas de besoin, j'allai essayer un siège et je découvris qu'ils avaient été conçus pour des personnes moins corpulentes que nous, et même que moi. J'imitai Lalen et m'assis sur le sol, prenant l'*Ors* relié de slitsa. A peine eus-je le temps de lisser les angles de certaines pages qui avaient été pliées, que nous arrivions à destination.

– Nous y sommes, déclara Sereth, prenant la parole pour la première fois depuis des enths.

– Où, plus précisément? demandai-je, glissant le livre dans l'aumonière de ma ceinture.

En réponse, Sereth s'affaira sur le pupitre de commande et la porte glissa latéralement. Nous étions dans un tunnel deux fois plus large que celui que nous avions laissé des néras derrière nous : gris, vitrifié et uniforme.

– Vite! ordonna Sereth.

Chayin passa le premier puis se tourna vers moi. Je franchis d'un bond l'espace séparant l'engin de la plate-forme, puis Lalen m'imita, sans sembler faire cas du trou béant.

La porte de l'engin commençait à se refermer et Sereth vint nous rejoindre. Puis l'appareil s'enfonça dans les profondeurs et le sol se remit en place sans un bruit.

Nous nous regardions, au sein de ce silence oppressant.

– Où sommes-nous? demandai-je à nouveau.

– Montons nous en assurer. Nous devrions nous trouver à un ou deux néras de la résidence du Premier de Liaison, mais j'ai pu me tromper.

Sereth partit sur la droite. Chayin l'imita et Lalen me prit le bras pour me pousser derrière eux. Je pivotai sur moi-même et le fixai durement, mais j'obéis après lui avoir fait lâcher prise.

– Ici, déclara Sereth lorsque nous eûmes parcouru approximativement un demi-néra.

Un élément du mur recula pour révéler des marches d'archite usées. En raison du petit nombre d'ampoules électriques, l'escalier en hélice était peuplé d'ombres menaçantes.

Sur les marches, Sereth se tourna vers Chayin.

– Referme-la, suggéra-t-il.

Chayin palpa le mur, sur la droite de la porte, et le panneau se remit en place sans le moindre bruit. Mes oreilles bourdonnaient, comme si j'avais changé trop brusquement d'altitude. Je déglutis et attendis que mes yeux se fussent accoutumés à la pénombre.

– Avancez, me siffla Lalen, juste derrière moi.

Je soupirai et suivis Chayin et Sereth, gravissant les marches deux à deux.

L'escalier était long, sa courbe prononcée, et je fus bientôt à tel point hypnotisée par les marches que je heurtai Chayin et Sereth qui s'étaient arrêtés au sommet.

– Silence! intima l'ex-Tueur.

Il fit déplacer le panneau nous barrant le passage et le soleil couchant nous inonda de sa clarté rougeâtre. Je laissai échapper un hoquet devant la vision de la plaine d'Astria où j'avais passé mon enfance et me glissai entre les deux hommes.

– Regardez!

Je désignai les tours prismatiques d'Astria. Elles miroitaient sur l'horizon, se dressant dans le ciel embrasé. Je m'avançai alors sur cette corniche qui avait si bien su me céder son secret. J'étais souvent venue jouer sur cette éminence, étant enfant.

– Il n'est pas étonnant qu'aucun Gardien de l'Histoire n'emprunte ce tunnel, fis-je remarquer.

– A l'exception de Hael, corrigea Sereth en riant.

– Ne peuvent-ils apprendre que nous avons utilisé cette navette?

– J'en doute, car cet engin n'est pas répertorié et, à ma connaissance, ils n'ont jamais utilisé ce passage, fit-il avant de se tourner vers Lalen. En route.

Mon garde du corps sortit du passage et Sereth nous apprit à commander l'ouverture et la fermeture de la porte, par un senseur placé sous un panneau de pierre amovible. Lorsque nous eûmes terminé ces essais, le crépuscule tombait.

– Est-ce la résidence du Premier de Liaison? me demanda-t-il, désignant un bâtiment massif et laid qui s'éclairait pour la nuit.

– Oui, répondis-je, me souvenant de ce que M'lennin m'avait fait subir dans cette demeure. Allons-nous y pénétrer immédiatement?

– Immédiatement.

Chayin s'étira et, depuis sa poitrine, l'urithéria du médaillon m'adressa un regard menaçant.

– Alors, en route.

La résidence devait être distante de sept néras. Lorsque nous nous arrêtâmes, la lune ne s'était pas encore levée, et nous nous trouvions si près de la demeure que nous pouvions voir la grille extérieure et le rougeoiement de son verrou palmaire.

– J'y vais, tout simplement?

– Oui, fais-nous franchir ces grilles.

– Il existe un verrou manuel, fis-je pensivement remarquer.

– Pourquoi te refuserait-on l'entrée? rétorqua Sereth.

C'était exact, l'ordinateur n'avait pas la moindre raison de donner l'alerte. Dellin ne prendrait peut-être même pas la peine de s'assurer de l'identité des visiteurs. Sereth, Chayin et Lalen dissimulèrent leurs visages sous les légers casques parsets qu'ils avaient apportés.

– Lorsqu'il t'aura vue, il ne pensera plus à nous, ajouta Sereth. Sa surprise sera grande, car il ignore sans doute que tu es revenue sur Silistra.

Je souris et pris le couteau de gol qu'il m'avait offert, lui donnant le baptême du sang par une entaille sur mon bras. La blessure, longue et assez profonde, saignait abondamment.

– En route, je ne tiens pas à me vider de tout mon sang.

Une fois arrivés dans le rayon d'action du senseur, Sereth et Chayin feignirent de me soutenir. Lalen, qui protégeait nos arrières, avait une démarche nerveuse.

– Et s'il a des invités, ou s'il est absent, que ferons-nous?

– Silence. Joue à la blessée et titube, ordonna Sereth.

Nous entrâmes dans la zone de perception des senseurs et nous nous tûmes. L'éclairage de la cour extérieure devint plus lumineux, nous étions annoncés. J'appliquai la main sur le verrou palmaire et la porte glissa de côté. Nous gravîmes hâtivement les trois marches. La porte se refermait silencieusement derrière nous, lorsque j'entendis courir. Chayin dégaina son épée et je glissai mes mains dans mes cuissardes. Dellin apparut à l'angle du bâtiment, suivi par deux hommes. Je lançai les deux lunes-rasoirs sur la droite et la gauche de Dellin qui n'était pas armé. J'entendis hurler et Lalen me saisit par l'épaule, me plaquant au sol derrière Chayin et Sereth.

– Estri! Que...?

Je vis Dellin comprendre, se figer, puis lever ses mains et les plaquer sur sa tête. Un des deux Tueurs était plié en deux, une lune-rasoir plantée dans le ventre. Je me demandai comment j'avais pu rater le second qui brandissait son épée, accroupi sur le perron de la salle d'accueil.

– Jette ton arme! lui intima Sereth.

L'homme regarda autour de lui, pivota, et bondit vers le haut des marches. Il disparut dans le couloir et Chayin se lança à sa poursuite, ramassant au passage la lune-rasoir. Un instant plus tard, un cri s'éleva.

Entre les jambes de Sereth, je voyais Dellin regarder le blessé et son épée.

– Lâchez-moi, ordonnai-je à Lalen, qui me tenait par les cheveux.

– Ramasse-la, Dellin, proposa Sereth.

– Pour pouvoir me tuer.

– Pas tout de suite. Prends cette épée.

Dellin le fit. Chayin apparut au sommet des marches et s'accroupit pour assister au duel, croisant les bras sur sa poitrine.

L'officier de Liaison soupesa l'arme poisseuse de sang puis fit un pas vers Sereth. La lame de ce dernier s'abattit un instant après l'attaque de Dellin dont l'épée s'envola et glissa sur le sol d'acier. Dellin ramena sa main contre son corps, fixant son adversaire avec incrédulité.

– Tu peux tenter ta chance à nouveau, suggéra Sereth. Nous avons tous nos mauvais jours.

Cette fois, Dellin saisit l'arme des deux mains et plongea vers Sereth, la tenant comme une lance. Mais l'Ebvrasea ne se trouvait déjà plus au point qu'il visait et son épée fendit l'air, désarmant à nouveau le Premier de Liaison. Ce dernier tomba à genoux et Sereth l'assomma avec le pommeau de son arme.

Puis il prit à son ceinturon des bracelets nemarsis et immobilisa les mains de l'officier de Liaison derrière son dos.

Sereth se penchait vers le blessé, sa botte baignant dans une mare de sang. Il récupéra la lune-rasoir et se détourna, secouant la tête.

– A toi, dit-il à Lalen, désignant l'homme. Je me charge d'Estri.

J'allai vers Sereth et détournai la tête pendant que Lalen achevait le Tueur que j'avais mortellement blessé.

– La prochaine fois, tu devras t'occuper toi-même de tes victimes, me dit Sereth.

Il m'écarta de lui et se baissa vers Dellin pour essuyer la lune-rasoir sur ses vêtements.

– Il a revêtu l'uniforme d'apparat, fis-je remarquer, regardant la culotte noire à la bande dorée et la tunique blanche maculée du sang du Tueur.

Dellin s'était empâté depuis notre dernière rencontre. Sa silhouette avait acquis la mollesse des hommes prenant trop de poids.

Sereth me rendit la lune-rasoir et Chayin vint me remettre la seconde.

– Nous devrions le ranimer et découvrir où il comptait se rendre, fit le Cahndor.

Sereth releva les yeux vers lui et hocha la tête.

– Il faut en premier lieu faire en sorte que nul ne puisse venir nous rendre visite. Est-ce possible, Estri?

– Troisième porte sur la gauche, au delà de cet angle. Une pièce bleue d'où l'on peut programmer les accès à sa guise.

– Charge-t'en, je ne connais pas les appareils m'ksakkiens. Lalen! Porte l'officier de Liaison.

Il le fit, avec quelques difficultés en raison de la corpulence de Dellin, et nous gagnâmes la pièce bleue.

Lalen lâcha un soupir de soulagement et déposa le corps inerte de Dellin sur des peaux de Torth. Chayin parcourait la salle des yeux, impressionné par l'opulence de ce décor d'outre-monde. Les tentures pléiates ornaient toujours les baies de cristal. Le bureau de wistwa, sculpté dans les os des énormes créatures marines d'Oguast, dominait encore la pièce. Dellin n'avait rien changé depuis le départ de M'lennin.

J'allai vers l'unique mur nu et fis glisser un panneau, pour révéler la console commandant toute la demeure. J'en appris l'utilisation à Sereth, qui comprit rapidement les principes de ce système. En fait, ce pupitre n'avait que cinq fonctions : communications, entrée et sortie de la demeure, programmation des tâches domestiques automatisées, duplication de matériel fourni et surveillance visuelle. Mais la combinaison de ces différentes fonctions offrait des possibilités infinies.

Le temps que Sereth eût ôté toutes les empreintes des banques de mémoire, pour les remplacer par les nôtres, Dellin gémissait faiblement.

Il geignit à nouveau et Lalen lui donna un violent coup de pied dans les reins. Dellin laissa échapper une plainte et tourna la tête vers nous.

– Ne bouge pas, M'ksakkien, ordonna Lalen.

Le visage du Premier de Liaison était couvert de sueur. Chayin vint s'asseoir en tailleur sur la peau de Torth, à côté du captif.

– Aimerais-tu pouvoir t'asseoir? lui demanda-t-il.

Sereth se recula du pupitre et prit à sa taille une longueur de cuir tressé. Dellin restait silencieux et j'allai m'agenouiller près de lui.

– Obéis-leur, conseillai-je au captif.

Il m'adressa un regard accusateur, respirant avec difficulté. Mais je réprimai mon désir de le réconforter. Cet homme que j'avais cru aimer nous avait trahis.

– Estri..., aide-moi, murmura-t-il.

Sereth, Lalen et Chayin ôtèrent leurs masques.

– Je ferai ce qui est en mon pouvoir, dis-je en voyant Sereth se détourner afin de dissimuler son sourire. Obéis-leur et peut-être pourras-tu survivre.

– Assieds-toi, répéta Chayin, cette fois sans la moindre sollicitude.

Comme Dellin tentait de faire glisser ses jambes sous son corps, Lalen le prit par les cheveux et le releva brutalement. Sereth s'agenouilla derrière lui et lia ses chevilles à l'aide de la tresse de cuir, avant d'en nouer les extrémités à l'anneau unissant les bracelets métalliques.

– Lâche-le, ordonna Sereth.

Lalen obéit aussitôt et le bras de Sereth s'abattit à deux reprises, pour arracher la tunique puis la culotte du prisonnier. Le son du tissu qui se déchirait me parut assourdissant, dans ce silence. Dellin était nu, et il tremblait. Sereth le fixait, les mains sur les hanches.

– Que veux-tu de moi? demanda Dellin.

– Quelques réponses et, si elles me satisfont, il est possible que je t'autorise à me servir. Ensuite, nous verrons pour le reste.

– Tout ce que tu voudras, gémit le Premier de Liaison. Estri, dis-le leur, tu me connais. Je ferai n'importe quoi!

Je restai silencieuse, écœurée par la veulerie de cet homme.

Chayin éclata de rire, Lalen s'accroupit, et Sereth sortit son couteau pour se curer les ongles.

– Je t'en supplie, Sereth! Je ne voulais pas...

– Qui étaient ces hommes? Où deviez-vous vous rendre? lui demanda sèchement l'ex-Septième.

– Gerin et Faer, de la maison des Tueurs. Ils... demeuraient avec moi. Nous devions aller dîner avec Celendra, dans le Puits.

Les mots se bousculaient dans sa bouche, tant il avait peur de nous déplaire, et je me demandai comment j'avais jamais pu aimer un tel homme.

– En ce cas, tu vas appeler Celendra, fit Sereth d'une voix qui claquait comme un huija. Dis-lui que tu ne peux te rendre à ce dîner.

Dellin hocha la tête et des perles de sueur glissèrent sur les muscles noués de son cou.

– Qu'est-ce qui pourrait vous bloquer ici pendant tout un passage?

– Je ne vois pas, avoua craintivement Dellin.

– Fais un effort, lui conseilla Chayin qui sortait à son tour son couteau de gol. Autrement, je pourrais t'énucléer les yeux, l'un après l'autre. Ensuite, si tu n'as toujours rien trouvé, j'offrirai d'autres occupations à ma lame. Un homme possède bien des choses pouvant lui être ôtées.

Il fixait le sexe de Dellin. Ce dernier devint livide et invoqua ses dieux, juste avant que le coup de poing de Lalen ne le pliât en deux. Je vis ses yeux s'emplir de larmes et je détournai la tête.

– Alors, as-tu trouvé quelque chose? s'enquit Chayin.

– La contagion, gémit-il. Je pourrais appeler Celendra pour lui dire que nous sommes malades et que nous devons rester en quarantaine, jusqu'à notre complète guérison.

Chayin se releva sur un genou et prit Dellin par les cheveux. Sereth se tint à l'écart jusqu'au moment où le contact de la lame du couteau de gol de Chayin sur la joue de l'officier de Liaison arracha à ce dernier un hurlement de terreur.

– Je ne puis croire qu'un être aussi veule que toi puisse porter la chaîne noire, fit-il doucement.

Il se pencha et trancha le chald de Tueur de Dellin, qu'il jeta de l'autre côté de la pièce.

– Je ne libérerai pas tes mains. Appelle-la, et fais en sorte qu'elle ne se doute de rien.

Je notai une expression de malice fugace sur le visage du captif.

– Il faudra l'appeler depuis le bureau, car autrement elle nous verra, dis-je.

Dans ses yeux, la ruse laissa la place au désespoir. Lalen libéra ses chevilles et le poussa vers le bureau de wistwa. Puis il le fit asseoir et lia ses jambes aux pieds du siège capitonné.

Sereth me fit signe de m'occuper de l'appareil. Dellin dut m'indiquer le code d'appel, car lorsque je dirigeais Astria il n'y avait pas une seule de ces choses dans mon Puits.

Je dis aux hommes de reculer, afin de les faire sortir

du champ de vision, puis je composai le code d'appel d'Astria.

Le voyant rouge s'alluma et je retirai ma main.

– Celendra, fit Dellin à quelqu'un que je ne pouvais voir.

Puis j'entendis sa voix de velours. Je me l'imaginais, sombre comme la nuit, imposante. Elle n'était guère satisfaite de ce qu'elle apprenait et son ton se fit irrité. Celendra voulait savoir de quoi il souffrait et comment il osait ainsi gêner ses projets. Sereth leva son couteau de gol et Dellin parvint à apaiser cette femme. J'étais écœurée par son obséquiosité. Finalement, après avoir fait quelques remarques désobligeantes sur sa virilité, elle coupa la liaison.

Je libérai ma respiration et abaissai l'interrupteur. Chayin gloussait de satisfaction et même Sereth souriait. Seul Dellin n'était pas joyeux.

– Qu'a-t-elle voulu dire, en demandant si ses ordres avaient été accomplis? s'enquit Chayin.

– Si je réponds, vous me tuerez, fit Dellin, le visage déformé par la peur.

– Le problème n'est pas de savoir si nous te tuerons ou pas, expliqua patiemment Chayin, car à ta place je souhaiterais mourir le plus rapidement possible. Il faut décider combien de temps durera ton agonie. A Nemar, nous savons faire durer le plaisir et tu nous révéleras tout ce que tu sais. Lorsque tu n'auras plus d'yeux pour voir, plus de langue pour parler, plus de doigts pour écrire, tu prendras un crayon entre tes dents pour nous apprendre ce que nous voulons savoir. Crois-moi, M'ksakkien, les Parsets sont des experts en la matière.

Dellin ferma les yeux, ses lèvres se murent silencieusement, et je me détournai en tremblant. Sereth, qui m'observait avec froideur, se pencha vers moi.

– Peut-être n'es-tu pas aussi forte que tu le prétends, me murmura-t-il à l'oreille.

– Tuer un adversaire est différent. Je ne peux supporter cela!

– Tu pourrais nous aider... cela te distrairait.

Je m'enfuis en courant, loin de lui, de Chayin, de Lalen et de Dellin. Je courais et les portes s'ouvraient devant moi. J'atteignis la salle de bains, uniquement poursuivie par le rire de Sereth, et m'effondrai sur le carrelage froid, prise de nausées.

Lorsque j'en fus capable, je me dévêtis. Le jet d'eau chaude avait un effet bienfaisant et je demeurai longtemps sous sa caresse.

Je démêlais les mèches de mes cheveux, lorsque Chayin vint finalement me chercher.

La porte glissa de côté, réagissant à son identité. Il vint vers moi, sombre et sauvage, et je l'estimai capable de mettre à exécution les menaces faites à Dellin. Il était devenu fort, depuis que je l'avais libéré de la maladie des devins. Il m'examina lentement, appuyé au seuil.

Je posai le peigne et me vêtis sans dire un mot. Chayin s'avança et je reculai, glacée par le vent du chaos.

– Est-il mort?

– Pas encore, répondit-il en caressant mon visage puis mes seins. Il est moins lâche qu'il ne le paraît. Sereth estime que ta présence nous aiderait.

Sa main se serra autour de ma gorge et je dus relever la tête.

Je hoquetai son nom et la pression sur mon cou se fit moins forte.

– Sereth me réclame, lui rappelai-je, ce qui amena sur son visage un sourire sans joie.

– Il peut t'attendre un instant.

J'apportai du plaisir à cet homme qui demeurait appuyé contre le mur, silencieux. Puis je frissonnai et secouai mes cheveux toujours humides. Chayin remonta sa culotte de cuir et me fixa d'un regard étrange.

– As-tu lu l'*Ors*? fit-il avec agressivité.

– Une petite partie seulement, lorsque nous nous trouvions dans le tunnel.

– Tu devrais le faire.

– Que vous a révélé Dellin?

– Pas ce que nous voulions apprendre. Pas encore.

Il s'écarta du mur et s'éloigna, sans se tourner pour voir si je le suivais. Je courus pour le rattraper.

– Chayin..., fis-je, prenant son bras où le slitsa se lovait autour de l'épée parset. J'ai besoin d'uris.

– Il ne veut pas que je t'en donne et je l'approuve. Il se produit en toi un phénomène d'accoutumance.

– Tu en bois bien!

– Mais avec modération. C'est non..., fit-il comme nous arrivions devant la pièce où se trouvaient les autres. Et il ne s'agit pas d'une décision arbitraire. Etant donné que tu soumets ton corps aux exigences de ton esprit, ne pourrais-tu combler ce besoin en faisant appel à ta volonté, à ce que t'a enseigné l'helsar?

– Il n'y a ni vérité ni volonté uniques. Nombreux sont les esprits qui exercent leur influence sur l'instant qui approche et le mien n'est certainement pas plus puissant. J'ignore ce qui en résultera et je doute que quiconque le sache, pas même Estrazi qui a créé ce monde.

– L'*Ors* le sait, affirma-t-il.

– Peut-il dire si je survivrai?

– Il le sait. Mais peut-être est-il préférable que ton esprit te dissimule certaines choses. Sache cependant que tu ne mourras pas au cours de ce combat.

Il me poussa vers la porte qui s'ouvrit.

Et je vis Dellin.

L'officier de Liaison inconscient était affaissé sur lui-même, dans le siège que ses tortionnaires avaient éloigné du bureau. Sereth, allongé sur le plateau, se tourna vers nous à notre entrée.

– Il vous a fallu bien longtemps, fit-il remarquer. Approche!

J'allai vers lui et il me prit les bras.

– Peut-être parviendras-tu à lui faire dire ce qu'il refuse de nous révéler.

– Laisse-le. Nous pourrons seulement effectuer ce que le temps exige de nous. Celendra ne peut rien changer à ce qui doit être, pas plus que toi ou moi.

Les mains de Sereth se serrèrent sur mes bras.

– Je ne peux fonder mes décisions sur des énigmes. Fais ce que je t'ordonne!

La colère grandit en moi, tant en raison de ce que Chayin m'avait imposé que du mépris de Sereth.

– Entendu, mais c'est du temps perdu. Ce qu'il sait ne peut te nuire. Quelle que soit la semence que Celendra et lui ont plantée, elle ne portera pas de fruits.

– Je dois connaître leurs intentions et pourquoi Dellin refuse de nous les révéler.

– Demande à Chayin d'interroger l'*Ors*. Que tu me croies ou non, le résultat sera le même.

Je me libérai et allai vers Dellin, pour relever sa tête inerte. Sa respiration était irrégulière et je m'agenouillai, amenant son visage couvert d'ecchymoses à la hauteur du mien.

– Dellin, lui dis-je doucement.

Je répétai son nom et je pus le sentir renoncer à simuler l'inconscience et à quitter son refuge. Il ouvrit les yeux et je vis brusquement un animal pris au piège. Il lui fallut un certain temps pour me reconnaître.

Ses lèvres enflées se murent et je demandai de l'eau. Lalen m'en apporta et je fis boire notre prisonnier. Il tressaillit et du sang coula de sa bouche.

– Tu dois tout me dire. Je ne leur permettrai plus de

te toucher, fis-je en me demandant s'il savait qu'ils s'en seraient de toute façon abstenus.

Je caressai son cou et, lorsque je retirai ma main, mes doigts étaient poisseux de sang. Je pénétrai alors dans son esprit. Dellin ne voulait pas mourir ici, sur Silistra, si loin de tout ce qu'il aimait. Et je nous vis tels qu'il nous voyait : des barbares. Il ne comprenait pas et aurait désespérément voulu le faire, car il était mourant. Je n'avais aucune réponse à lui donner.

– Estri, murmura-t-il de sa bouche brisée, aide-moi. J'ai mal.

Une quinte de toux secoua son corps. Je fermai les yeux et tins sa tête contre ma poitrine, découvrant ses blessures. Sans réfléchir, j'utilisai mes faibles pouvoirs de guérisseuse.

Dellin releva la tête et ses yeux gris étaient plus limpides.

– Je ne les laisserai plus te toucher, lui promis-je.

Ses yeux se portèrent de Sereth à Chayin, puis à Lalen. Il prit une inspiration gargouillante.

– Ils doivent me le dire eux-mêmes.

Il avait prononcé les mots lentement, avec difficulté.

– Dis-le lui, Sereth.

L'ex-Tueur ne le fit pas mais descendit du bureau et alla converser avec Chayin à voix basse. Finalement, ils vinrent tous deux se placer devant Dellin.

– Si tu parles, et si tu nous aides, nous te laisserons la vie sauve, tu en as ma parole. Nous ferons appel à toi si Celendra veut te contacter mais, lorsque nous partirons, nous te laisserons ici. C'est ce que je peux t'offrir de mieux.

Dellin les fixa un instant, puis hocha la tête.

– Celendra a demandé l'aide de M'ksakka, fit-il avant de faire une pause, pris de panique. Deux vaisseaux de guerre qui lui permettront de venger la mort de son père. (Il toussa.) Je pourrais essayer de leur faire faire demi-tour...

Il s'affaissa sur son siège, dans l'attente de leur réaction face à sa révélation.

Si le visage de Chayin restait inexpressif, j'eus l'impression que Sereth venait d'obtenir la confirmation de ce qu'il soupçonnait.

– Dès que tu iras mieux, nous t'offrirons l'opportunité de les contacter, fit l'Ebvrasea d'une voix évoquant un couteau tranchant de la soie. Réfléchis à ce que tu leur diras.

Dellin hocha la tête et fut secoué par une autre quinte de toux. Chayin me tendit la petite outre d'uris. J'en donnai une bonne gorgée à Dellin, me souvenant à quel point ce breuvage m'avait rendu des forces, dans le désert.

En rendant l'outre, je parvins à verser un peu de son contenu dans le creux de ma main. Chayin le vit mais se contenta de sourire. Je me sentis mieux sitôt après avoir léché discrètement ma paume.

– Estri! claqua la voix de Chayin. J'ai faim. L'heure du repas a dû passer depuis longtemps.

Je faillis rire de soulagement en constatant qu'il ne m'en tenait pas rigueur, et nous laissâmes Dellin sous la garde de Lalen, pour gagner la cuisine. Je dédaignai le robot ménager qui clignotait dans son réduit et pensai que j'aurais dû faire un feu de bois au centre de la pièce, si j'avais été véritablement telle que Dellin me voyait. Pendant que je cherchais de quoi préparer un repas dans la réserve, j'utilisai mes dons de guérisseuse sur ma propre blessure, afin d'en tester l'efficacité.

Lorsque je tendis à Sereth et à Chayin leur assiette de parr et de narne, ainsi que du kifra, la croûte commençait à se détacher. Elle tomba pour révéler un nouvel épiderme. Je souris, tout en emportant le repas de Lalen et du prisonnier.

– Il ne faut pas compter sur moi pour lui donner à manger, fit Lalen en notant que je posais la seconde assiette et me détournais. Et je n'ai pas l'intention de le délier pour lui permettre de se nourrir lui-même.

Ainsi dus-je l'alimenter, du mieux que je le pouvais. Il éprouvait des difficultés à avaler la bouillie que j'avais préparée spécialement à son intention, mais il se tenait plus droit, ses spasmes avaient cessé, et le sang s'était coagulé sur son visage.

– Tu vivras, lui dis-je en me levant.

– Ne lui parlez pas! m'ordonna Lalen qui avait terminé son plat et nous observait d'un œil menaçant.

Je sortis, de crainte que Lalen ne passât sur Dellin la colère que je venais de faire naître en lui, et je gagnai la cuisine où je fus accueillie par des voix irritées.

– Nous n'avons pas le choix, disait Sereth. Nous devons attendre de découvrir ce que veut faire Celendra. Elle en informera Dellin et nous ne pourrons partir qu'après qu'elle aura réclamé son aide. Lorsque nous aurons confirmation que les hommes de Wiraal sont arrivés, nous irons les rejoindre, et pas avant.

– Mais les M'ksakkiens...

– Que voudrais-tu faire? Appeler un Gardien de l'Histoire pour lui dire que, sous la torture, le Premier de Liaison a révélé ce complot? Réfléchis!

Chayin, qui faisait les cent pas, pivota sur lui-même et me vit.

– Nous ne pouvons rien faire, dit-il à Sereth. Absolument rien.

Ses yeux noirs, couverts par le voile, me clouèrent sur place. Puis il regarda ailleurs, serrant les poings.

– Mais il n'est pas dans mes habitudes d'attendre les bras croisés, ajouta-t-il. Je vais aller le surveiller avec Lalen.

Il passa près de moi et la porte s'ouvrit pour lui laisser le passage. Sereth se leva à son tour et vint dans ma direction.

– Selon Chayin, tu as dû obtenir des armes puissantes de l'helsar, ajouta-t-il. Et il se demande pourquoi tu les gardes secrètes.

Il parlait d'une voix posée et ce furent ses yeux qui me paralysèrent. J'avais perçu les sondages mentaux de Chayin.

– Pourrais-tu m'immobiliser, comme l'a fait Raet sous les chutes de Santha? demanda-t-il. Serais-tu capable de m'emprisonner dans mon propre corps?

– Oui, murmurai-je, je le pourrais.

– Et de quoi d'autre serais-tu encore capable? fit-il en s'asseyant.

– De beaucoup de choses et de très peu. Ne me demande pas une démonstration de mes pouvoirs. J'essaye de me raccrocher à la normalité, avant que tout ne sombre dans la démence.

– Que redoutes-tu?

– Ce qui risque de se produire lorsque j'aurai libéré la puissance qui est en moi. J'ai peur de devenir trop différente, trop seule, ce qui se produira certainement. Voudras-tu encore de moi? En sachant que par simple caprice je pourrais te réduire aux atomes qui te composent, pourras-tu rester entre mes bras?

Je me levai pour me rendre vers la baie. Sereth demeurait silencieux.

– Quelles que soient les armes employées, tout réside dans l'habileté de celui qui les utilise. Ne serait-il pas utile que tu t'exerces? demanda-t-il finalement.

– Je conserve tout ce que je possède pour l'instant où j'en aurai besoin. Peut-être est-ce une erreur, mais trois jours d'entraînement ne pourraient, quoi qu'il en soit, compenser les millénaires dont Raet a disposé pour aiguiser ses armes.

– Fais-moi une démonstration, insista Sereth.

– Je puis te dire une chose. Celendra n'appellera pas avant la veille du jour prévu pour l'arrivée de Wiraal.

Elle est en colère contre Dellin, et elle attend qu'il lui présente ses excuses.

– Montre-moi tes pouvoirs, insista-t-il.

Je soupirai et écartai mes cheveux à présent secs de mon visage.

– Alors, regarde.

Je désignai le robot domestique et tendis la main vers lui. Le métal se volatilisa au sein de flammes aveuglantes. Puis il n'y eut plus rien dans le réduit qu'il occupait. Je pouvais m'estimer satisfaite, pour un premier essai. Sereth me fixait avec les yeux d'un étranger.

– Et quoi d'autre?

– Tout ce que tu voudras. Tu n'as qu'à parler.

– Tu as dit que Celendra attendrait. Fais en sorte qu'elle contacte Dellin.

Je fermai les yeux.

– Attends! Je voulais seulement savoir si tu en étais capable. T'es-tu servie de cela avec moi?

– Non, murmurai-je, à l'agonie.

– Chayin déclare t'avoir surprise dans son esprit. Tu y aurais fait des choses qu'il ne peut pleinement comprendre. Est-ce vrai?

Je m'agenouillai sur le sol de marbre m'ksakkien.

– Oui, fis-je d'une voix presque inaudible en suivant du regard les veines de la pierre.

– Debout! viens ici! m'ordonna-t-il. Tu veux te raccrocher à la normalité? Je m'en charge, et nous pourrons ainsi constater la solidité des liens par lesquels je te retiens à moi. Va te préparer. J'irai te rejoindre lorsque je le déciderai. Quand j'ouvrirai cette porte, je veux te voir agenouillée à côté de la couche.

Je sentis mon épiderme s'empourprer au moment où la porte s'écartait pour me laisser le passage.

Il attendit avant de venir vers moi. Assez longtemps pour que mes genoux fussent froids et engourdis. Assez longtemps pour que je réfléchisse aux liens auxquels il se référait et que j'apprenne qu'ils étaient effectivement extrêmement solides.

Lorsqu'il vint, il en testa la force.

– Je t'en conjure, le suppliai-je, alors que mon corps s'incurvait sous ses caresses.

– Et où est ta puissance, à présent? Que sont tes pouvoirs?

– Rien, ils ne sont rien.

Il caressa mon ventre et je gémis. Mes lèvres descendirent entre ses cuisses. Je l'embrassai, le mordillai avec douceur, l'implorant, impuissante, redevenue crell face à cet homme et aux besoins de mon corps.

Sereth daigna finalement me prendre, et je pleurai en le sentant me pénétrer.

– Quoi que tu puisses être, fit-il, accroupi au-dessus de moi et essuyant la sueur de sa lèvre supérieure, tu demeures toujours une femme.

Sa main ne m'accordait aucun repos et je tentais vainement de m'y soustraire, épuisée. Ses dents blanches étaient tranchantes et fortes sur mes seins.

– A présent, connais-tu la puissance de tes liens, petite crell?

Il riait. J'en sentais effectivement la force. Crell entre les mains de mon maître, j'étais brusquement très riche. Opulente est la vie, sous la lueur de la liberté offerte par la soumission à un homme qui ne saurait accepter moins.

Il dormait et je réfléchissais. Son bras sur ma poitrine, il rêvait et marmonnait. Je passai la nuit avec lui dans cette chambre que j'avais décorée selon mes goûts si longtemps auparavant, en tant que compagne de couche de M'lennin. C'était également dans cette pièce que j'avais couché pour la première fois avec Dellin, et Celendra devait certainement y venir, à présent. Je me l'imaginai, noire et féline, sur les draps de soie spécialement tissés pour moi. Puis il s'éveilla et chassa ces pensées de mon esprit.

Le lendemain matin, le second troisième d'Amarsa, Dellin envoya son message à M'ksakka. En raison de la distance, nous ne pouvions espérer recevoir de réponse avant le second sixième d'Amarsa, lorsque Wiraal atteindrait Astria avec ses jiasks.

De plus en plus distant, Chayin faisait les cent pas dans les limites de la demeure de Dellin.

Sereth, sans doute en raison de sa formation de Tueur, attendait patiemment l'appel de Celendra, calme et sûr de lui, observant Chayin. Ils s'entraînaient souvent à l'épée afin de conserver leur souplesse.

Au fil des jours, la colère de Sereth s'estompa. A présent, il lui arrivait fréquemment de s'allonger sur le sol de la pièce où Dellin était retenu captif, fumant pensivement le danne de l'officier de Liaison. Il lui parlait sans la moindre rancœur de l'époque où ils s'étaient tous deux trouvés à Arlet, comme si Dellin n'était pas son prisonnier, comme s'il n'avait pas été torturé et n'était pas ligoté. Sereth obtenait de Dellin tout ce qu'il voulait savoir, pendant que Chayin tournait en rond, en grommelant.

Lalen vint demander à Sereth son épée, afin d'avoir de quoi s'occuper. L'homme aux cheveux blonds avait affûté chaque tranchant de ses armes qui pouvaient à présent couper un cheveu par le simple poids de ce dernier.

Sereth ne confiait jamais ses armes à personne, mais il les lui remit cependant.

Celendra n'appelait toujours pas.

Sereth convia Chayin à partager notre couche, afin de réduire le fossé qui se creusait entre eux. Au lever du soleil, le second cinquième d'Amarsa, je m'éveillai entre les bras du Cahndor.

– Sors de cette chambre, me murmura-t-il. Je voudrais rester seul avec lui.

La raideur de la silhouette de Sereth m'indiqua qu'il avait entendu. Il m'était arrivé de l'éveiller par une unique parole prononcée durant mon sommeil. Je me penchai vers lui et déposai un baiser sur sa joue, avant de me lever. Il ne bougea pas.

La porte se referma sans bruit derrière moi et je me retrouvai seule dans le couloir. Je m'y promenai un moment, les yeux brûlants en raison du manque de sommeil. Mes pas me guidèrent vers la cuisine et je bus du rana jusqu'au moment où mes paupières restèrent ouvertes d'elles-mêmes. Nous étions le second cinquième. Celendra appellerait ce jour-là.

Par la fenêtre, je vis le soleil dissiper la nuit. Je comprenais ce que ressentait Chayin. Il s'agissait d'une affaire ne concernant qu'eux et je ne voulais pas être une intruse.

A midi, Celendra n'avait toujours pas appelé. Je préparai de la nourriture que je portai à Lalen et Dellin. Les portions prévues pour Chayin et Sereth refroidirent, le sang et la graisse du bosselure se figèrent. Je lus l'*Ors*, fumai du danne, m'allongeai sur des peaux d'animaux ayant vécu sur un autre monde.

Khys eût sans doute été moins hermétique dans une autre traduction, pensai-je en refermant le livre. Je soupirai et posai le volume. Nous saurions bientôt si ses augures étaient dignes de foi.

Lorsque je relevai les yeux, Dellin me fixait. Nous ne nous étions plus adressé la parole depuis que je lui avais garanti la vie sauve, estimant sans doute que je n'avais rien à ajouter. Si Lalen avait mangé, il n'avait pas alimenté son prisonnier.

– Merci, me dit Dellin lorsque je lui donnai une bouchée de viande froide.

– Remercie Sereth de t'avoir laissé la vie, rétorquai-je sèchement.

– Estri, je t'en prie...

– Tais-toi.

Je plaçai dans sa bouche un morceau suffisamment gros pour le réduire au silence.

La porte s'ouvrit et Lalen se leva. Sereth portait le manteau des Formeurs, pour la première fois depuis notre départ du Mont Opir. Il évita mon regard, visiblement gêné par ce qui s'était passé entre lui et Chayin.

Le Cahndor avait lui aussi pris le temps de s'équiper pour le combat et portait même ses grandes bottes. Il se rendit auprès du bureau, où se trouvaient leurs assiettes, et toucha la viande du doigt.

– Je te crois capable de préparer des plats plus appétissants, Estri, fit-il.

Chayin était soulagé, il souriait même. Aussi jetai-je la nourriture et préparai-je un autre repas. Je les servis avec une servilité exagérée, mais les deux hommes ne s'en rendirent même pas compte.

Lorsqu'ils eurent terminé, Sereth gagna le pupitre de commande. Il venait de mettre en activité le système de surveillance lorsque le bourdonnement d'un appel se fit entendre. L'Ebvrasea plongea hors du champ de vision pendant que Chayin poussait le siège de Dellin devant le bureau. Agenouillé sous le plateau, Sereth prit son couteau d'une main alors que de l'autre il mettait en marche le récepteur.

– Comment te sens-tu? ronronna la voix de Celendra.

– Mieux, parvint à répondre Dellin.

– Tu as pourtant mauvaise mine.

– Je me suis évanoui. Mais ça va aller.

Ses yeux regardaient un visage que je ne pouvais voir. Il frissonna. Sous le plateau du bureau, la lame du couteau de Sereth attendait, entre ses jambes liées.

– Pourquoi m'as-tu appelé?

– Pour voir si tu étais toujours malade. Et je constate que c'est effectivement le cas. As-tu reçu un message?

– Non, croassa Dellin.

– Quoi?

– Aucun message de leur part, mais ne t'inquiète pas.

– Il t'est facile de le dire. Tu ne vois pas plus loin que le bout de ton nez. Rappelle-moi demain à midi. Peut-être pourras-tu alors quitter ta couche.

Elle interrompit la communication sans même un tasa.

Dellin s'affaissa, livide.

– Celendra a bien appelé ainsi que tu l'avais prédit, dit Sereth en riant. Pour prendre de ses nouvelles.

Son rire était contagieux et je me surpris à sourire. Les jiasks arriveraient le lendemain, et Celendra nous informerait elle-même de sa réaction face à leur présence, lorsque Dellin l'appellerait ainsi qu'elle lui en avait donné l'ordre.

Sereth alla prendre place devant les écrans, pour surveiller les alentours. La journée s'écoula ainsi, puis Sereth s'étira et se tourna vers moi.

– Allons faire une petite marche, je suis ankylosé.

Il me guida vers le bas du vestibule de marbre, dans le couloir d'acier stellaire jusqu'à la cour extérieure. Le crépuscule astrien donnait à son épiderme une couleur aussi cuivrée qu'au mien. Je humai l'air, limpide et doux après les odeurs étrangères. La brise caressait ma peau, colportait l'histoire de la vie. Je sentais le sarla et la fleur de narne, l'âcre maturité de ces terres fertiles. J'observai le ciel et les constellations y effectuèrent leur entrée majestueuse.

La main de Sereth se posa sur ma taille, froide et rassurante. Nous suivîmes les allées tortueuses des jardins de M'lennin, puis il m'attira sur l'herbe dans un taillis d'harinders. Nous restâmes longtemps allongés, à admirer les étoiles.

Jusqu'au moment où Lalen nous trouva.

– Dellin est à nouveau en communication avec cette femme. Chayin m'a envoyé vous chercher.

Lorsqu'il termina sa phrase, Sereth était déjà parti. Lalen me prit par le bras pour me relever et me traîner derrière lui.

– Lâchez-moi, ordonnai-je en trébuchant contre les marches. C'est bon, je vous aurai averti.

Je soupirai et obligeai sa main à s'ouvrir. Je gravis l'escalier et il s'écarta de mon passage. Sa consternation était évidente. Il ne posa pas de questions et je ne lui fournis aucun éclaircissement.

– Qu'a-t-elle dit?

Chayin nous en fit le récit. Wiraal et ses hommes étaient arrivés plus tôt que prévu. Celendra n'avait pas d'autre choix que de les recevoir, tout en comprenant la signification d'une telle visite de la part des Parsets. Comme elle réclamait son aide, Dellin lui avait conseillé de s'adresser aux Tueurs, à ses Gardiens de l'Histoire, déclarant qu'il ne pouvait se compromettre pour vingt-deux Parsets et lui suggérant de gagner du temps jusqu'à l'arrivée des vaisseaux. Le visage de Chayin arborait un large sourire alors qu'il répétait toutes les malédictions que Celendra avait alors adressées au Premier de Liaison. Finalement, la Tenante avait accepté, reconnaissant que les Parsets étaient des hommes comme les autres, avant d'interrompre la liaison sur cette pensée profonde.

Sereth ne s'estimait pas satisfait. Wiraal était arrivé trop tôt. Il connaissait Celendra et avait escompté que l'arrivée des jiasks à Astria correspondrait à celle d'autres éléments de ses troupes.

– Un laps de temps bien trop long va s'écouler. Nous devons agir immédiatement. Il faut la capturer et la garder captive jusqu'à l'arrivée de Jaheil et de ses tiasks. Cela ne m'enchante guère, mais je ne puis lui laisser le temps de comprendre nos plans. (Il abattit son poing sur le bureau.) Chayin! Ton jiaskcahn aurait besoin d'apprendre à respecter les ordres! Il a de la chance de ne pas faire partie de mes hommes!

LE VIABLE

La femme est seule et occupe la case d'or de l'élément principal, sur le plateau des Catalyseurs.

Ses jambes tremblent, mais celle qui obéit aux ordres du Premier Altérateur est soutenue par le vent, et les Monts se hâtent de lui offrir l'abri de leurs sommets.

Le fort domine le faible et seul ce qui peut être ordonné est réalisable.

Adjuration : celle qui a été spécialement conçue pour tenir ce rôle est puissante, car les nécessités du temps lui fournissent autant d'alliés que nécessaire. La duplication sert ses desseins. Bien que la semence puisse trembler lorsqu'elle se trouve enfouie sous terre, coupée de l'air et de la lumière, elle sait quelle est son utilité. Ainsi doit-il en être du Viable. La semence a conscience que pour regagner la lumière il lui faut s'élever jusqu'à la surface du sol, et qu'en cet instant d'autres prendront la relève. La semence n'a pas peur de changer de nature et sait que la métamorphose est son destin. Elle s'avance vers ce dernier avec confiance, car c'est en lui que se trouve la renaissance.

– Extrait de l'*Ors Yris-tera*

8

RETOUR À PUITS ASTRIA

Nous progressions dans les égouts se jetant dans la Litess, avec de l'eau jusqu'aux genoux. Puits Astria se trouvait au-dessus de nos têtes, ouvert et vulnérable. Sous nos pieds couraient les tunnels qui nous avaient permis de gagner cet endroit sans être vus.

Nous avions laissé Dellin, ligoté et bâillonné, dans la cour de sa résidence, après avoir rendu cette dernière inaccessible en effaçant toutes les empreintes de l'ordinateur contrôlant son accès. Nul ne pourrait utiliser la science étrangère qu'elle renfermait, tout au moins avant longtemps.

Notre plan initial avait subi des modifications considérables. Après avoir emprunté une route différente de la nôtre, Chayin devait être à présent en possession d'un jeton de Puits et avoir réservé Celendra pour la nuit. Si la Tenante était libre, sans doute se trouvait-il en cet instant même avec elle, dans mes anciens appartements.

Je plissai le nez, regrettant de ne pas être un Parset et de ne pouvoir clore mes narines face à la puanteur des égouts.

Enfant, cette odeur nauséabonde ne me gênait guère.

Ces conduits de pierre avaient été mon refuge, mon univers secret, et je fis courir ma main sur les pierres humides du passage.

Sans doute aurions-nous pu prendre l'escalier s'élevant juste devant nous et emprunter les corridors de service sans être vus. Il devait être entre la huitième et la neuvième cloche, moment de la journée où l'activité d'un Puits est la plus intense. Les filles sont alors réunies dans la salle commune, attendant de donner du plaisir aux clients. Les alcôves où l'on sert de la nourriture, des boissons ou des drogues, sont bondées de monde. C'est l'heure du choix.

Connaissez-vous Astria? Ce Puits est différent d'Arlet où la Maison des Tueurs, la résidence de l'officier de Liaison et le collège des Gardiens de l'Histoire sont réunis dans l'enceinte formée par les murailles extérieures. Ici, le collège des Gardiens de l'Histoire et la Maison des Tueurs sont situés respectivement à soixante et soixante-dix néras plus au sud, sur la rive de la Litess.

Mes doigts trouvèrent ce que je cherchais, le premier des quatre-vingts échelons de stra scellés dans la pierre et légèrement couverts de mousse.

– C'est ici, fis-je, et l'écho répéta mes paroles. Au sommet de ce puits se trouve une trappe de stra qui donne dans un réseau de petits passages. Ces boyaux n'existent que dans les plus vieux bâtiments, et on ne les emprunte que rarement.

Sereth gravit les premiers barreaux. Douze étages plus haut se trouvaient les appartements de la Tenante, dans la plus vieille et la plus haute tour.

Nous montions et j'avais dénombré cinquante barres visqueuses lorsque mon pied glissa. Mon talon heurta la tête de Lalen et je demeurai suspendue au-dessus du vide par la force de mes poignets. Les doigts de l'homme saisirent mes chevilles et ramenèrent mon pied vers l'échelon. Je collai mon visage à la pierre froide, pensant à cette chute vertigineuse.

Lorsque j'eus atteint le soixante et onzième barreau, Sereth souleva la trappe de stra et la lumière se déversa dans l'ouverture, m'aveuglant après des enths d'obscurité. Surprise par la présence d'un éclairage, je gravis rapidement les derniers échelons, dédaignant toute prudence.

Je me retrouvai aux côtés de Sereth à l'intérieur de cet étroit passage illuminé par des ampoules électriques et empli de câbles semblables à des slitsas. Je regardai autour de moi, sidérée, tant Astria avait changé. Au-dessus de ma tête se trouvaient toujours les canalisations de stra et de cuivre pour lesquelles ces conduits avaient été prévus à l'origine.

– Les appartements de la Tenante, me rappela Sereth comme Lalen venait nous rejoindre.

Comment Celendra avait-elle osé installer un système d'éclairage dans ces passages? Et dans quel but?

D'une poussée, Sereth me fit avancer, et la lumière crue des ampoules nues donnait un aspect inquiétant à son visage et à la balafre qui traversait sa joue.

Je chassai mes pensées et les guidai, ramassée sur moi-même. J'étais avantagée par ma petite taille, car les hommes devaient progresser à quatre pattes et les épaules de Lalen raclaient constamment les parois. Nous prîmes un couloir ascendant, avant de tourner à droite dans un passage menant directement à mes anciens appartements.

La progression était lente. Mes genoux me faisaient souffrir, de même que mes paumes. Lalen s'emportait contre les parois qui écorchaient ses épaules. Nous atteignîmes finalement le petit réduit où se trouvait la porte de stra. Elle était verrouillée de l'intérieur.

Je m'assis sur le sol, entre les deux hommes. Les dimensions de l'ouverture avaient été prévues pour une femme et j'espérais que Lalen pourrait s'y glisser. Nous nous installâmes pour attendre.

Au bout d'un moment, nous entendîmes les voix d'une femme et d'un homme. Sereth porta inutilement son doigt à ses lèvres et Lalen sortit son couteau de gol.

Le son des voix décrut et un quart d'enth s'écoula peut-être. Puis il y eut un craquement et la petite porte pivota pour révéler un tapis parset dont la présence était déplacée en ce lieu. Chayin y était accroupi et la lueur des torches illuminait son visage souriant.

Je passai la première, me demandant ce qu'était devenue ma tapisserie de fleurs blanches sur fond blanc, celle que j'avais commandée à Galesh.

Toujours accroupie, je vis Celendra et me redressai. La femme à la peau sombre était allongée sur une natte rouge qu'elle devait avoir apportée d'Arlet, immobilisée par ses chaînes de plaisir également arlétiennes. Ce sont des chaînes pour femmes, légères mais solides, qui ne blesseraient pas les poignets comme celles des crells. Je dus admettre qu'elle était très belle, ainsi liée et bâillonnée avec ses propres cheveux noirs dont Chayin avait bourré sa bouche, avant d'utiliser ses longues mèches pour faire le tour de sa tête et les nouer derrière son cou. Au-dessus de ce bâillon improvisé, ses yeux dorés nous fixaient, terrorisés. Chayin avait fixé les bracelets de ses mains à la courte chaîne séparant les anneaux de ses chevilles. Une longe de six maillons reliait son collier de fer au pied de ma couche astrienne.

Je trouvai la situation amusante et me mis à rire, jusqu'au moment où Sereth m'écarta de son passage. Je tombai de côté et continuai de sourire. Lorsque Celendra vit l'ex-Septième, elle ferma les yeux en tremblant et baissa la tête, dans les limites imposées par sa longe.

Lalen sortit à son tour puis verrouilla la porte

derrière lui et alla fermer le rideau que Chayin avait tiré pour éclairer la scène. Le Cahndor, à présent assis sur la couche en désordre, tenait une de ces tresses de cuir que les Parsets utilisent pour châtier leurs femmes. Bien que large et peu impressionnant, ce fouet était terrifiant entre les mains de Chayin, et je me souvenais de la correction qu'il m'avait donnée, dans le désert. Je regardai autour de moi, croyant me trouver à Arlet. Celendra avait apporté tous ses accessoires. Ayant longtemps feint la soumission, elle tremblait de peur en sachant que ce n'était plus un jeu. Elle gémit comme une crell, sans savoir qu'elle en serait bientôt une, à moins que ses dons de voyance ne le lui eussent déjà annoncé. Je me sentis fière de la position privilégiée dans laquelle me tenaient ces hommes, et éprouvai de la satisfaction face à sa déchéance.

– J'ai racheté le jeton de Wiraal, ainsi qu'un second pour la nuit suivante, afin que nous ne soyons pas dérangés jusqu'au matin du second septième. Le prix était exorbitant et j'avoue avoir été déçu en voyant cette femme. Des crells plus belles qu'elle nettoient les stalles de mes threx, déclara Chayin en souriant.

Sereth s'appuyait à la fenêtre. Lorsque je vivais en ce lieu, ces ouvertures ne possédaient pas de vitres de cristal m'ksakkien. Cette pièce, autrefois blanche et argentée, était à présent dans les tons de rouge, de brun et de noir. Je regardai le plafond, le toit de cette tour, constatant qu'elle n'avait pas touché à la verrière. Sereth regardait l'extérieur, épaules voûtées. J'allai vers lui pour le réconforter, et ce ne fut qu'en voyant ses yeux que je pris conscience que je n'y parviendrais pas.

Cette femme lui avait donné son unique fils. Qu'existait-il entre eux, pour qu'elle eût accepté de perdre son enfant afin de détruire l'homme qui le lui avait donné? Je caressai son visage et, à ma grande surprise, il me serra contre lui. J'embrassai son cou, avec douceur.

– Ne dis rien, à moins que je ne te le demande, me murmura-t-il.

– Je te le promets, répondis-je, ce qui amena un sourire sur ses lèvres.

J'entendis un son sec et sourd, celui du cuir contre la chair. Nous nous tournâmes. Chayin abattit à nouveau son fouet sur le dos de la femme, lacérant son épiderme. Celendra plongea au bout de sa longe et lui présenta ses fesses qu'il accueillit par une autre flagellation.

– Elle aime ça, fit sèchement Sereth. Ne lui en donne pas trop.

Mais le cuir cinglant et mutilateur n'était pas du goût de Celendra. Elle se contorsionnait et hurlait, en dépit du bâillon. Cependant, Chayin dosait sa force. Il la frappait comme un homme frappe une femme, mais même ainsi elle ne pouvait endurer ses coups. Tassée sur elle-même, elle semblait plus petite que dans mes souvenirs. Chayin posa le fouet.

– Alors, aimes-tu cela? lui demanda-t-il, le visage près du sien.

Elle gémit à travers son bâillon, en pleurant.

– Ferme les yeux, si tu aimes le fouet, gronda Chayin avant d'ajouter en voyant que Celendra les gardait grands ouverts : Quand tu seras crell, tu m'apporteras le fouet entre tes dents, à genoux et en m'implorant.

Elle se débattit follement. Née d'un père Parset, elle savait ce que signifiait être une crell. Chayin la tira par les cheveux et son corps bascula à l'extrémité de sa longe.

– Estri, Sereth, venez vous asseoir.

J'allai m'installer à côté de Chayin et Sereth se plaça auprès de moi. Il abaissa le regard vers Celendra dont les yeux l'imploraient silencieusement. Elle émit de petits sons étranglés et je fis reposer ma tête sur le bras de Sereth. Celendra me fixait.

– Nous n'avons pas été convenablement présentés, lui déclara Chayin avant de se tourner vers Sereth. J'ai estimé préférable de me faire appeler Jasrey aniet Saer.

Celendra le regarda, horrifiée, commençant à comprendre.

– En ce cas, permettez-moi de procéder aux présentations, fit Sereth en riant. Celendra Doried bast Aknet, voici l'homme qui a donné à ton père le chaldra de la terre : Chayin rendi Inekte, fils choisi de Tar-Kesa, Cahndor de Nemar et de Menetph.

Celendra trouva la force de se débattre à nouveau, et Chayin lui assena un coup de pied dans le diaphragme. Elle étouffa et toussa, puis resta silencieuse, tête basse. Des pleurs coulèrent sur ses seins et atteignirent ses mamelons sombres, d'où ils gouttèrent sur ses cuisses et ses genoux.

– Arrête, crell, ou je te donnerai la correction que réclame ta conduite! ordonna Chayin avec colère.

Celendra renifla et se redressa. Chayin fit courir le fouet de cuir entre ses mains fuselées, sous le regard fasciné de Celendra. Je jetai un coup d'œil à Lalen qui demeurait assis en tailleur devant le rideau couleur rouille, l'épée sur les genoux. Il savait ce que signifiait être crell et son expression reflétait son mépris pour cette femme qui ignorait tout de ce qui l'attendait.

– Celendra, fit doucement Sereth. (Elle tressaillit comme si elle avait été frappée et releva son visage vers le sien.) Nous savons quelles dispositions tu as prises avec M'ksakka. Nous avons laissé ton ami Dellin ligoté et bâillonné dans sa demeure.

Celendra trembla, ses épaules s'affaissèrent et elle s'effondra. Chayin abattit avec force le fouet enroulé sur sa poitrine.

– Je t'ai dit de t'asseoir!

Elle le fit, les yeux rivés sur les mains de Chayin. De petites perles de sueur roulaient sur son front, entre ses seins.

– Je t'ai donnée à Chayin, le comprends-tu? Tu lui appartiens. J'ai décidé que tu serais moins qu'une bête de somme, à Nemar.

Le corps de Celendra plaida sa défense et sans doute lui aurait-elle baisé les pieds, si la longe ne l'en avait empêchée.

– Comme tu le sais certainement, il existe différentes sortes de crells, intervint Chayin. Ton sort ne dépend que de toi. Bien que tu n'aies pas la beauté des dix, tu pourrais échapper au travail dans les mines. Je vais ôter ton bâillon pour te permettre de faire ce choix. Tu répéteras mes paroles et tu m'imploreras de te laisser en vie pour être ma crell.

Il prit son couteau de gol et trancha la mèche qui tomba sur le sol. Puis il ôta la boule de cheveux de sa bouche et elle se lia à lui, ainsi que je l'avais fait longtemps auparavant. D'une voix tremblante, elle se proclama crell, donnant sa vie à un autre afin de ne pas la perdre. Je ressentis pour la première fois le tiraillement de la pitié. Chayin ne plaisantait pas, il était exact qu'il ne l'aimait guère.

Sereth caressa mon bras, mes lèvres, et je sursautai.

– Celendra! fit-il sèchement à la Tenante qui releva apathiquement son regard vers lui. Dis-moi exactement quelles sont les mesures que tu as prises contre les armées de ton maître. Tu ignores ce que je sais et je te conseille de ne pas mentir.

Elle secoua la tête et je retrouvai la Celendra hautaine et majestueuse qui m'avait autrefois déclaré que peu d'hommes pourraient la conquérir, même pour une nuit. Puis cette femme fière disparut, laissant la place à une étrangère docile.

– Je le savais, murmura-t-elle. J'attendais chaque

nuit, sachant que cela arriverait et que ce n'était qu'une question de temps. Je suis heureuse... que cette attente soit terminée.

Des sanglots la secouèrent et Sereth s'allongea sur la couche, impassible. Chayin la frappa au visage et elle se reprit. Sa poitrine frissonnait.

Elle nous apprit qu'elle avait demandé l'aide des Tueurs. Ces derniers n'attendaient que l'approbation des Gardiens de l'Histoire pour attaquer toute armée Parset approchant d'Astria. D'autres Tueurs pénétreraient ensuite dans le Puits, afin d'éliminer l'yra de jiasks s'y trouvant déjà. Puis elle nous répéta ce que Dellin nous avait révélé et nous sûmes qu'elle disait la vérité.

– Fais venir un messager. Tu dois lui donner certains ordres, fit Sereth lorsqu'elle eut terminé.

– Non, murmura-t-elle, le visage ravivé par l'espoir.

– Ne me provoque pas.

– Si tu as besoin de moi, c'est que tout n'est pas perdu.

– Pauvre idiote!

Sereth détacha la chaîne de la couche, puis fit ployer le corps de Celendra en arrière jusqu'au moment où il put en accrocher le dernier maillon à ceux reliant ses chevilles. Il la laissa ainsi, le corps incurvé, impuissante. Elle avait tenté de le mordre.

– Avec ta permission, Cahndor? demanda-t-il, en s'agenouillant au-dessus de la femme.

– J'ai toujours souhaité te voir à l'ouvrage, fit Chayin, se penchant en avant. J'ai vu les résultats, mais jamais comment tu t'y prends.

Moins d'un enth plus tard, Celendra acceptait de transmettre le message que lui dictait Sereth. En fait, elle le supplia de lui permettre de le faire. Et lorsque la main de Sereth passa à proximité de ses lèvres, elle la lui baisa. Elle leur demanda de la libérer jusqu'au moment où le messager serait reparti, mais Sereth rétorqua qu'il l'avait certainement déjà vue ainsi liée et qu'elle seule savait que sa soumission n'était plus un jeu.

– Ne devriez-vous pas vous dissimuler? demanda Chayin.

– A Arlet, il est fréquent que plus de deux personnes partagent la même couche, et je doute qu'ici les choses se passent différemment.

Je notai une faille dans son raisonnement, mais il m'avait interdit de parler.

Je me trouvais entre les jambes de Chayin qui était assis sur la couche, avec Lalen pelotonné contre lui, lorsque le messager frappa à la porte.

Sereth ouvrit le battant de droite et un homme apparut sur le seuil, fixant Celendra de façon inexpressive. Sereth referma la porte et j'observai attentivement le messager.

– Grande Fornicatrice! s'exclama-t-il en venant s'agenouiller devant moi.

Sereth devint livide et je me levai, hésitante. Puis il hocha la tête.

J'allai m'agenouiller devant Ges, dont le grand-père était déjà au service de ma grand-mère. Je posai ma main sur son épaule et ses yeux emplis de larmes se relevèrent vers moi. Son regard luisait de joie et je lui tendis la joue, afin qu'il pût m'embrasser.

– Nous vous pensions morte, Estri, fit-il avant de désigner la pièce d'un geste de la main. Les choses ont changé.

– Plus que tu ne le penses, mais je suis vivante, dis-je en lui souriant, écœurée à la pensée de ce que j'allais faire. J'aurais besoin de ton aide.

– Tout ce que vous voudrez.

– Au lever du soleil, place sur la porte le signe de la Fête de la Conception, afin que nul ne nous dérange. Entre-temps, réunis tous les hommes et les femmes qui me sont loyaux et fais-leur porter un brassard blanc, pour que nous puissions les reconnaître et les laisser reconquérir ce Puits à nos côtés.

– Nombreux sont ceux qui n'attendent que cela. Et les Parsets?

Il ne comprenait pas que je n'avais plus aucun droit sur Astria et qu'en m'apportant son aide il deviendrait un hors-la-loi.

– Ce sont mes alliés. Nous combattrons les hommes de Celendra et les Tueurs qui s'opposeront à nous. Tu dois faire transmettre à la Maison des Tueurs le message que Celendra va te dicter.

Ges hocha la tête, tel un jeune tas confiant, sur le point d'être égorgé.

– Rares sont ceux qui prendront son parti, affirma-t-il.

Sereth ordonna à Celendra de parler, afin qu'elle contribuât à sa propre perte.

– Dis à Rin que le matin est passé, pleura-t-elle. C'est le code dont nous sommes convenus, il saura. (Elle dut faire une pause avant de pouvoir ajouter :) Cela lui prouvera que tu es bien mon envoyé.

Le message en question apprenait à Rin diet Tron que Celendra tenait la situation sous contrôle, qu'elle n'avait plus besoin de renforts.

– Est-ce tout? s'enquit Ges sur un ton de surprise, avant de se tourner vers moi. Grande Fornicatrice, je ne comprends pas.

– En ce cas, tu dois me servir sans comprendre, fis-je avec douceur. Ne parle à aucun Tueur de ce qui se passe, et délivre-leur ce faux message. Fais-moi confiance.

Il se tourna pour partir.

– Et n'oublie pas de placer le signe de la Fête de la Conception sur la porte, au lever du soleil. C'est extrêmement important.

– Mais... qui a conçu? demanda-t-il.

– Personne. Mens. Arrange cela avec une fille.

Il me fixa sans me voir, hochant lentement la tête.

– J'en parlerai à Cia. Nous dirons que c'est elle, fit-il d'une voix hésitante, se tournant pour partir.

– Tasa, Ges!

Il me fit un signe de la main, me souriant par-dessus son épaule. Sereth referma la porte et lâcha un long soupir entre ses dents. Celendra sanglotait et Chayin alla vers elle, pour poser son pied sur son corps.

Après qu'elle eut étouffé un ultime sanglot, le Cahndor saisit ses chaînes et la lança sur sa couche, comme si elle n'avait aucun poids. Lalen s'écarta de sa trajectoire et, lorsqu'elle se mit à hurler, la main de l'ex-crell s'écrasa sur sa bouche.

Je pensais à Ges que j'avais trahi. Mais je n'aurais pu agir autrement. S'il avait su que mon compagnon était l'Ebvrasea, il n'aurait pas demandé pourquoi nous voulions tromper Rin diet Tron, Premier des Sept Tueurs d'Astria. Rin diet Tron, père de Jana que Celendra avait dû faire assassiner, était un homme pour lequel le chaldra était tout. Bien qu'il eût été mon meilleur maître et m'eût appris à combattre, je devais le tromper. Son chaldra voulait qu'il protégeât la Tenante, et il n'eût pas hésité à le faire.

Naturellement, Ges ne délivrerait jamais son message. D'autres nouvelles parviendraient à la Maison des Tueurs, transmises par ceux qui arrêteraient le serviteur, les hommes qui surveillaient nos paroles et nos actes par le système de surveillance interne que Celendra avait fait installer dans chaque chambre de fornication d'Astria. Quelque part, à l'extrémité des câbles que nous avions longés dans les passages souterrains, se trouvaient les gardes de Celendra..., ses sbires qui nous avaient envoyé un homme que je connaissais, pensant que nous révélerions nos plans à un serviteur aussi loyal. Et ainsi le message que nous désirions véritablement transmettre quitterait-il Astria : nous attendions notre armée, nous détenions la Tenante et, chose plus importante, grâce à ce système de surveillance, la sécurité de cette dernière était assurée.

Sereth me fit signe d'aller le rejoindre à la fenêtre, et nous vîmes un cavalier s'éloigner au galop en direction de la Maison des Tueurs. Celendra pouvait agir à sa guise dans son Puits, mais Rin diet Tron avait refusé les appareils de communication venus des étoiles. Le départ de ce messager en était la preuve. Celendra, qui pouvait converser avec n'importe quel officier de Liaison de la planète en abaissant simplement un interrupteur, était dans l'incapacité de contacter un Tueur ou un Gardien de l'Histoire plus rapidement que ne le permettait le galop d'un threx.

Des bruits de lutte nous parvinrent des étages inférieurs. Avant de s'occuper de nous, les hommes de Celendra mettaient hors d'état de nuire ceux dont la loyauté envers la Tenante était douteuse. Celendra entendait également les combats et riait sous son bâillon.

Tromper une devineresse n'était pas chose aisée.

Avec le pommeau de son épée, Chayin brisa un petit miroir. Celendra tourna la tête vers le point d'origine de ce bruit et écarquilla les yeux, se débattant. Chayin détruisit les objectifs de deux autres caméras, puis Wiraal pénétra dans la chambre par la petite porte basse, suivi par la moitié de ses hommes.

Son épée ruisselait de sang et il était couvert de blessures. La respiration haletante, il s'adossa au mur. Lalen regarda dans le passage, puis referma le panneau et le verrouilla.

Tenant Celendra par les cheveux, Sereth la tira sur le sol puis ôta le tapis parset dont il avait recouvert le communicateur stellaire que la Tenante avait utilisé pour demander un messager. Ses mains s'affairèrent sur l'appareil, afin de pouvoir s'adresser à toutes les personnes présentes dans le Puits.

– Je vais t'ôter ton bâillon, dit-il alors à Celendra. Tu ordonneras à chaque homme et femme présents dans cette tour de gagner la salle commune, avec toutes leurs armes dont ils feront une pile sur le sol. Ils doivent également apporter suffisamment de chaînes pour qu'il soit possible de les lier les uns aux autres. Wiraal récupérera les clés. Si nous trouvons un seul Tueur encore armé, une seule clé manquante ou un seul fuyard, tu mourras.

Il se baissa et ôta le bâillon de la bouche de Celendra qui savait, tout comme moi, qu'il n'hésiterait pas un seul instant à mettre sa menace à exécution.

Elle le fixa un instant, presque en souriant, puis baissa la tête et donna ses ordres. Sa voix trahissait sa défaite. Celendra avait perdu et elle le savait. Elle tremblait et son teint était grisâtre. Elle ne releva même pas la tête lorsque Sereth brisa l'émetteur.

Wiraal essuyait son épée sur les tentures de soie. Ses hommes, dix en tout, soignaient leurs blessures. Des gourdes d'uris circulèrent. Dissimulée par deux jiasks, j'en bus une gorgée. Il s'était révélé facile d'abattre Celendra, en dépit de ses pouvoirs. Elle avait organisé la destruction de Sereth, sachant qu'il viendrait et que je l'accompagnerais. Mais l'ex-Tueur s'était servi de son orchestration, avec un arrangement personnel.

On frappa à la double porte et les hommes dégainèrent leurs armes. Chayin traversa la pièce et entrouvrit les battants, avant de les écarter.

Sous la clarté des torches éclairant le vestibule se tenaient les autres jiasks de Wiraal. Il y avait onze hommes ensanglantés et souriants, les bras couverts de chaînes de crells apportées de Nemar. Ils étaient accompagnés par le même nombre de Tueurs aux cous reliés par une unique chaîne, comme des crells dans une mine.

– Avez-vous rencontré de la résistance? demanda Sereth aux jiasks qui faisaient entrer leurs prisonniers.

– Pas depuis que nous avons entendu cette voix, répondit un jiask. Nous nous sommes battus contre ceux-ci un peu plus tôt, une légère erreur de calcul. Lorsqu'ils ont entendu cette voix, ils ont tous jeté leurs armes. C'est incroyable!

Après avoir fait signe à Lalen, Wiraal et Chayin de le suivre, Sereth poussa Celendra en direction de la porte.

Bien que n'ayant pas été invitée, je leur emboîtai le pas. Dans le vestibule, Sereth s'arrêta pour m'étudier avec froideur. Lalen vint se placer à mon côté.

– Tu peux venir, fit-il. Mais ne t'éloigne pas.

Je lisais la soif de sang sur le visage de chaque homme et même Lalen paraissait métamorphosé. Sereth se tourna vers la pièce bondée de jiasks et désigna celui qui avait répondu à sa question.

– Toi! prends la moitié des hommes et détruis tous les câbles et les machines que vous pourrez trouver. N'oubliez pas les conduits souterrains. Que les autres forment deux groupes et fouillent chaque chambre, étage par étage, en commençant par celui-ci. Réunissez tous les êtres vivants d'Astria dans la salle commune. Si vous manquez de chaînes, tuez-les. Quant à vos prisonniers... (Il fixa les hommes qui avaient autrefois été ses frères.) Conduisez-les également dans la salle commune. Assurez-vous qu'ils sont bien attachés, et laissez un garde.

Derrière nous, les hommes se scindèrent et la moitié se regroupa autour du nouveau chef que Sereth avait nommé.

– J'aurais fait un autre choix, grommela Wiraal à Chayin qui lui fit signe de se taire.

Sereth poussa Celendra vers le Cahndor.

– Tiens, voilà ta crell. Je dois garder les mains libres.

Elle trébucha et tomba sur le sol de gol ambre. Sereth la fixa avec dégoût.

– Non, Sereth, je t'en supplie.

– Debout, fit Chayin avec lassitude. J'espère que tu n'as pas besoin d'une autre leçon, car je n'ai pas de temps à perdre avec toi.

Il soupesa son épée parset et Celendra se leva, pour avancer docilement entre Wiraal et le Cahndor.

– Nous devons passer par la chambre de Wiraal où il a laissé son huija, fit Chayin, s'adressant à Sereth.

– Dans ses fontes, je présume? Et est-ce de là que proviennent toutes ces chaînes?

– Aurais-tu lié les captifs avec des draps prélevés aux couches? Où que puisse se rendre un Nemarsi, ses fontes l'accompagnent.

– Quoi qu'elles puissent contenir, dit Sereth en riant.

– Qu'allons-nous faire des femmes? demanda Wiraal comme nous descendions l'escalier en hélice de la tour. J'ai laissé une fille splendide dans ma chambre.

– Faites-en ce que bon vous semble, mais limitez leur nombre. Elles n'entreront pas dans vos fontes.

Nous arrivâmes au premier étage et je me demandai comment une des pensionnaires de cette section à bas prix avait pu susciter l'intérêt du jiaskcahn.

Mais lorsque Wiraal ouvrit la porte de la chambre, je compris. Cette fille aux cheveux bruns était belle et avait des formes généreuses. Très jeune, seule son inexpérience lui valait un statut inférieur. Wiraal caressa la fille qui était liée et bâillonnée comme l'avait été Celendra.

– Je reviendrai te chercher, lui promit-il.

Puis il prit son huija dans ses fontes. Les dents de

métal, serties dans le cuir souple, renvoyèrent des reflets. Il fit claquer le fouet et Celendra hurla.

Chayin émit un rire privé de gaieté et saisit sa chaîne.

– Je sais ce que je vais faire... trancher tes cordes vocales puis t'offrir à Jaheil.

Si Celendra ne connaissait pas Jaheil, elle connaissait Chayin et poussa un petit cri aigu, avant de lui adresser un regard implorant.

– En ce qui concerne tes cordes vocales, il est possible que je change d'avis, reconnut-il. Mais je te donnerai à Jaheil.

– Pourquoi te déplaît-elle à ce point, Chayin? lui demandai-je en quittant la chambre pour gagner la salle commune.

Je trouvais Celendra extrêmement belle, avec sa peau de velours et ses seins proéminents et toujours dressés, ses larges hanches incurvées. Comparée à cette femme, je me sentais petite, frêle, insignifiante.

– Dis-moi, insistai-je. Je la trouve très belle et je veux savoir.

– La trouves-tu très belle, toi aussi, Sereth? lui demanda-t-il.

– Ce fut mon opinion pendant longtemps. Mais ce n'est plus le cas.

– Elle est bien trop tiask à mon goût, me dit Chayin. Elle manque de féminité... une chose que je ne puis définir. Non, je ne veux pas d'elle.

– Je sais ce que tu veux dire, déclara Sereth. Lorsque j'ai couché avec elle pour la première fois, elle n'était pas ainsi. Peut-être est-ce moi qui l'ai changée, peut-être ce qui s'est passé entre nous... Avant Tyith, au tout début, elle était très différente.

Celendra fixait ses pieds nus sur le sol. Je vis son visage mais je n'aurais pu le décrire.

Et je regardai le sol à mon tour. Il céda la place à des marches et nous descendîmes vers la salle commune.

Sereth s'immobilisa sur le seuil de cette pièce bondée d'hommes et de femmes, observant la foule, cherchant le piège qu'on avait pu nous tendre. Quatre jiasks se déplaçaient au sein des prisonniers, les faisant s'agenouiller pour les fouiller.

La salle commune d'Astria n'est pas divisée en plusieurs sections, comme celle d'Arlet : ici, un homme connaît le prix d'une fille par la couleur de son brassard. Tous les meubles avaient été poussés sur les côtés de la grande salle blanche et argent, et les corps étaient à tel point serrés les uns contre les autres qu'ils me dissimulaient les motifs du sol.

Sereth appela un jiask.

– Les filles? demanda l'Ebvrasea.

– Nous amenons les dernières.

– Séparez les captifs par catégories : Tueurs, filles de Puits, clients, sbires de Celendra. Où se trouvent ceux qui étaient liés, lorsque vous les avez trouvés?

Le jiask nous conduisit vers un petit groupe de personnes qui n'étaient pas enchaînées. Certaines étaient ensanglantées, la plupart avaient des contusions. Je voyais des femmes, des serviteurs, des habilleuses. Mon nom se forma sur leurs lèvres et ils tendirent leurs mains. Je reculai. J'étais une sans-chald, la compagne d'un hors-la-loi. Il s'agissait de ceux que les fidèles de Celendra avaient jugé utile de réduire à l'impuissance, de crainte qu'ils ne fomentent une révolte. Sans la diversion qu'ils avaient provoquée, les choses auraient pu se dérouler différemment. Je regardai leurs visages. Ges ne se trouvait pas parmi eux.

Puis je pris conscience que je n'avais pas vu de cadavres. Bien que hors-la-loi, Sereth restait un Tueur. Si Astria avait été conquis uniquement par les Parsets, le sol eût été jonché de morts.

– Vous tous, fit Sereth en s'accroupissant au sein de leur groupe. Je vais vous proposer un choix. Réfléchissez avant de répondre, car la situation n'est pas telle que vous le croyez. Estri ne redeviendra pas Tenante d'Astria. Les Gardiens de l'Histoire vont venir, pour rechercher nos alliés parmi vous, car ils ne croiront jamais que nous avons réussi sans complicités intérieures.

» Je peux vous lier et vous mettre avec les autres, ou encore vous laisser libres. Demain, nous partirons pour céder la place aux Gardiens de l'Histoire. Une nouvelle Tenante remplacera Celendra que nous prendrons avec nous. Mais vos chalds sont peut-être déjà en danger. Bien que votre aide puisse nous être précieuse, il nous est impossible de vous emmener.

– J'ai levé la main contre un Tueur, fit un homme. Je n'ai rien à perdre.

– Quel est ton métier? demanda l'Ebvrasea, lèvres serrées.

Wiraal comptait les têtes, tenant dans ses mains les clés des chaînes de plaisir d'Astria.

– Armurier. J'ai travaillé pour la Maison, mais je m'y suis fait un ennemi. Lorsque Celendra a demandé un spécialiste de ma profession, ce Tueur a fait en sorte que je sois choisi.

– Pourrais-tu me montrer ton travail?

L'homme releva la tête et désigna la pile d'armes confisquées.

– Des épées que j'ai forgées doivent s'y trouver.

– Va en chercher une, je veux la voir.

L'homme se leva et se fraya un chemin entre les prisonniers. Sereth se tourna vers ceux dont le sort le rendait si perplexe.

Finalement, tous furent liés à l'exception de dix d'entre eux, qui estimaient s'être déjà trop compromis. Sereth leur conseilla de se choisir un chef, de prendre ce qu'ils désiraient dans les trésors d'Astria et d'aller commencer ailleurs une nouvelle existence.

Lorsqu'il se releva, son visage était tendu et grave. Il

se détourna puis se dirigea vers l'autre extrémité de la salle commune, où Wiraal avait regroupé les Tueurs.

En chemin, l'armurier nous arrêta, les bras emplis des fruits de son travail.

Sereth prit les armes une à une, les examina attentivement, puis regarda pensivement cet homme.

Il me lança une épée de stra à la lame droite. Elle était parfaitement équilibrée et sa poignée se blottissait dans ma main. Je souris à l'armurier et lui tendis son arme. Sereth m'interrogea du regard, et je ne pus croire qu'il me demandait mon conseil pour une question de cet ordre.

– Trouve-toi un threx et des provisions, et n'oublie pas les outils de ta profession. Où tu vas te rendre, tu ne trouveras rien.

L'homme sourit, pivota sur lui-même, et quitta hâtivement la salle.

– Sereth, appela Chayin qui se tenait avec Celendra auprès de Wiraal.

Lalen dut me pousser. En observant l'armurier, il m'était venu à l'esprit qu'il ne nous forgerait jamais une arme, que ni Sereth ni moi ne regagnerions le Mont Opir.

– Qu'est-ce qui se passe? s'enquit Lalen.

Je ne pus répondre et me mis à trembler, puis je pivotai sur moi-même et me mis à courir au sein des prisonniers.

– Sereth! Sereth!

Je saisis son bras et l'éloignai de Chayin et de Wiraal.

– Sereth! serre-moi fort! Oh, serre-moi fort!

Ce qu'il fit.

– Nous devons partir! Immédiatement, le suppliai-je entre mes lèvres serrées.

– Calme-toi, me murmura-t-il à l'oreille. Tout sera bientôt terminé.

– Je t'en supplie, partons immédiatement. Il y a Chayin. Demande-le-lui.

– Chayin, approche. Sais-tu ce qu'a Estri?

Le Cahndor ferma les yeux.

– Elle a vu ce que son esprit lui cachait, ce qu'elle ne pouvait admettre, fit-il calmement. Je présume qu'elle t'a demandé de partir?

Sereth hocha la tête et son corps se raidit contre le mien.

– Pars, si tu veux. Si tu l'emmènes, vous n'irez pas loin. Si tu la laisses afin qu'elle puisse effectuer ce qu'exige d'elle le temps, tu as des chances de réussir. J'aimerais pouvoir te dire que je te la ramènerai, mais une telle possibilité n'existe pas dans l'avenir. (Il écarta les mains.) C'est une décision que vous seuls pouvez prendre.

Il se détourna pour aller rejoindre Wiraal.

– Que se passe-t-il, pourquoi devons-nous partir?

Mais je savais qu'il avait déjà pris sa décision. Je l'étreignis avec plus de force, comme si j'avais pu cheviller le temps.

– Tu ne partiras pas, peu importe ce que je pourrais te dire.

– C'est exact, mais il me serait utile de savoir ce que tu as vu. Peut-être pourrons-nous l'éviter.

– C'est impossible. Nous sommes cela!

– Tu parles par énigmes.

Il m'écarta de lui. Je ne pouvais pleurer et levai ma main pour suivre des doigts sa profonde cicatrice.

– Aucune femme ne vaut le prix qui sera le mien, fis-je. Lorsque viendra le moment où tu devras te sauver toi-même, il faudra que tu le fasses. L'estime dans laquelle je te tiens n'en sera pas amoindrie.

Je mordis ma lèvre inférieure, jusqu'au moment où je goûtai à mon sang. Désorienté, Sereth secoua la tête et arbora un sourire forcé.

– Nous en discuterons plus tard, dit-il en me faisant pivoter vers les Tueurs prisonniers.

Je lus de la compassion sur le visage de Chayin qui avait dû entendre nos propos. Il savait tout comme moi que je n'aurais plus l'occasion de pouvoir parler à Sereth de quoi que ce soit. Il le savait depuis Frullo jer. Je me tenais entre Chayin et Sereth, et la main du Cahndor trouva la mienne et la serra.

– Ils veulent vous parler, fit Wiraal en désignant la trentaine de Tueurs enchaînés. A Nemar, nous les aurions définitivement réduits au silence, pour les punir de leur insolence.

Sereth se plaça devant eux, jambes écartées, les mains sur les hanches. La lueur des torches faisait miroiter la spirale du manteau des Formeurs qu'il portait. Nus à l'exception de leurs chalds, les Tueurs tendaient le cou pour voir l'Ebvrasea, l'ex-Septième d'Arlet, le sans-chald, le hors-la-loi.

– Alors, parle, fit-il à un homme dont la poitrine était traversée par une large balafre diagonale.

– Septième... commença l'homme.

– Ne me donne plus ce titre.

– Qu'allez-vous faire de nous?

– Comment as-tu reçu cette blessure?

– Les Parsets nous ont attaqués dans un passage. Nous n'avions pas le choix.

– N'est-il pas interdit aux Tueurs de croiser le fer avec des Parsets?

Je me demandai s'il n'avait pas perdu la raison. Se croyait-il encore le Septième d'Arlet?

– Nous étions en état de légitime défense, grommela l'homme.

– Oui, je l'ai été moi aussi.

– Ils sont comme des feux follets, je n'ai jamais vu d'hommes aussi rapides.

– Ils utilisent l'uris, lui rappela Sereth. Et en quantités qui nous détruiraient rapidement. Leur constitution est différente. Je ne vous reproche pas d'avoir pris vos armes, pas même de les avoir jetées. Seul un Parset peut se battre contre un Parset. Peut-être est-ce pour cela qu'il est interdit aux Tueurs de croiser le fer avec eux.

– Vous ne ferez pas de nous des crells. Pas vous!

– Non. Je laisserai à vos pairs le soin de vous juger. Puisse leur verdict être juste.

Il tourna le dos à l'homme agenouillé.

– Chayin, ne peux-tu t'en charger? demanda-t-il au Cahndor.

– J'essayerai, mais à mes yeux ils se ressemblent tous.

A son côté, Celendra regardait l'effondrement de son existence. Le soleil levant éclairait le sol de gol blanc translucide. Je touchai la main de Chayin posée sur ma taille.

– Le signe de la Fête de la Conception, lui rappelai-je.

Il demanda à Celendra où se trouvait la plaque et envoya Wiraal la chercher. Pendant la Fête de la Conception, un Puits demeure fermé et seules les personnes présentes la veille y participent. Y admettre d'autres personnes est censé porter malchance. Celendra avait autrefois manqué à cette règle, pour me faire une faveur, et notre chance avait effectivement tourné.

Lorsque Wiraal fut de retour, il alla accrocher le panneau sur la grande porte du Puits. Jusqu'à l'aube du second septième d'Amarsa, le lendemain, la tour serait coupée du reste d'Astria. D'ici là, les apreis de Jaheil se seraient dressés sur la plaine.

– C'est le plus étrange des combats que j'ai jamais mené, fit Wiraal après avoir refermé le battant. Mettre une pancarte sur une porte!

– Place un garde de faction, si ça te chante, fit Sereth.

– Je n'y manquerai pas, après avoir été chercher cette crell. Dommage que nous ne puissions toutes les emmener. Quand croyez-vous que les Tueurs arriveront ?

– Soixante-dix néras nous séparent de leur Maison et le messager de Celendra n'y parviendra qu'en milieu de journée. S'ils ont reçu l'accord des Gardiens de l'Histoire, ils pourront se mettre en route en moins d'un enth. Tout sera alors fonction de l'allure de leurs threx... S'ils n'ont pas l'intention de se battre à pied contre les Parsets, ils devront ménager leurs montures. Mais ils n'ont pas encore dû recevoir les ordres, et Rin diet Tron n'est pas homme à entreprendre des actions précipitées.

– Alors, quand devraient-ils arriver? insista Wiraal.

– Demain, entre la première cloche et le lever du soleil.

– S'ils ménagent leurs montures, et s'ils n'ont pas reçu l'accord des Gardiens de l'Histoire. Mais dans le cas contraire?

– Alors, la Fête de la Conception nous sauvera peut-être. Jaheil arrivera à l'aube, sinon plus tôt.

– Suivi de près par Hael et les siens, ajouta ironiquement Wiraal.

– Avec Idrer et mes hommes sur ses talons. Sans oublier les tiasks... Pijaes et Nineth, je crois.

– Toute cette affaire commence à me paraître insensée, reconnut Wiraal, en riant doucement.

– Cela ne m'enchante guère, mais nous devons regagner la salle commune.

Le jiaskcahn hocha la tête, flatté d'avoir été inclus dans le « nous » de l'Ebvrasea.

J'entendis bientôt sonner la septième cloche. A l'extérieur, Astria devait se réveiller, ignorant ce qui s'était passé. Les musiciens accorderaient bientôt leurs instruments, les médecins soigneraient leurs malades, les étudiants iraient suivre leurs cours, sans savoir que l'Ebvrasea et le fils choisi de Tar-Kesa s'étaient rendus maîtres de la tour centrale. Lorsqu'ils l'apprendraient, ils s'étonneraient que vingt-cinq hommes et une femme eussent pu s'emparer de Puits Astria.

Je songeais à cela, adossée au mur de la salle commune, là où Sereth m'avait dit de l'attendre. A mon côté, Lalen tenait la longe de Celendra et je prenais garde de le laisser entre nous.

Wiraal avait été chercher sa fille de Puits, créant ainsi un précédent. Cela provoquerait un élargissement du pool génétique de Nemar. J'assistai au choix des Nemarsis et notai qu'ils agissaient avec discrimination et bon sens, cette sagesse innée d'un homme placé devant de nombreuses femmes.

Astria avait la priorité de choix parmi celles qui postulaient pour devenir filles de Puits, après le premier tri effectué par les Gardiens de l'Histoire. Ils testent les capacités et les aptitudes des adolescentes, et transmettent leurs résultats aux Puits. De tout Silistra, à l'exception des Terres des Parsets, des femmes venaient à Astria. De toutes les Silistriennes en âge de porter des enfants, elles étaient les plus belles. Et à présent elles iraient à Nemar et j'étais certaine qu'une progéniture exceptionnelle en résulterait.

Je connaissais un grand nombre de ces femmes, car les pensionnaires d'un Puits y demeurent en moyenne quatorze ans avant d'avoir un enfant. Mais à Nemar cette attente serait certainement moins longue.

Après bien des discussions, Chayin et Sereth avaient limité le choix des jiasks à une seule captive. Il était plus de midi lorsque le dernier des vingt et un jiasks se décida. Chayin ne prit aucune femme, imité par Sereth et Lalen, et lorsque Wiraal le lui reprocha, le Cahndor lui adressa un regard menaçant.

– J'aurai suffisamment à faire pour protéger ma propre vie. Aucune femme ne quittera le Puits avant que nous ayons remporté une victoire dans la plaine. Il faudra que je tienne la tête de Hael dans ma main, pour qu'un jiask puisse réclamer son dû.

Il avait prononcé ces mots d'une voix puissante et, en marmonnant, ses hommes attachèrent leurs captives à une chaîne unique.

Puis Chayin ordonna aux jiasks de s'abstenir de toute drogue autre que l'uris et de se tenir éloignés de l'alcôve aux boissons. Pas de femmes, de danne ou de kifra, jusqu'au moment où il annulerait son ordre. Il quitta alors la pièce, suivi par Sereth.

Si je n'avais pas été placée sous la surveillance de Lalen, je l'aurais également suivi, mais l'ex-crell ne pouvait s'éloigner ni de Celendra ni de moi. Elle dormait sur le sol de gol blanc et il n'avait manifestement pas envie de la réveiller.

Il ne me reste qu'à faire le récit de la bataille et à expliquer comment je suis venue ici. Mes souvenirs perdent leurs détails, comme un vieux tapis parset que quelqu'un, se tenant à l'extrémité de ma vie, enroule lentement et avec un soin infini.

Toute la journée, Sereth et Chayin étudièrent les détails de l'affrontement à présent imminent. Ils restèrent absents pendant des heures et, à leur retour, leurs yeux étaient sombres.

Les hommes manifestaient leur tension par des périodes successives de tapage et de silence. Ils mangeaient peu, donnaient à boire à leurs femmes, fourbissaient leurs armes. Sereth, Chayin et Wiraal se promenaient en leur sein et parmi les captifs. Celendra fut prise d'une crise d'hystérie et Chayin dut la bâillonner à nouveau.

Je demeurai assise sur le sol, aux pieds de Lalen, et ma peur disparut. Ainsi libérée, je pus entreprendre ce qui justifiait ma présence en ce lieu. Je me concentrai sur ma volonté et lui donnai des forces. Je cherchai

Hael et découvris qu'il n'était guère éloigné, puis je trouvai Raet, ainsi que je m'y étais attendue.

J'avais froid et je sentais sa présence devant moi, une porte s'ouvrant sur son univers. Je le saluai, dans sa langue. Le halo rougeâtre des flammes léchait son visage de bronze et les soleils qui remplaçaient ses yeux m'étudiaient. Il me salua à son tour. Raet était le fils de Kystrai, un frère de mon père. Le frère de la fille de mon père, ainsi que l'avait appelé mon arrière-grand-mère Astria, lorsqu'elle avait prophétisé ma vie plus de 842 ans plus tôt. Raet était également cela, né du même utérus qu'Esya, ma demi-sœur. Cependant, les liens de parenté n'engendrent pas que de l'amour, lorsqu'il est question d'héritage. Les Mi'ystens sont puissants, mais ils ne peuvent créer des mondes ou des étoiles. Ils aimeraient faire disparaître toute la création afin de la remplacer par des mondes issus de leur propre esprit. J'avais pour ma part créé une planète, grossière il est vrai, mais une planète tout de même. Raet le savait et devait me reconnaître pour son égale.

Je lui fis à nouveau part de ma position. Je refusai de céder et l'appelai par le nom sous lequel il règnait dans le sud : Tar-Kesa.

Il me déclara ses intentions, me donnant pour la première fois mon nom véritable, celui que ne doivent pas prononcer les simples mortels.

– Sur la plaine d'Astria, au lever du soleil?

– Sur la plaine d'Astria, confirmai-je.

Le sol redevint de gol et la porte fut dissoute. Mes yeux étaient brûlants et emplis de larmes.

– Quoi? demandai-je à Sereth.

– Viens avec moi, j'ai quelque chose à te montrer, fit-il, me tendant sa main hâlée.

Il fermait les yeux à demi, s'étant rendu compte de mon absence.

Je me levai et mes membres engourdis ne purent me

soutenir. Il me retint. Chayin était à notre côté et souriait. Cette fois, Raet n'avait tenté aucun marchandage, proféré aucune menace, offert aucune merci. Je n'étais plus pour lui un simple jouet de chair. Je souris et me redressai. S'il me respectait ainsi, peut-être sous-estimais-je mes chances.

– Doucement, me dit Chayin, avant de m'appeler par ce nom qu'il n'avait pu apprendre que de la bouche de Raet.

– Les dangers sont grands, lorsqu'on ose de telles choses, lui dis-je, écartant mes cheveux de mon visage.

– J'ai pensé que tu aimerais voir cela, dit Sereth.

– C'est effectivement le cas.

Je me levai sur la pointe des pieds pour l'embrasser. Il m'étreignit et, par-dessus son épaule, je vis Celendra qui nous observait apathiquement, toujours bâillonnée.

– Et au sujet de Rin? demandai-je alors que nous gravissions les marches menant à mes anciens appartements.

– Aucun signe. Et nul n'a osé troubler la Fête de la Conception.

– Et si Rin ne combat pas Hael à ta place?

– Nous l'affronterons nous-mêmes, grommela Chayin. Les Tueurs ne pourront pas infliger des pertes importantes aux troupes de Hael, à en juger par ce que j'ai pu voir ici.

– Si les Tueurs sont victorieux, nous les combattrons. S'ils perdent, nous combattrons Hael, fit Sereth qui ne semblait guère attacher d'importance à l'identité de ses adversaires.

Nous montions des marches et mes pouvoirs commençaient à se manifester. Je me découvrais incapable de penser et je ressentais pour la première fois une impression d'ordre au plus profond de moi-même. Tout ce que j'étais devenue attendait le combat, comme des armes bien affûtées. J'étais à la fois calme et curieuse, impatiente de tester des forces ne pouvant servir qu'à combattre un égal. J'éprouvais le désir de tuer. Il est plus enivrant que l'uris et provoque sans nul doute une plus grande accoutumance.

Je traversai les salles d'Astria, encadrée par Chayin et Sereth. Une fois dans mon ancienne chambre, je ne regrettai plus le passé. Comme ces hommes, je ne me préoccupais plus que de l'instant présent et de celui à venir.

J'enjambai l'encadrement de la baie où adhéraient encore les morceaux de cristal, pour m'avancer sur la terrasse donnant sur la plaine d'Astria. J'observai le terrain mais Jaheil n'était pas venu par le Skirr, en franchissant le col de Datur. Il n'avait pas non plus suivi la route périlleuse de la côte, le long des falaises.

Amusé, Sereth me fit pivoter sur moi-même et le manteau des Formeurs fut enflé par la brise nocturne.

– Je ne vois rien, avouai-je. Il n'est pas à l'est et les Gardiens de l'Histoire et les Tueurs se trouvent au sud.

Chayin se pencha vers moi et tendit le bras.

– Jaheil est pourtant là.

Je scrutai l'étendue faiblement éclairée par le clair de lune. Je ne possédais pas la vision perçante des Parsets et ne voyais que les ondulations de la plaine, qui évoquaient pour moi une mer gelée.

– Regarde, la clarté se reflète sur leurs armes.

Et je vis finalement, à moins d'une heure de threx, une masse en mouvement, scintillement obscur contre une noirceur plus profonde.

– Comment a-t-il pu venir par l'est? demandai-je.

– Dordassa Nord est un port. Nous avons estimé plus simple d'y conduire les threx et de les faire embarquer à bord de chalands. Ils les ont déposés non loin d'ici, sur la rive de la Litess.

– Chalands?

– N'oublie pas que tous les pays parsets, à l'exception de Nemar, donnent sur la mer, me rappela Chayin. Lorsque les Menetphers combattaient Dordassa, ils utilisaient fréquemment cette méthode pour déplacer leurs troupes. Coseve et Itophe s'affrontent constamment sur les mers.

Nineth accompagnait Jaheil et je me demandai comment les tiasks et leurs threx, qui n'étaient pas accoutumés aux déplacements par voie maritime ou fluviale, s'étaient comportés au cours de ce voyage.

– Et qui a eu cette idée? fis-je, prise d'un brusque soupçon.

– Sereth.

– Et je suppose qu'ils ont mis pied à terre non loin de la Maison des Tueurs?

– Effectivement, admit Sereth en souriant. Allons voir ce que Jaheil a à nous apprendre.

Chayin hocha la tête et tendit la main à l'Ebvrasea, comme s'ils avaient déjà accompli un grand exploit.

Ils descendirent les marches de la tour en courant, tels deux enfants. J'arrivai dans la salle commune, le souffle court.

– Jaheil approche, rugit Chayin. Préparez-vous!

Le départ fut ordonné, calme, et surprenant. En silence, les hommes récupérèrent leurs selles qu'ils placèrent sur leurs épaules pour sortir par la porte de service. Ils laissèrent leurs threx dans les écuries du Puits Interne, abandonnant également leurs crells. Seule Celendra nous accompagnait, marchant docilement au côté de Lalen, à présent qu'elle avait laissé son Puits derrière elle.

Nous avancions vers le camp de Jaheil. Il s'agissait d'un cercle de quarante-deux apreis, au centre duquel se dressaient les tentes de Jaheil et de Nineth.

A l'intérieur de ce cercle, je vis des threx et je compris pourquoi les jiasks avaient apporté leurs selles sur leurs épaules.

Je me baissai derrière Sereth pour pénétrer dans l'aprei de Jaheil, et je frissonnai en me souvenant de tout ce qui m'était arrivé sous de telles demeures de toile. Je saluai Jaheil, assis sous la faible clarté d'une lampe à huile. Il portait comme toujours son ensemble noir et tirait sur sa longue barbe. Nineth était couchée sur l'herbe d'Astria, à son côté. Elle leva la main pour me saluer, puis interrompit brusquement son geste. Ses yeux sombres cillèrent. Je ne portais plus le médaillon de Chayin ni mon chald nemarsi. Elle m'adressa un regard hautain et baissa silencieusement la main.

Je pris place aux côtés de Sereth, que Jaheil avait fait asseoir à sa droite. Puis Chayin entra, poussant Celendra devant lui. Il la fit s'agenouiller devant Jaheil et je me penchai, afin de voir les visages de Nineth et du Cahndor de Dordassa.

– Je te l'offre, déclara Chayin en désignant Celendra de son pied.

– Assieds-toi, crell, afin que je puisse mieux te voir, ordonna Jaheil.

Ses doigts tressaient les brins de sa barbe avec impatience, et Nineth gardait un visage impassible, au prix d'un grand effort. Lalen entra à son tour et vint s'accroupir à mon côté.

Dans toute sa beauté, magnifiquement parée de sa nudité, Celendra se redressa. A côté de Nineth, elle avait une délicatesse inexprimable. Son visage en forme de cœur se releva vers le Cahndor et ses larges yeux dorés l'implorèrent. Entre ses seins magnifiques pendaient les six anneaux de sa chaîne, qui luisait faiblement sous la pâle clarté de la lampe.

– Debout, crell! ordonna Jaheil.

Celendra obéit. Il la fit tourner sur elle-même, puis il lui commanda de s'agenouiller à nouveau.

– C'est une délicate attention de ta part, Cahndor. Elle me servira de bouclier lors du combat... s'il y a bataille. (Il se pencha pour prendre sa chaîne et la tira vers lui.) Assieds-toi, ajouta-t-il en installant Celendra sur ses genoux, comme s'il s'était agi d'une enfant.

Nineth se leva et sortit, sans dire un mot. J'entendis Celendra gémir, en dépit de son bâillon, prisonnière des bras de Jaheil qui explorait sa nouvelle possession.

– Y en a-t-il d'autres? demanda le Cahndor de Dordassa.

– Un grand nombre, répondit Chayin, prenant la place laissée vacante par Nineth, sur la gauche de Jaheil. Elles sont déjà enchaînées, prêtes à être emportées par nos hommes dès que tout sera terminé. Celle-ci était leur Grande Fornicatrice.

– Je t'en remercie encore, répondit Jaheil.

Il poussa Celendra qui tomba sur le sol où elle demeura immobile.

– Nous devons discuter de certaines choses et le temps presse, leur rappela Sereth.

Chayin inclina la tête. Devant Jaheil, il redevenait un dieu vivant.

– As-tu pu faire tout ce que nous avions prévu?

– Oui.

– Vous ont-ils vus?

– Voilà qui ne fait aucun doute.

– Et ils n'ont rien tenté contre vous?

– Pas même une mise en garde.

– Sereth, il semble que les Tueurs ne soient pas disposés à aider Celendra.

– C'est possible, fit l'Ebvrasea d'un ton peu convaincu. Mais nous devrions déjà être en selle. Que les tiasks prennent position à l'extérieur. Les Tueurs n'ont pas l'habitude de se battre contre des femmes.

– Ils ne viendront peut-être jamais, rétorqua Chayin.

– Fais-le! ordonna l'Ebvrasea.

Les sourcils de Jaheil se levèrent, puis s'abaissèrent en une expression menaçante, et Lalen dégagea la poignée de son épée. Mais Chayin s'adressa aussitôt à l'autre Parset.

– Place tes tiasks à l'extérieur du cercle, et dis à tes meilleurs hommes de former une double rangée en son centre. Si les Tueurs surgissent pendant que nous combattons l'armée de Hael, tu connais les consignes.

– Et rappelez-leur que mes archers peuvent donner la mort de très loin, fit doucement Sereth.

Jaheil déclara qu'il en avait déjà informé ses hommes, puis nous nous levâmes pour aller chercher nos threx que Jaheil avait amenés.

– Ensuite, ajouta Chayin, tu te rendras au Puits et tu autoriseras mes hommes à prendre les femmes qu'ils ont déjà choisies. Vous pourrez vous servir, nul ne s'y opposera. Il suffit que vous repartiez avant midi. Je ne serai pas avec vous.

Il prit le médaillon de l'urithéria et le tendit à Jaheil, qui le passa à son cou, visiblement déconcerté.

– Que veux-tu que je fasse, Chayin? demanda-t-il, sans sa brusquerie coutumière.

– Au cours de cette bataille, nous pourrons nous débarrasser non seulement de Hael mais également de deux autres personnages importants. Si nous tranchons ces trois têtes, nous pourrons procéder à l'unification des terres parsets. C'est à toi que reviendra cette tâche et je te nomme régent pendant mon absence.

– Et toi, où seras-tu?

– Je ne puis te le révéler, mais sache que je me trouverai relativement en sécurité. Je reviendrai au solstice d'hiver, et nous changerons alors ce qui existera, ainsi que bien d'autres choses.

Le vent du chaos gémissait dans la voix de Chayin, et Jaheil vit le voile le recouvrir. Il hocha la tête et souleva le rabat de toile.

– Tu nous reviendras, dit-il comme Chayin se baissait pour sortir.

– Oui. C'est certain, fit Chayin en arborant un sourire de dorkat.

Les hommes effectuaient les derniers préparatifs et Jaheil nous guida vers Saer, Guanden et Krist, la monture noire de Sereth, regroupés à côté de son threx alezan.

Chayin se mit aussitôt en selle. Le threx pommelé caracolait, naseaux dressés, soulevant des mottes d'herbe avec ses sabots ferrés.

– Ce voyage par bateau les a rendus nerveux, murmura Chayin.

– Peut-être aurais-je dû te faire venir Issa, déclara Sereth, notant que Guanden tentait de happer ma main.

Je me souvenais fort bien de ce threx alezan et de sa douceur.

– Guanden fera mieux l'affaire, pour aujourd'hui tout au moins.

Chayin était parvenu à apaiser Saer qui gardait la tête basse. Seuls ses naseaux distendus indiquaient sa nervosité.

Derrière Chayin, les étoiles disparaissaient et à l'est, entre les apreis, le ciel verdissait, annonçant l'aube. Je vis également une sorte de brume, comme un nuage de poussière, s'élever au sud. Je pris les rênes de Guanden que me tendait Sereth et lui touchai le bras.

– Regarde vers le sud, lui conseillai-je.

Il le fit, puis se tourna vers moi pour m'aider à me mettre en selle. Guanden renâcla et rua. J'assenai un coup entre ses oreilles, et le threx s'immobilisa en tremblant.

Sereth s'approcha de moi pour poser sa main sur ma cuisse.

– Ne t'éloigne pas de Lalen et n'essaye pas de me suivre. Je ne serai pas loin, fit-il avant de se tourner vers Krist.

J'observai Sereth, silhouette sombre se déplaçant

contre la forme encore plus obscure de Krist. Tout était très calme et je n'entendais que les threx, comme si les animaux vivant sur cette plaine retenaient leur respiration.

Jaheil amena son alezan vers nous. Celendra était liée à la selle par les poignets et il sauta derrière elle lorsque le premier rayon de soleil embrasa la robe de sa monture.

Sereth se mit en selle et Lalen vint nous rejoindre, monté sur un étalon brun.

Chayin et Sereth donnèrent l'exemple et je les suivis dans la plaine d'Astria, alors que les trois yras s'écartaient à notre passage.

Les tiasks prirent position sur le pourtour du cercle et une rangée des meilleurs hommes le scinda. Nous nous dirigions vers le sud, nous déplaçant lentement. Les harnais craquaient et cliquetaient, les sabots martelaient le sol. Le ciel était composé de bandes de feu apparaissant entre les nuages, telles des épées sur un râtelier. Sanglant était le soleil qui s'élevait dans le ciel verdissant, comme annonciateur du chaos.

Guanden ne me posait guère de problèmes, ainsi bloqué de toutes parts. Je me baissai pour m'assurer que mes lunes-rasoirs glissaient librement dans leur étui, et je notai le regard oblique de Sereth. Sur ma droite, Chayin était souriant, laissant le pas de Saer bercer son corps. Devant nous avançaient l'alezan de Jaheil et le gris de Wiraal. Derrière venaient Lalen et Nineth, visiblement tendus. Ils devaient apparemment se connaître depuis longtemps et je me demandai ce que Aje, le crell, avait pu subir des mains de Nineth, la tiaskchan. Puis je les oubliai.

En un lieu que rien ne différenciait à mes yeux du reste de cette plaine, Chayin donna l'ordre de faire halte. Quelques groupes d'arbres étaient disséminés çà et là, mais tous à plus d'un quart de néra de nous.

Ses hommes attendaient, faisant face à toutes les

directions, silencieux et prêts. Le soleil se reflétait sur les lames et sur la spirale du manteau des Formeurs que portait l'Ebvrasea.

Je me tournai sur ma selle pour voir ce que surveillaient mes compagnons, dans le jour naissant. Ils déferlaient sur la plaine d'Astria, certainement trois fois plus nombreux que nous : petite ligne de formes sombres. Avant le début d'une bataille, le temps s'écoule avec une extrême lenteur.

Je me souviens de l'odeur de l'air, lourd d'humidité, des threx, du cuir et de l'acier, et de notre sueur. J'essuyais constamment mes paumes sur mes cuisses.

Lorsqu'ils furent suffisamment près pour que les bannières de Menetph, de Coseve, d'Itophe et de Nemar fussent visibles, et que le grondement des sabots de leurs threx fut semblable à celui des chutes de Santha, Chayin lança une mise en garde et pivota sur la selle de Saer. Ses yeux perçants avaient vu une centaine de Tueurs qui fondaient sur nous depuis l'est.

Les tiasks renforcèrent leurs rangs de ce côté, prêtes à affronter les hommes du nord. De l'ouest et du sud arrivaient les armées de Hael, d'Omas de Coseve et de Locaer d'Itophe, et leurs guerriers étaient innombrables.

Lorsque se produisit le choc avec l'avant-garde des cavaliers Parsets, la nuit remplaça le jour. Hommes et bêtes hurlèrent leur terreur et la bataille s'engagea dans l'obscurité. Je criai également, entourée par mes protecteurs, croyant être devenue aveugle. Cette nuit était sans lune et seules les étoiles scintillaient au-dessus de nos têtes.

Guanden piaffait sous moi et j'entendais siffler les épées de ceux qui combattaient. Le cercle se rompit. Sur un ordre, l'armée de Chayin s'écarta du passage des Tueurs qui se ruèrent entre nos rangs à la rencontre des hommes de Hael.

Je luttai pour faire quitter à Guanden ce couloir de mort. Derrière moi venait l'avant-garde de Hael, devant moi les Tueurs. J'entendis crier : « Estri ! » et cherchai dans cette obscurité le point d'origine de cette voix, tout en écartant Guanden du passage des guerriers. La mort était si près de moi que je vis luire les yeux du premier Tueur. Guanden reçut un coup d'épée sur la croupe et bondit au sein de nos rangs. J'eus le temps de lancer une lune-rasoir, puis une autre, et une main saisit la tête de Guanden. Je faillis la trancher, avant de voir qu'il s'agissait de celle de Lalen.

– Par là ! cria-t-il.

Je guidai Guanden entre les combattants. La tête d'un threx jaillit hors des ténèbres, crocs découverts et dégoulinants. Je fermai les yeux et abattis mon épée. L'animal hurla et disparut. J'étais protégée sur ma gauche par le bouclier vivant du threx de Lalen, dont l'épée chantait au-dessus de ma tête. Il me guidait vers le point où Chayin et Hael s'affrontaient, à l'écart de la mêlée, leurs bêtes cabrées. Je ne fis que les entrevoir, car le ciel explosa alors en éclairs colorés... Chayin, brandissant la tête de Hael, Sereth, la lame levée pour se battre contre quatre hommes.

Puis ce furent les ténèbres et une nouvelle lueur aveuglante. Il descendait du ciel et poussa un tel rugissement que les hommes lâchèrent leurs armes pour couvrir leurs oreilles de leurs mains. Raet/Uri-théria, aussi grand que la plus haute tour d'Astria, faisait battre ses ailes translucides. Bouillonnant de lumière incolore, les atomes de sa création non encore stabilisés, il ouvrit son immense gueule aux crocs redoutables et cracha son haleine brûlante sur les combattants. Ses serres arrachaient les cavaliers de leurs selles. Ses ailes créaient un ouragan qui emportait les threx. Je sentais l'odeur de la chair calcinée et des cheveux grillés.

Guanden, terrorisé, me désarçonna et je demeurai sur le sol, sans penser aux sabots qui labouraient la terre tout autour de moi, luttant pour respirer.

Et je le trouvai. Je me trouvai. Je roulai sur moi-même afin de voir le ciel, et une ombre tomba sur moi. Lalen avait mis pied à terre et se portait à mon secours. Je cherchai du regard Wirur, le hulion ailé. Ce carnivore redoutable se tenait dans les cieux et m'attendait. J'utilisai mes pouvoirs et au sein de sa constellation apparurent un million de nouvelles étoiles. D'autres encore, et la bataille cessa. Tout d'abord simple squelette dans le ciel, elles devinrent un corps véritable que j'occupai aussitôt.

A travers les fentes de mes yeux je voyais la plaine d'Astria et mes oreilles duveteuses entendaient les râles des agonisants et des threx brûlés. Puis je le vis, lui, mon ennemi, et je soufflai sur la contrée mon haleine de glace. Je quittai mon emplacement au sein du firmament, et ce qui n'appartenait ni au temps ni à l'espace s'engouffra en gémissant dans le trou que je laissais vacant. Je rugis, battant des ailes pour la première fois, et ramassai ma croupe pour bondir en atteignant le sol. Mes pattes écrasèrent morts et mourants, réduisant leurs corps en paillettes de glace.

Raet/Urithéria me vit et tendit vers moi sa tête couverte de sang, à l'extrémité d'un long cou sinueux. Nous foulions hommes et threx. L'Urithéria délaissa ses jouets et j'ouvris la gueule, bondissant vers lui, précédée par mon haleine de glace qui s'évaporait au contact de son souffle igné. Mes griffes se plantèrent dans les ailes de l'Urithéria et je cherchai son cou. Mais mes crocs se refermèrent sur le néant. Il contorsionna sa tête, voulant me saisir à la gorge. Ma réaction ne fut pas suffisamment rapide et je sentis la morsure de ses crocs incandescents. Prise de fureur, je m'écartai en lui abandonnant une partie de ma chair et hurlai de colère. Les cristaux de glace qui avaient autrefois été ses yeux tombèrent en une pluie scintillante sur ses écailles, et son rugissement de douleur transperça mes oreilles. Sa gueule béante se referma sur mon épaule et je tournai la tête pour planter mes crocs dans sa gorge. Il frissonna et ses dents crissèrent sur mes os, son rugissement devint un son gargouillant, puis ce gargouillement se changea en pulsations. Il ne tombait pas, il se dissolvait. Ses mâchoires m'emprisonnaient toujours mais je résistai jusqu'au moment où ses crocs disparurent de mon épaule, pour regagner l'espace auquel ils avaient autrefois appartenu. Je léchai mon poitrail douloureux. Raet/Urithéria s'effaçait, sa substance retournait dans le continuum auquel elle avait été subtilisée.

De ma hauteur, j'observai calmement les hommes minuscules dont plus aucun n'était debout, en ce lieu qui avait autrefois été la plaine d'Astria mais qui n'appartenait plus à Silistra. Les hommes rampaient sur le dos ou le ventre. Je me tenais au centre d'un vaste plateau circulaire d'une centaine de néras de diamètre, au bas duquel s'étendait le reste de ma planète natale. Et je savais, sans le voir, qu'il était ceint de falaises abruptes et lisses. Astria n'avait pas dans son intégralité regagné l'espace-temps. La poche de néant, à l'emplacement qu'occupait habituellement Wirur, aspirait ce continuum en gémissant toujours. Le ciel était déchiré par les éclairs. Les hommes hurlaient, pleuraient, et invoquaient leurs dieux, chacun d'eux se retrouvant hors du temps séquentiel. Les plus braves tremblaient de froid. Les atomes de leur être avaient été projetés d'un univers à un autre et le retour était douloureux. Ils m'inspiraient une grande pitié, mais un grondement de satisfaction s'enfla dans ma gorge. Je humai ce qui subsistait de la présence de l'Urithéria. Une grande explosion baigna le ciel de sa clarté blanche, puis une seconde, près de l'étoile du nord. Je ronronnai en prenant conscience à quel point la perturbation s'étendait dans l'espace. Tout ce qui se trouvait dans ces univers convergents serait transmué en énergie, dont les éléments sont les dénominateurs communs de la vie.

La gueule de Raet/Urithéria n'immobilisait plus ma tête et je l'abaissai pour voir quel était le sort de ces petites créatures, et apercevoir mon corps qui me réclamait. Avec un adieu que je ne pus entendre, je me laissai attirer par la place qui me revenait, ce gouffre béant restant à combler.

Retrouver mon emplacement entre les étoiles fut plus facile que de le quitter. Je léchai mon épaule blessée, mon oreille frissonna sous l'haleine d'une étoile, ma queue se mit en place. Et le gémissement de la rupture cessa avec le rétablissement de l'équilibre.

Je me retrouvai dans cette plaine qui se soulevait sous mon corps, telle une mer houleuse. Mon épaule me faisait souffrir et je tentai de me lever. Je ne pouvais mouvoir mon bras et la douleur fit apparaître des points rouges devant mes yeux. Je les fermai et une étrange pluie se mit à tomber. Je la sentais sur mon corps et, sans la voir, je tentai d'en deviner la nature, découvrant que j'étais à nouveau capable de penser. Les yeux clos, je me mis à genoux, soutenue par mon bras encore valide.

J'ordonnai à mes paupières de s'écarter, ce qu'elles firent à contrecœur. Et je vis sur le sol une douzaine de petits cristaux luminescents. Des helsars. Il pleuvait des helsars, engendrés par les frottements de l'espace et du temps qui reprenaient leur place.

Je fis appel à ce qui me restait de forces pour relever la tête. La plaine d'Astria était baignée par leur clarté. Et je vis que certains helsars avaient déjà trouvé leur disciple. Leur nombre était tel qu'ils suffisaient pour tout Astria. Lentement et sans comprendre, je me mis à ramper parmi eux, sur les cadavres et les agonisants, et certains blessés qui caressaient un helsar en dépit de leur souffrance. Nul helsar ne s'attacha à moi. Un seul par personne, telle est la règle.

Le soleil se levait pour la deuxième fois de la journée sur la plaine d'Astria et je rampais toujours sur l'amoncellement de cadavres et entre les blessés. Le sol était poisseux du sang des hommes et des bêtes. Je ne sus ce que je cherchais qu'au moment où je le trouvai. Je ne sentais que les mouvements du sol, qui me renversa à plusieurs reprises, provoquant la danse des helsars. Son instabilité faisait pousser des cris de terreur aux femmes et même aux hommes. Je sentais cela et également le vent qui nous cinglait et plaquait au sol les plus faibles d'entre nous.

Mes genoux étaient lacérés et mon épaule portait de profondes empreintes de crocs. Je m'arrêtai pour examiner ma blessure et il me vint à l'esprit que je devais arrêter l'hémorragie. Je le fis, puis l'épuisement m'empêcha de poursuivre mon œuvre. Ma main rencontra la poitrine d'un homme. Elle était hérissée de flèches que je n'avais pas vues voler. Je voulus regarder son visage mais ce dernier était absent et je frissonnai en découvrant le tronçon sanglant de ce qui avait été son cou.

Je me mis alors à la recherche de Sereth. Je hurlais son nom dans la plaine mais nul ne me répondait. Puis je trouvai la force nécessaire pour me lever, trébuchant sur les blessés et les morts, et je vis devant moi une douzaine de threx encore debout. Je courus vers eux, en sautillant, en pleurant, répétant sans trêve le nom de Sereth.

Et ils étaient là. Chayin se penchait sur Saer, en dépit d'une centaine de blessures. A ses pieds se trouvaient trois têtes tranchées. Plus loin, Jaheil se tenait au-dessus du corps de Celendra, le bras gauche ensanglanté. Il tourna la tête vers moi en m'entendant approcher, et je découvris que le Cahndor de Dordassa avait perdu son œil gauche. Je hurlai et portai ma main à ma bouche.

Car je le voyais. Il gisait face contre terre, portant toujours le manteau des Formeurs.

– Estri! parvint à dire Chayin qui tendait la main pour m'arrêter. Sereth se meurt.

– Non! Je ne le permettrai pas! hurlai-je en libérant mon bras.

Il me regarda, haussa les épaules, puis retourna en boitant auprès de Saer.

J'étais agenouillée au côté de l'Ebvrasea dont le visage était tourné vers moi. De ma main gauche, valide, j'écartai de ses yeux ses cheveux mêlés de sang coagulé. Ils étaient ouverts.

– Estri, dit-il doucement, ce qui le fit tousser. Approche...

Il leva son bras pour me permettre de me glisser contre lui, et je vis sa blessure.

– Sereth, sanglotai-je. Oh! non, je t'en supplie!

Et je me pelotonnai dans l'abri de ses bras, contre son flanc ensanglanté.

– Ne sois pas triste, le soleil luit à nouveau sur cette contrée.

Il déposa un baiser sur ma tempe et ses yeux se fermèrent. Je ne pouvais respirer, j'étouffai, mon ventre se noua. Et je pénétrai en lui, avec tout ce que je possédais. Je lui donnai tout ce qui restait de mes forces vitales affaiblies et continuai de le faire jusqu'au moment où des ombres grises apparurent devant moi, jusqu'au moment où mon corps s'effondra. Je tombai sur Sereth et j'entendis des voix au sein de cet univers de grisaille.

– Ils sont là! Emportez-les!

Et quelque chose miroita vers moi, sortant de la brume.

9

« JE SUIS L'ORDRE ET LE CHOIX »

La souffrance était grande, insoutenable. Je ne possédais plus le sens de la vision et les sons me parvenaient étouffés, à l'exception de ceux de ma respiration. Respirer réclamait de violents efforts et la douleur émanant de mon épaule ne tarderait certainement pas à m'engloutir.

Lorsque la souffrance s'estompa quelque peu, je sentis à nouveau mon corps, allongé sur quelque chose de doux. Puis j'entendis des voix, mais aucune parole. Avec mon esprit, je tentai de percevoir ce qui m'environnait et je reculai en poussant un hurlement silencieux. Le froid commença à m'envahir lorsque je découvris la nature de ce silence. Je me mis à évaluer la gravité de mes blessures, inutilement. Des mains se posèrent sur mon corps mais rien ne pouvait m'indiquer à qui elles appartenaient. J'étais sourde, muette et aveugle. Mes yeux, mes oreilles et ma langue avaient été gravement brûlés, peut-être même calcinés.

La connaissance subsistait. On ne peut voir sans yeux, même si le cerveau sait interpréter les données visuelles. Mon épaule ne me faisait plus souffrir.

J'essayai de me remémorer ce qui s'était passé et je sombrai dans l'inconscience.

Je repris connaissance en hurlant le nom de Sereth, et une main s'écrasa sur ma bouche. Je ne pouvais rien voir, car un bandeau avait été noué tout autour de ma tête. Des mains aidaient mon corps à se tenir debout.

– Allez-vous rester tranquille? entendis-je.

Je hochai la tête et la main cessa d'exercer une pression sur ma bouche.

– Marchez, si vous en êtes capable, ajouta la voix.

Je le fis, en titubant, et des bras me soutinrent. J'ignorais où j'étais et ne trouvais pas d'avenirs au sein desquels effectuer un tri. En marchant, je voulus tester mes pouvoirs et je cherchai Sereth. La douleur me déchira et je m'affaissai entre les deux hommes. Sans ralentir le pas, ils me portèrent.

J'entendis marcher derrière nous.

– Reste tranquille, sauvage!

Un grognement répondit à cet ordre et je connus un intense soulagement. Ces deux voix m'étaient familières. L'Ebvrasea avait survécu et nous devions nous trouver au Lac des Cornes, car l'homme qui avait parlé n'était autre que Carth. L'arrar du dharen de Silistra m'aiderait certainement, s'il le pouvait.

Et je compris pourquoi j'avais les yeux bandés. Les simples Silistriens ne peuvent circuler dans la cité des dhareners, où vivent les Gardiens de l'Histoire du plus haut rang, ces personnages presque mythiques qui gouvernent ceux qui gouvernent. Carth m'avait dit de le demander, lorsque je me rendrais en ce lieu, et j'avais pris alors cela pour une simple invitation.

Nous nous arrêtâmes. J'entendis s'affairer devant moi et une bouffée d'air caressa ma joue. Puis mes gardiens repartirent, pour s'arrêter à nouveau après cinq cent trois pas. Ils ne me tenaient plus et je restai debout sans aide. Je levai les mains pour ôter mon bandeau et nul ne s'y opposa.

La pièce heptagonale, lambrissée de thala bleu-noir, était éclairée par de petites sphères semblables à des soleils miniatures qui flottaient à proximité du plafond voûté.

J'observai le personnage qui se trouvait devant moi.

– Je suis Khys, me dit cet homme.

C'était le premier de mes semblables qu'il m'était donné de voir.

Sa peau et ses cheveux cuivrés luisaient légèrement et ses yeux avaient le même feu que ceux de mon père. Il portait une toge noire et un lourd chald où étaient entrelacés tous les brins pouvant être obtenus sur Silistra.

– Non, fis-je en secouant la tête.

Je ne pouvais me mouvoir car il me paralysait, mais si j'avais été libre de mes mouvements je lui aurais planté mes ongles dans la gorge. Dès le premier regard, j'éprouvai une haine profonde pour l'homme à la perfection intolérable que m'avait réservé Estrazi.

– Si, reprit-il, me fixant avec des yeux aussi vieux que Silistra.

J'aurais préféré mourir plutôt que de me laisser toucher par un tel être.

– Tu n'as pas le choix, petite sauvageonne.

Il me regarda et libéra mon corps de son emprise. Je pus alors regarder autour de moi. Je me tenais au centre de cette étrange pièce et, sous mes pieds, le sol portait le symbole des Formeurs. Je vis Chayin, auprès de Carth. Et Sereth, entre deux gardes, mains liées derrière le dos. La blessure qui aurait dû le tuer était dissimulée par des bandages. Je m'avançai vers lui, mais Carth lâcha Chayin pour me prendre par le bras et me ramener au centre de la salle, en face de Khys, le dharen de Silistra.

– Sois prudente, me murmura-t-il.

– Recommence, et tu n'auras plus l'opportunité de le faire, déclara le dharen lorsque je fus à nouveau devant lui.

Je projetai vers cet être toute ma haine, ressentant une douleur qui me fit tomber à genoux. Khys se contenta de rire. Un petit soleil apparut entre nous et s'éleva en direction du plafond.

– Lorsqu'un étalon découvre une threx en chaleur, il tente de la battre à la course. Tu as été battue. La femelle peut encore essayer de lui faire perdre sa trace. Tu n'y es pas parvenue. Lorsqu'elle est acculée, il ne lui reste qu'à tenter de l'intimider, mais elle se doit d'être prudente, car le mâle est capable de la tuer.

Je me relevai en tremblant. Je ne m'étais pas agenouillée, il m'y avait contrainte.

– Finalement, si elle reste en vie pour porter son petit, l'unique raison de son existence, elle finit par se soumettre. Médite sur mes paroles, et ne bouge pas! fit-il avant de regarder Chayin et Sereth. Je tiens finalement ces barbares et leur appât.

Il fit signe à ses hommes de reculer, puis fixa Chayin d'un regard menaçant.

– Qu'as-tu à dire pour ta défense, Cahndor? Tu as été trop loin, avec ce massacre, le pillage de mon meilleur Puits, l'assassinat d'un dharener.

Chayin le regarda un instant, avant de répondre :

– Je n'ai fait qu'obéir aux exigences du temps et j'accomplirai encore bien d'autres choses. Ces personnes sont placées sous ma protection.

Khys eut un petit rire ne contenant aucune gaîté.

– Ne sois pas naïf, Cahndor. A présent que Raet n'est plus le dieu du sud, les compromissions ne sont pas de mise. Il n'y aura bientôt plus de dhareners sudistes, plus de temples érigés à Tar-Kesa, seulement des Puits et les mêmes chaldras. J'aurai accès à ce pool génétique dont Raet m'a si longtemps tenu éloigné. Si tu règnes à nouveau, ce sera en tant que mon vassal. Tu ne pourras partir d'ici qu'à cette condition.

» Tous autant que vous êtes, vous avez accompli bien plus que vous ne le pensez, et le simple fait que vous ayez survécu indique que vous êtes peut-être dignes de me servir. Vous m'appartenez, et je puis disposer de vous selon mon désir.

» Vous n'êtes que des bêtes sauvages qui ignorent ce qu'elles ont accompli. Vous n'avez fait qu'exécuter ma volonté. Je suis l'ordre et le choix!

» Estri Hadrath diet Estrazi, fille de Formeur, tu es née là où nous ne pouvions, n'osions pas te toucher. Ton arrière-grand-mère avait prédit tout cela, mais tu n'as pas su interpréter la signification de sa prophétie.

» Peut-être ne comprendras-tu jamais. Estrazi a fait de toi une femme insensée, dépravée, pour avoir un appât destiné à attirer les Dieux!

Je ne pouvais répondre, seulement le regarder.

– Il est venu sur Silistra et y a laissé un enfant, en sachant que nous ne pourrions tolérer cela et que nous réagirions. Mais je n'ai pas fait ce qu'il espérait, je ne me suis pas dressé contre Raet à cause de toi. Lorsque j'ai voulu t'approcher pour la première fois, Raet m'en a empêché. Il s'opposait à moi depuis les temps souterrains. C'est lui qui nous a contraints à nous réfugier dans les abris.

» Qu'Estrazi avait donc minutieusement élaboré son plan! C'est son ambivalence qui a provoqué la perte de Raet.

– Je ne comprends pas, avouai-je.

– Tu n'avais pas à abattre que Raet, mais moi également! Si je m'étais opposé à toi telle que tu étais, avec ta puissance incommensurable, je serais certainement tombé dans le piège qui m'était tendu.

– Mon père n'est pas tel que vous le décrivez.

– Nous nous battons pour les mondes de l'espace,

petite barbare. Nous sommes forts, efficaces et différents. Nos esprits exercent leur influence au delà des continuums. Le temps et l'espace ne sont plus contrôlables de l'extérieur et les pères ne peuvent plus nous détruire directement. Le temps où ce qui avait été créé pouvait être défait est révolu.

– Il m'a utilisée pour prouver notre valeur.

– Il t'a utilisée pour susciter l'intérêt de Raet et l'attirer vers toi. Tu étais pour lui une épreuve, qui fut un échec, et pour moi également. Mais Estrazi ne me prendra pas dans le piège de sa volonté.

– Vous vous leurrez.

– Sais-tu seulement ce que tu as fait pour moi? Ce monde abonde en helsars et des centaines d'Astriens, et finalement des milliers, accepteront leur enseignement.

Je baissai la tête pour fixer le symbole représenté sur le sol.

– Sais-tu que tu as également mis définitivement un terme à tous nos problèmes avec les M'ksakkiens? Ils restent assis en tremblant, s'interrogeant sur la façon dont nous avons pu détruire leurs vaisseaux, et ils nous adresseront bientôt leurs excuses. Lorsque nous leur avons permis de s'installer sur Silistra, c'était en sachant qu'au cours de ton combat contre Raet tu les remettrais à leur place.

Je me rappelai les deux éclairs lumineux que j'avais vus dans l'espace, et je frissonnai.

– On chantera tes louanges, ainsi qu'Astria l'a prédit. Des pèlerinages vers les helsars seront organisés en ton nom. Mais tu n'es qu'un outil, à présent presque inutile. Tu n'as fait que tenir le rôle que nous t'avions réservé. Nous avons retourné contre vous ta volonté et celle de ton père.

» Mais nous verrons ce qu'il est possible de faire de toi. Il n'est pas dans mes habitudes de gaspiller un sang tel que le tien.

– Pas tant que je vivrai, rétorquai-je.
– Tu ne tarderas guère à changer d'avis, lorsque ton esprit sera débarrassé de la pourriture qui est en lui.
Puis il reporta son regard sur Sereth.
– Hors-la-loi, c'est toi qui me poses le plus de problèmes. Je ne puis te pardonner tes crimes, bien que je respecte tes capacités. Tu es peut-être le meilleur des stratèges, mais tu as tué Vedrev, un homme que j'estimais.
L'Ebvrasea releva son visage. Il était livide sous ses cheveux raidis par le sang séché.
– Si, comme vous l'affirmez, nous n'avons fait que respecter votre volonté et vous avons si bien servi, j'aurais certaines remarques à faire, dit-il d'une voix qui n'était qu'un murmure.
– Parle, ordonna le dharen.
– Si vous avez envoyé cent Tueurs dans la plaine tout en sachant qu'ils allaient mourir; si vous avez laissé Estri seule face à Raet sans lui apporter votre aide; si vous avez donné Astria à Celendra et permis à Vedrev de m'accuser à tort, alors c'est vous qui êtes insensé, pas cette femme. Quant au choix de mon sort, il ne devrait pas vous poser de problèmes. Qu'est-ce qu'une vie de plus ou de moins, pour celui qui les gaspille comme des dippars de cuivre?
– Tu es bien celui qui me rend le plus perplexe, déclara finalement Khys. Estri a reçu l'héritage des Formeurs, dans les veines de Chayin court le sang de Raet, mais tu n'es qu'un simple mortel et tu te tiens à leurs côtés et refuses de céder. Ton arrogance justifierait à elle seule ton exécution, mais je sais qu'en t'offrant le chald de l'arrar, je servirai la justice.
– Je ne comprends pas, avoua Sereth.
L'arrar, le chald du messager, était accordé à si peu de personnes que Carth avait été le premier homme que j'avais rencontré à en porter un.
– Si je ne puis accorder mon pardon à Sereth crill

Tyris, l'Ebvrasea, je dois offrir à l'homme, Sereth, l'opportunité de se mettre à mon service. Celui qui porte l'arrar ne conserve aucun lien avec son passé.

– Je ne puis donner immédiatement ma réponse, je dois réfléchir, déclara prudemment Sereth.

– Tu as tout ton temps, fit Khys en souriant.

Ma haine pour cet être grandit encore.

– Et en ce qui concerne Estri? demanda Sereth.

Le front de Khys se plissa et ses sourcils se froncèrent.

– Après ce que tu viens d'entendre, tu ne peux espérer pouvoir coucher avec cette femme? répondit Khys avant de se tourner vers ses hommes. Emmenez-le, là où il pourra réfléchir à sa situation. (Il pivota brusquement vers moi.) Quant à toi, ne bouge pas!

Je demeurai à genoux pendant qu'ils emmenaient Sereth. Il ne restait que Chayin, moi, Carth et le dharen.

– Libère-le, ordonna Khys.

Carth ôta les chaînes de Chayin, qui se frotta les poignets.

– J'aurais une question à vous poser, dharen, fit Chayin.

– Pose la.

– Vous m'avez appelé fils de Raet. Est-ce exact? Et Hael...

– Hael n'était pas son fils, et c'est la raison de sa haine envers toi. Il était son grand prêtre, mais tu avais son sang, ses pouvoirs. Raet savait de quelles tensions cette situation serait le catalyseur, lorsqu'il fit ce choix. Hael l'a servi fidèlement, expliqua le dharen en se frottant les mains. Lorsque j'aurai eu un enfant de cette femme, tu pourras la féconder à ton tour. Le fruit d'une telle union pourrait être intéressant.

Chayin se frotta le cou et vint vers moi. Il caressa ma tête, l'expression peinée, puis il s'accroupit sur ses talons pour se trouver à ma hauteur.

– Tu sais que je ne puis rien pour toi, me dit-il à voix basse.

J'observai son visage, sa détresse. Et cependant, ils parlaient de moi comme si j'étais une femelle threx en chaleur. Je savais que Khys pourrait me faire un enfant. Autrefois, j'aurais pu m'y opposer, mais ce n'était plus le cas désormais.

– Cahndor, répondis-je, tu peux faire comme bon te semble. Je porterai ta semence ou celle de tout autre homme. A Nemar, les crells sont fécondées.

– Estri, je t'en prie.

Il m'attira contre lui et pressa son visage contre le mien.

– Chayin, lorsqu'on ne possède plus de libre arbitre, il ne reste qu'à accepter l'inévitable. Tu pourras me faire un enfant, si tel est ton désir. Je serai alors ce qu'il aura fait de moi et ce sera sans la moindre importance. Peut-être redeviendrai-je moi-même, entre tes mains?

Je prononçai ces paroles sans en comprendre le sens, ce qui n'était pas le cas de Khys. Il m'adressa un regard menaçant, le visage tendu. Le Cahndor me lâcha et se releva lentement.

– J'en serai honoré, déclara-t-il. Cela lui sera sans doute plus facile qu'avec un étranger.

Mais Khys ne l'écoutait pas. Il sortit des replis de sa toge un large anneau métallique et vint vers moi.

– Pitié, l'implorai-je, toujours agenouillée.

Sa volonté contraignit ma main à écarter mes cheveux de mon cou, afin qu'il pût le ceindre de cette bande de métal. J'avais déjà porté un tel collier, à Mi'ysten. Sur ce monde, il s'agissait d'une simple mesure destinée à assurer ma sécurité, à empêcher que je sois attirée d'une réalité tangentielle à l'autre. Je croyais avoir perdu tous mes pouvoirs, mais lorsque ce collier se referma sur mon cou, je compris que ce n'était pas le cas.

– Je ne puis te permettre d'imposer ta volonté, dit-il, ses traits finement ciselés ne trahissant pas la moindre émotion. Avec cela, les choses te seront plus faciles. Et, bien que je puisse indéfiniment te contrôler, je dois accorder mon attention à bien d'autres choses.

Je portai mes doigts à ce collier et touchai le motif gravé en relief sur le métal chaud et vibrant. Cette barrière arrêtait tout ce qui émanait de moi. Je ne pourrais plus, comme je l'aurais fait si mes pouvoirs m'avaient été laissés, quitter le Lac des Cornes, ni effectuer le moindre tri dans l'avenir, choisir un futur où Khys détiendrait moins de pouvoirs. Seul ce que j'avais établi auparavant me laissait un faible espoir.

– Je ne m'opposerai pas à votre volonté, suppliai-je.

– Je t'entends, et lorsque ce que j'entendrai me plaira, je t'ôterai ce collier.

Et ma haine jaillit encore. Khys rit. Pitoyablement, je pris alors conscience de ce qu'il voulait dire par « entendre ».

– Cahndor, fit Khys en se tournant vers Chayin. Mon homme va te montrer les quartiers que je t'ai réservés. Tu y trouveras ton helsar. Contente-toi de faire connaissance avec lui, nous dînerons plus tard.

– Suis-je prisonnier? demanda Chayin.

– Tu as le choix entre être un prisonnier ou un invité de marque. Lorsque le moment sera venu, nous pourrons t'aider à maîtriser l'helsar. Tu apprendras énormément de choses, ici.

– Mais je ne puis partir?

– Non, pas pour l'instant, fit Khys en le congédiant d'un geste de la main.

Chayin hésita un moment, puis il pivota sur lui-même et suivit Carth vers les grandes portes de thala noir.

– Maintenant, déclara Khys dès que Carth eut

refermé les lourds battants, tu peux m'interroger. Je répondrai.

Le dharen de Silistra s'assit en tailleur devant moi, mais j'ignorais quelles questions poser. Je le regardais, sans pouvoir croire qu'il était aussi vieux qu'il l'avait laissé entendre.

– Il est impossible que vous soyez le même Khys, déclarai-je.

Il sourit, révélant une denture parfaite.

– J'ai parcouru les Terres des Parsets avant que ces derniers ne se séparent des autres Silistriens. J'ai vu le flux et le reflux des marées dans la mer morte, avant qu'elle ne s'évapore.

– Je ne voudrais pas vivre aussi longtemps, fis-je en frissonnant.

– Cela a ses avantages.

– Que ferez-vous de moi?

Je perçus l'odeur de sa chair, à la fois différente et étrangement familière.

– Ce qui me plaira, fille de Formeur.

– Et de Sereth?

– Le choix lui revient, fit-il en haussant les épaules. J'ai son helsar et je le tiens. Il finira par me servir.

– Et s'il refuse?

– Je puis, en cas de besoin, instiller en lui une loyauté aveugle.

– Si vous décidiez de lui faire grâce, cela tendrait un pont au-dessus de l'abîme qui nous sépare, murmurai-je.

– Je n'ai pas de concessions à te faire, petite sauvageonne. Tu n'as pas conscience de la position que tu occupes. Lève-toi.

Je m'empressai de lui obéir de crainte qu'il ne me contraignît à le faire. Je serrai les poings et ma peau se rétracta à son contact. Je demeurai immobile, sans pouvoir apaiser le désespoir et la haine de mon esprit.

– Et tu auras bientôt oublié ces émotions, fit-il en me prenant par les épaules.

Il me guida vers la fenêtre et écarta les rideaux.

Un chaud soleil d'été se reflétait sur les eaux vertes et limpides du Lac des Cornes, ainsi que sur les immeubles gracieux et élancés de la cité blanche et scintillante des dhareners. De larges trottoirs suivaient le pourtour du lac, et je vis des hommes et des femmes s'y promener. Ainsi que des hulions. Les hulions suivaient à pas feutrés les rues de la ville, obéissant à ceux qui la gouvernaient. Je constatai que j'avais grandement sous-estimé ces créatures ailées.

La cité se dresse dans une large vallée boisée, entourant le lac comme un collier d'helsars. C'est à l'extrémité est du lac que se trouve la forteresse du dharen, où je suis retenue prisonnière.

J'ignore pourquoi Khys me parla longuement des pères et de leur histoire. Tout cela aura bientôt sombré dans l'oubli. Ce matin, à mon éveil, je ne me rappelais même plus où je me trouvais, et j'ai tenté d'établir un bilan de mes souvenirs. Les deux cents premières années de ma vie se sont presque entièrement effacées de mon esprit, et je me demande si je perdrai également la capacité de lire et d'écrire. J'ai feuilleté mes notes, comme si elles étaient l'œuvre d'une étrangère. Et elles m'ont rappelé qu'il existe plusieurs vérités. Khys ment!

Je le suppliai de me permettre d'écrire.

– Estrazi m'a autorisée à lui envoyer un message, lui dis-je doucement alors que nous observions le coucher de soleil sur la forêt luxuriante. Cette occupation me permettrait de meubler ma solitude.

Cela parut l'amuser et il se tapota pensivement le menton.

– Voilà qui constituerait la touche finale de mon œuvre! dit-il. Mais je doute que tu disposes encore de suffisamment de temps pour pouvoir faire un long récit. Les dommages provoqués par l'uris commencent à produire leurs effets. La drogue brûle ton cerveau et tes synapses seront remplacés par de nouveaux. Rassure-toi, le processus est indolore. Tu vas simplement oublier tout ton passé.

Je reculai jusqu'à la fenêtre, en pleurant, prise d'hystérie. Il m'immobilisa et ne rendit la liberté à mon corps que lorsque j'eus finalement recouvré le contrôle de moi-même.

Ce fut au cours du repas que je lui demandai :

– Permettez-moi de voir Sereth.

– Tu as à peine goûté aux plats, fit remarquer le dharen.

A côté de moi, Chayin jouait avec les morceaux de bosselure de son assiette. Nous n'avions échangé aucune parole.

Je mangeai, de peur d'y être contrainte. Je n'avais jamais rien redouté autant que sa domination sur les mouvements de mes membres.

Lorsque j'eus terminé mon plat, il fit signe à Carth, qui avait attendu à son côté.

Je le suivis docilement jusqu'à la chambre qui m'avait été attribuée.

Les parois de la pièce dans laquelle le dharen me garde prisonnière sont à la fois souples et résistantes. Je ne puis m'y blesser. La couche n'est qu'une estrade surélevée, aux angles arrondis. Des lueurs dorées courent sur les murs vert pâle, même la nuit. Ma couche n'a pas de draps, avec lesquels je pourrais m'étrangler. Si cette chambre possède une fenêtre, elle ne peut s'ouvrir et il est impossible de la briser.

La porte est, elle aussi, capitonnée et ne possède à l'intérieur ni bouton ni poignée.

Carth veille sur moi. Il m'apporte de la nourriture et m'accompagne hors de cette pièce deux fois par jour, pour que je puisse me baigner et satisfaire aux besoins de mon corps. Ces brefs déplacements sont mes seuls exercices. Je ne vois jamais le dharen.

Mais je suis certaine que lui peut me voir, lui et ses six frères. Dans mes rêves, je les ai rencontrés.

Je croyais tout d'abord que cela ne se produirait jamais. Je demeurais allongée à penser pendant des enths à Sereth, persuadée que les souvenirs que j'avais de lui ne pourraient s'estomper.

Mais la nuit dernière, alors que j'étais couchée et que j'apaisais mon désir par des caresses, ainsi que j'en ai pris l'habitude, je m'imaginai que nous étions à nouveau ensemble et je pris conscience que je me souvenais à peine de lui.

Hier, Carth m'a dit qu'il viendrait chercher mon récit et que je devais le terminer. J'en ai relu certains passages, ce qui m'a remis en mémoire certains détails : ses cheveux tombant sur ses yeux, sa façon de rejeter sa tête en arrière comme un threx rebelle, ses mains hâlées sur ma poitrine. Je conserverai ces souvenirs de lui. Je ne me perdrai pas moi-même. Je n'oublierai pas Sereth, l'homme que j'aime.

En raison de son arrogance, Khys te fera sans doute parvenir ceci, à toi qui es mon père. Et si, dans ta sagesse, tu me refuses ton aide, peut-être finirai-je par comprendre, avec le temps. Pour l'instant, ce n'est pas le cas. J'ai vu le frère se dresser contre son frère, et le temps et l'espace déchirés. J'ai assisté à un carnage dont l'horreur dépasse toute description. Et si je me suis soustraite à ta volonté, ce n'était pas par défi mais par nécessité.

Je me souviens de ce que tu m'as dit, au fond de cette mer, et j'y puise un certain réconfort.

La vanité finira par conduire Khys à sa perte, comme nous tous.

Et peu importe ce qu'il veut faire de moi, car je resterai à jamais la fille de mon père.

POST-SCRIPTUM

Nous sommes le premier premier Detarsa 25696. Hier soir, j'ai fait la connaissance du dharen, à l'occasion de la fête donnée pour mon anniversaire. Il s'agit naturellement d'une date fixée arbitrairement, étant donné que nul ne connaît le jour de ma naissance.

J'écris ceci à la demande de Carth.

– Fais un bref résumé de tout ce qui te concerne, m'a-t-il dit. Explique qui tu es, ce que tu es, ce que tu espères de cette journée.

Carth est mon maître et, jusqu'à hier soir, il était le seul homme de mon univers.

Lorsqu'on m'a trouvée, errant dans les forêts, j'étais sans chald, nue, et frappée d'amnésie. Je ne pouvais parler, car je tenais des propos en une centaine de langues différentes.

Je ne m'en souviens naturellement pas. Carth me l'a appris.

Nous ne pourrons malheureusement pas réunir les fragments du puzzle de mon passé. Qui je suis et ce que j'étais restera à jamais un mystère. Carth m'a mise en garde contre le besoin de rechercher des souvenirs disparus, de crainte qu'une chose oubliée ne ressurgisse et n'efface tout ce que j'ai appris.

Et j'ai étudié bien des sujets, au cours de ces derniers mois : histoire, philosophie, politique, chaldras, langues. Carth affirme qu'un jour je serai très puissante, que je suivrai l'enseignement des devineresses, que je porterai peut-être l'arrar.

Mon cou est ceint d'un collier qui restreint mes pouvoirs, dans l'attente du jour où je pourrai les maîtriser. Sans lui, je mourrais.

Ce collier est en lui-même assez beau. La nuit dernière, je portais un voile de métal doré pour rencontrer le dharen, un vêtement élégant, très différent de mon s'kim court et sans manches habituel.

Je me demandais s'il me trouverait attirante. J'ai lu tous ses ouvrages, bien que je ne puisse comprendre qu'une infime partie de ce qu'il a écrit. J'arrangeai mes cheveux cuivrés d'une main tremblante, émue à la pensée de rencontrer l'auteur de l'*Ors Yris-tera.*

J'avais lu les livres que Carth choisissait à mon intention, des ouvrages qui m'avaient rendue impatiente de connaître un homme.

Bien que lui ayant demandé à plusieurs reprises de satisfaire ma curiosité, Carth s'était contenté de me répondre qu'il n'était pas pour moi. Finalement, hier, il m'apporta ce voile arachnéen et m'apprit que je souperais en compagnie du dharen.

Carth vint me chercher, souriant avec bonté, et nous suivîmes des salles et descendîmes deux volées de marches. Je n'avais jamais été plus loin que l'extrémité du couloir de ma chambre.

Imposante est la demeure du dharen : vaste pièce au plafond élevé et lambrissée de thala. Je fis courir ma main sur la surface lisse et bleu-noir de ce bois. Je me sentais minuscule dans cette salle immense où tout était bleu-noir et argent. Un tapis, également argenté, couvrait le sol, épais et doux, avec des motifs subtils qui retenaient l'œil. Sur le mur, des fresques représentaient une jungle luxuriante où vivaient tous les animaux de la création, dont j'ignorais jusqu'aux noms. Carth venait seulement de commencer à me parler de la flore et de la faune.

Dans cette pièce se trouvaient des bureaux et des tables, ainsi que de nombreuses couches. Sur une table ronde, des bougies brûlaient dans des candélabres d'argent.

Je m'assis sur la couche la plus proche de la table, pour l'attendre, jouant avec une mèche de cheveux qui reposait sur ma cuisse couverte d'un voile de soie.

Une des doubles portes s'ouvrit à cet instant, et le dharen entra.

Son épiderme a la couleur du cuivre doré, plus clair que le mien. Il est grand et possède de larges épaules. Il vint vers moi, sa toge ample tourbillonnant autour de lui, le grand chald de Silistra luisant à sa taille. Il me tendit la main, en souriant, et je lui donnai la mienne.

– Qu'est-ce qui t'amuse? me demanda-t-il d'une voix mélodieuse.

– Je suis tout simplement heureuse de me trouver ici, fis-je doucement.

– Tu es très belle, déclara-t-il en reculant d'un pas.

Je me demandai combien d'autres femmes ces yeux luisants avaient déjà ainsi examinées.

– Suis-je aussi belle qu'une femme de Puits? Qu'Estri d'Astria?

Il m'adressa un regard étrange et ses yeux se fermèrent à demi.

– Sans doute. Peut-être es-tu encore plus belle. Je présume que tu as lu son livre?

Je hochai la tête, humectant mes lèvres.

– Je viens de le terminer. Carth estimait que je devais le lire. Elle est morte du même mal que le mien. N'auriez-vous pu la sauver?

– Elle n'avait plus toute sa raison, elle avait perdu bien plus que la mémoire. Elle ne désirait plus vivre et souhaitait la mort.

– Vous ne ressemblez absolument pas au monstre

qu'elle dépeint, lui dis-je comme il me prenait la main et me faisait installer à sa table.

– Aurais-tu des observations à faire sur ce qu'elle a écrit? me demanda-t-il en me servant des tonnelets au fromage.

– Une seule : cette lecture m'a rendue anxieuse de découvrir ma féminité, fis-je en soutenant son regard. J'ai rêvé à son amant...

– Lequel? s'enquit-il sèchement.

– Il n'y en avait qu'un, répondis-je. Je ressens ce qu'elle ressentait. Je suis restée trop longtemps seule.

Il posa sa fourchette et se tourna vers moi.

– Est-ce une demande? fit-il calmement.

– Oh, non! gémis-je. Je n'oserais jamais. C'est seulement que...

Je m'interrompis, rougissant de honte.

– Que?...

– Que j'ai besoin des caresses d'un homme, que je dois connaître sa virilité pour découvrir ma féminité. On ne peut trouver cela dans un livre, ajoutai-je, implorant sa compréhension. Je ne voulais pas être insolente. Carth m'a appris que vous êtes mon protecteur. Pardonnez-moi.

– Regarde-moi, fit-il, posant sa main sur mon bras.

Je le fis. Je n'aurais jamais imaginé qu'un tel homme pût exister.

– Accepteriez-vous de coucher avec moi? murmurai-je, me penchant en avant.

– J'en ai eu l'intention lorsque je t'ai vue pour la première fois.

Il se leva de table, sans avoir touché à son repas, et se rendit à une fenêtre aux tentures sombres, avant de se tourner vers moi.

– Mais nous devons en premier lieu te donner un nom. Y as-tu réfléchi?

– Non, je pensais que vous choisiriez à ma place.

– Nous ne pouvons laisser passer ton premier anniversaire sans t'avoir donné un nom. Choisis-en un, peu importe lequel.

Je murmurai mon choix et il rit, avec douceur.

– Qu'il en soit ainsi. Puisse-t-il te porter chance!

Puis il m'appela par mon nom et fut doux avec moi, patient face à ma maladresse. Il semblait s'amuser de mes découvertes, en dépit de mon ignorance. Je ne savais que ce que j'avais lu, et la pratique est très différente de la théorie. Sa voix devint rauque, ses instructions brèves. Ensuite, il me félicita avec bonté, en dépit du fait que j'avais tremblé en le découvrant dans sa nudité.

Il avait faim et quitta la chambre, dédaignant le repas froid qui se trouvait toujours sur la table. Je demeurai dans cette pièce, pleinement heureuse pour la première fois. On avait fêté mon anniversaire, j'avais reçu un nom, et même connu un homme.

Lorsqu'il revint, j'étais toujours allongée sur la couche, fière qu'il eût daigné coucher avec moi.

Il s'assit à mon côté pour caresser mes seins avec douceur.

– Tu porteras mon fils, m'annonça-t-il.

– Si cela est en mon pouvoir, murmurai-je.

Je baissai la tête pour baiser ses doigts.

– C'est chose faite.

Il rit et posa ses mains sur mon ventre plat.

– Je croyais que cela n'était possible qu'après des efforts soutenus et concertés, dis-je d'une voix incrédule.

– Je suis le dharen, me rappela-t-il. Un si petit exploit entre dans le cadre de mes possibilités. Cela te déplairait-il?

– Oh non! Je suis simplement déconcertée que vous me fassiez un si grand honneur.

– Un honneur bien mérité, gloussa-t-il, faisant courir sa main vers le haut de ma hanche.

– Vous ne me renverrez pas dans ma chambre, n'est-ce pas? l'implorai-je.

– Seulement pour un cycle, le temps que tes appartements soient préparés. Je n'étais pas certain que tu serais prête. Mais j'irai te rendre visite.

Il releva mon menton de son doigt.

– Et en êtes-vous certain, à présent? fis-je en m'efforçant de masquer ma déception.

– Presque, fit-il, le visage dur, brusquement devenu effrayant. Je t'ai trouvé un nouveau gardien car Carth a dû s'absenter. Va, et dors bien. J'irai te voir demain.

A contrecœur, je me levai et le laissai. Son regard resta rivé sur moi jusqu'au moment où je refermai la porte et m'y adossai.

Je demeurai un instant immobile, en frissonnant, avant de me tourner vers un nouveau gardien, surprise de constater à quel point les hommes peuvent être différents. A mon éveil, je ne connaissais que Carth, et à présent mes yeux avaient vu le dharen, et également cet homme.

Il était aussi grand que Khys, mais moins puissant. Sa peau ne miroitait pas. Ses cheveux et ses yeux étaient bruns et il portait le chald de l'arrar, comme Carth, mais contrairement à ce dernier cet homme était armé.

– Permettez-moi de vous raccompagner, dit-il.

Sa voix évoquait le murmure du vent. Il était une arme froide comme l'acier et portait de nombreuses cicatrices. J'étais certaine qu'il les avait reçues en donnant la mort.

– Venez avec moi, dit-il, avec ce qui était peut-être de la gentillesse.

Il me prit par les épaules et me guida vers le haut des marches. Ses yeux ne quittaient pas les miens et le silence était assourdissant.

– Je suis Estri, lui dis-je, afin de rompre ce silence.

– Non.

Il secouait la tête et sa voix contenait une tristesse qui m'obligea à m'arrêter au centre du couloir. Il s'immobilisa également et se tourna pour me faire face. Des tics nerveux agitaient sa mâchoire.

– Venez, dit-il. Je regrette. J'aurais dû me douter qu'ils vous appelleraient ainsi.

Je fixai cet homme et lui demandai son nom. Il me l'apprit et des larmes emplirent mes yeux, comme je constatais qu'il souffrait toujours de la mort de sa compagne de couche.

– Je l'ignorais, fis-je en lui touchant le bras. Je ne voulais pas évoquer son souvenir.

– Permettez-moi de vous raccompagner, fit-il, dégageant son bras.

– Sereth, dis-je.

Il ferma les yeux, les rouvrit.

– Quoi?

– Vous en trouverez une autre.

Cette fois, ce fut lui qui s'immobilisa. Il s'écarta de moi et j'allai observer son visage, bien que ce fût une douleur qui lui était personnelle, et je posai ma main sur son épaule, ne sachant quoi faire d'autre.

– J'ai parfois des étourdissements, m'expliqua-t-il. Trop de blessures à la tête.

Nous effectuâmes le reste du trajet en silence. Puis il ouvrit la porte de ma chambre et recula.

– Entrez, fit-il, tendu et vigilant.

– Carth entre avec moi, pour discuter, lorsque je n'ai pas sommeil.

– Mais je ne suis pas Carth. N'avez-vous donc aucune pitié? Laissez-moi, vous le retrouverez bientôt.

Je courus dans la chambre, me tournai, et bloquai la porte afin qu'il ne pût la clore.

– Pourquoi êtes-vous en colère? Je n'ai rien fait.

– Je ne suis pas en colère, me répondit-il en passant sa main sur ses yeux. Mais j'ai des affaires urgentes à régler. Laissez-moi refermer cette porte et j'irai chercher Carth.

– Il m'est arrivé de rêver de vous, lui dis-je doucement.

Son visage se métamorphosa. Il me fit lâcher prise sur la porte puis ses yeux scrutèrent les miens, sans y trouver ce qu'ils cherchaient.

– Contentez-vous de rêves. Je tiens à la vie, fit-il en refermant la porte.

J'entendis pivoter la gorge de la serrure.

Je trouve amusant de t'adresser ceci, afin que tu apprennes quel sort a connu ton envoyée. Ta fille portera mon fils et, lorsqu'il aura grandi, je déciderai peut-être de m'en servir contre toi.

Que cela te serve d'avertissement. N'envoie plus de manipulateurs dans mon domaine.

KHYS.

Editions J'ai Lu, 31, rue de Tournon, 75006 Paris

diffusion
France et étranger : Flammarion, Paris
Suisse : Office du Livre, Fribourg
diffusion exclusive
Canada : Éditions Flammarion Ltée, Montréal

Achevé d'imprimer sur les presses de l'imprimerie Brodard et Taupin
7, Bd Romain-Rolland, Montrouge. Usine de La Flèche,
le 13 mai 1982
6827-5 Dépôt Légal mai 1982. ISBN : 2 - 277 - 21328 - 4
Imprimé en France